KB039323

MONEY
RULE

머니룰

MONEY
RULE
머니룰

ⓒ 나비스쿨 2024

발행일 2024년 3월 28일 1판 1쇄 발행
　　　　2024년 5월　8일 1판 2쇄 발행
지은이 에스더 힉스 · 제리 힉스
펴낸이 조우석
펴낸곳 나비스쿨
편집장 김현정
디자인 studio J
인쇄 예원프린팅

등록 No.2020-00008
주소 서울특별시 성북구 돌곶이로 40길 46
이메일 navischool21@naver.com

ISBN 979-11-984403-6-5 (03190)

MONEY
RULE
머니룰

에스더 힉스 · 제리 힉스
최은아 옮김

나비
스쿨

당신은 곧 부자가 됩니다

contents

생각이 몸의 경험을 창조한다 | 불평을 불평하는 일도 불평이다 | 나도 건강해질 수 있다 | 설명보다 경험으로 | 끌어당김의 법칙은 생각을 확장한다 | 15분 동안 의도적으로 건강하기 | 나는 구속받지 않는다 | 나에겐 충분한 시간이 있다 | 어째서 완벽한 몸 상태를 원하는가? | 영원한 내면 존재 | 트라우마를 겪을 때 | 선천적 질병과 진동 | 질병이 생기는 이유 | 스스로 치유되는 몸 | 건강을 유지하려면 | 병원에 가야겠다는 생각이 들 때 | 사자에게 물려도 희열을 느낄까? | 고통과 초점의 관계 | 건강함은 자연스러운 상태 | 아기도 생각으로 질병을 끌어당길까? | 질병을 갖고 태어나는 이유 | 불치병이란 무엇일까? | 건강을 되찾으려면 | 병에 신경 쓰지 않으면 | 백신의 효과는 어떨까? | 치료의 효과란? | 의사는 건강을 위한 한 가지 수단 | 사람들을 도와줄 방법 | 누군가가 혼수상태에 빠졌을 때 | 질병도 유전될까? | 전염병에 관한 미디어의 역할 | 불편한 감정을 미리 알아차리자 | 회복이 힘든 병을 앓는다면 | 운동과 음식과 건강 | 건강한 사람이 피곤을 느낀다면 | 질병의 주요 원인은 무엇일까? | 건강에 관한 '오래된' 이야기의 예 | 건강에 관한 '새로운' 이야기의 예

무엇이 당신을 이 책으로 이끌었나요? 왜 이 책을 읽고 있나요? 이유가 무엇이든 당신은 곧 해답을 찾을 겁니다. 이 책이 올바른 곳으로 당신을 이끌 테니까요.

인생은 원래 기분 좋은 것입니다. 행복해지는 것은 너무나 자연스럽지요. 지금이 어떠하든 인생은 한층 좋아질 수 있습니다. 이 책은 쉽고, 실용적이며, 부와 건강을 거머쥘 손쉬운 실천법을 가득 담고 있습니다. 머지않아 당신은 당연한 행복을 누리게 될 것입니다. 어떻게 아느냐고요? 경험했으니까요. 원하는 것을 또렷하게 알면 풍요로움은 저절로 이끌려옵니다. 그 사실을 알게 된 후 내 삶은 몰라보게 달라졌습니다.

인생은 즐겁습니다! 오늘은 새해 첫날입니다. 지금 나는 최근에 마련한 저택의 주방 식탁에 앉아 이 글을 쓰고 있습니다. 나와 아내는 처음 결혼했을 무렵부터 이 지역에 종종 들렀습니다. 이제 이곳에 집한 채가 더 생겼지요.

　온통 감사할 일뿐입니다. 한 친구가 우리에게 드넓은 집터를 찾아 주었습니다. 조경사, 엔지니어, 건축가, 목수, 전기기술자. 배관공, 지붕 기술자, 구리 홈통 기술자 등 수많은 사람이 집짓기에 정성을 쏟았지요. 그뿐만이 아닙니다. 기와공, 회반죽 세공사, 페인트 기술자, 철제 장식 제작자, 바닥 시공자 등 셀 수 없이 많은 이들이 힘을 보태주었습니다. 맞춤 엘리베이터, 미닫이문, 나무로 만든 아치형 창문, 스테인드글라스 창을 만드는 사람도 마찬가지고요. 최고의 기술자들이 각종 조명, 네트워크 시스템, 중앙 통제 에어컨을 설치해 주었습니다. 주방을 꾸밀 때도, 새 가구를 배치할 때도 다들 앞장서서 우리를 도와주었습니다. 마당을 꾸밀 땐 팀을 이룬 사람들이 땅을 파고, 흙을 나르고, 시멘트를 붓고, 돌을 깎고, 다 자란 나무를 옮겨 심는 작업을 책임지고 해주었습니다.

집이 완성된 이후에도 고마움은 끝나지 않았습니다. 근처에서 근사한 식당을 발견했고, 상냥한 점원도 만났습니다. 믿기 힘들 정도로 멋진 이웃도 생겼지요. 집 앞에서 길을 따라 남쪽으로 내려가면 놀라운 풍경이 펼쳐집니다. 높게 솟은 산, 물새 보호구역, 드넓은 호수 너머로 원시 상태로 보존된 숲이 있습니다. 더 멀리에는 파도가 부서지는 너른 해변이 있지요. 맞습니다. 삶은 멋집니다!

오래전 일입니다. 당시 나는 전국을 돌며 공연을 하고 있었습니다. 몬태나의 한 모텔에 머물 때였습니다. 테이블 위에 놓인 책 한 권이 눈에 들어왔습니다. 나폴레온 힐의 『생각하라. 그러면 부자가 되리라』였습니다. 이 책을 읽고 돈에 관한 믿음이 바뀌었습니다. 덕분에 상상도 못한 방식으로 재정적 성공을 끌어당길 수 있었습니다.

생각으로 부자가 된다? 평소엔 관심 없던 말이었습니다. 하지만 그때 나는 큰돈을 벌 방법을 고민하고 있었습니다. 그 책이 제대로 된 답을 주었지요. 얼마 후 미네소타의 작은 호텔에서 한 남자와 마주쳤습니다. 그가 제안한 사업이 책의 가르침과 들어맞았습니다. 그 후 10년 가까이 기쁘게 일했습니다. 그 사이 작은 회사는 세계적인 기업으로 성장했지요.

엄청난 효과를 체험한 나는 그 책을 교과서 삼아 주위 사람들을 가르치기 시작했습니다. 신기한 건, 그 원칙이 모두에게 적용되는 건 아니었단 사실입니다. 나는 좀 더 쉬운 방법을 찾기 시작했지요. 그 와중에 한 가지는 확실했습니다. 성공은 배움이 가능하단 것이었습니다. 가난해도, 가방끈이 짧아도, 인맥이 없어도 괜찮습니다. 좋은 나라도, 멋진 외모도 필요 없습니다. 그저 몇 가지 원칙을 꾸준히 실천하면 됩니다.

피닉스 도서관에 갔을 때입니다. 우연히 서가 위쪽에 눈길이 갔습니다. 그곳에 『세스가 말한다』가 있었습니다. 그 책 속의 두 문장이 나를 전율하게 했습니다. "현재를 만드는 건 나다." "당장 행동하라." 그 후 나는 끊임없이 질문을 던졌습니다. 그리고 놀라운 답을 얻었습니다. 마치 우주에서 꼭 맞는 대답을 내게 던져준 것 같았습니다. 아내 에스더도 같은 경험을 했습니다. 신기한 일이었지요. 우리는 깨달음을 녹음해 주위에 나눠주기 시작했습니다. 책을 쓰고, 워크숍을 열고, 각종 방송에도 출연했습니다. 어느 날 한 사람이 우리를 찾아왔습니다. 호주 방송국의 프로듀서였지요. 그녀는 우리의 깨달음을 TV 시리즈로 제작하고 싶다며 허락을 구했습니다. 그 프로그램의 제목이 바로 '시크릿'이었습니다. '끌어당김의 법칙'이 그 안에 고스란히 담겼지요. 그 후 프로그램 내용이 글로 옮겨져 유명한 책『시크릿』이 탄생했습니다. 많은 이들이 그 책을 통해 법칙을 깨달았고, 기분 좋은 삶을 끌어당기기 시작했습니다.

이 책『머니룰』에는 우리가 깨달은 끌어당김의 법칙이 생생하게 담겨 있습니다. 교사들은 말합니다. "중요한 것을 학생에게 말하라. 다시 말하라. 또 말하라." 당신은 이 책에서 끊임없이 반복되는 메시지를 만날 것입니다. 반복은 가장 효과적인 학습법입니다. 단순한 원칙을 반복해서 연습하세요. 삶이 윤택해지는 새로운 습관을 기를 수 있습니다. 사실 이 책이 소설처럼 흥미롭진 않습니다. 한 번 읽고 치우는 그런 책도 아닙니다. 이 책은 읽고, 또 읽고, 배우고, 적용하는 책입니다. 부와 건강의 원리를 담은 교과서로 여겨주세요.

나는 다른 이들이 행복하면 좋겠습니다. 그들이 풍요로움을 만끽하길 열망합니다. 우리처럼요. 이 책을 쓰면서 우리의 첫 깨달음을 되돌아보았습니다. 덕분에 기뻤습니다. 단순한 원칙을 다시금 떠올릴 수 있었기 때문입니다. 우리는 깨달음을 삶에 적용했고, 놀라운 성장을 경험했습니다. 지금도 여전히 서로를 사랑하며, 커다란 집이 몇 채나 있습니다. 건강한 신체를 유지하고, 자주 여행을 다닙니다. 엄청난 소득세를 매년 기쁘게 내고 있지요. 돈이나 건강이 행복의 절대적인 기준은 아닙니다. 하지만 우리는 행복하며, 그 깨달음을 다른 이에게 전달하고 싶습니다. 지금 당신을 만나서 무척 기쁩니다. 하나만 기억하세요.

"우리의 깨달음은 정말 효과가 탁월하답니다!"

따사로운 날에, 제리 힉스

01

생각하라
삶이 바뀔지니

당신의 '이야기'와 끌어당김의 법칙

당신의 삶에서 펼쳐지는 모든 경험에는 끌어당김의 법칙이 작용합니다. 당신의 말과 당신의 생각에 지금도 강력한 끌어당김의 법칙이 작용하고 있습니다. 돈, 재정 상태, 건강, 또렷함, 유연함, 키, 외모, 업무 환경, 내가 받는 대우, 업무 만족도, 보상 등등 삶의 모든 행복은 당신이 무엇을 말하느냐에 따라 달라집니다. 지금 당장 좋은 것을 '이야기'하겠다고 마음먹으세요. 장담하건대 당신의 인생은 계속 좋아질 것입니다. 끌어당김의 법칙에 따르면 그럴 수밖에 없습니다!

삶이 불공평하다고 느낄 때

당신은 더 큰 성공을 원했습니다. 그래서 웬만한 건 모두 해보며 애썼습니다. 하지만 성공은 더디기만 합니다. 여태껏 당신은 치열하게 살았습니다. 배워야 할 것을 배우고, 있어야 할 곳에 머물고, 해야 할 행동을 하고, 좋은 말을 했습니다. 하지만 상황은 나아지지 않았지요.

당신이 처음으로 무언가를 시도했을 때 주변에서 다들 흐뭇해했습니다. 그 모습에 당신도 만족스러웠지요. 확신에 찬 교사, 부모, 멘토가 당신 곁에 있었고, 그들이 말하는 성공 법칙은 언제나 설득력이 있었습니다. "약속을 지켜라, 최선을 다하라, 열심히 일해라, 언제나 정직하라, 위대함을 추구하라, 한 층 더 노력하라." 더불어 "절대 포기하지 마라." 그 규칙만 따르면 곧 성공할 거라고 당신은 생각했습니다.

하지만 시간이 흐르면서 당신의 마음은 점차 시들어갑니다. 아무리 노력해도 그런 성공 법칙이 별다른 결과를 가져다주지 않기 때문입니다. 한발 물러서니 새로운 사실도 알게 됩니다. 그 원칙을 말했던 사람들도 그다지 큰 성공을 거두지 못했다는 것을요. 그러면서 점점 더 실망하지요. 엎친 데 덮친 격으로, 그토록 열심히 익혔던 법칙을 전혀 따르지 않고도 성공을 쟁취한 이들이 보이기 시작합니다.

이제 당신은 질문을 품습니다. "무슨 일이 벌어지는 거지? 어째서 나는 이 모양이고, 노력하지 않는 이들은 성공을 거둘까? 비싼 대가를 치르며 받은 교육은 전혀 소용이 없고, 고등학교를 중퇴한 사람은 백만장자가 되었어. 아버지는 날마다 열심히 일하셨지만, 정작 아버지의 장례를 치르기 위해 우리 가족은 돈을 빌려야 했어. 노력하면 결과가 있어야 하잖아. 왜 나는 성공을 못하지? 어째서 부자는 몇 안 되고, 대부분이 하루하루 근근이 살아갈까? 대체 뭘 놓쳤지? 부자는 뭘 아는 걸까?"

최선을 다해도 충분하지 않으면

사람들이 알려준 성공 법칙을 믿고 매번 최선을 다해도 결과는 종종 하찮을 수 있습니다. 그러면 분노가 치밀어 오르지요. 부를 과시하는 사람들이 미워지기도 합니다. 성공은 당신을 피해가는데 그것을 온전히 누리는 사람들을 지켜보는 건 너무 고통스러운 일입니다. 이러한 만성적인 재정 문제는 어느 곳에서나 쉽게 찾아볼 수 있습니다. 그런데 한 가지는 확실하게 말할 수 있습니다.

'다른 이들의 성공을 비난하면 당신은 결코 성공할 수 없습니다. 또한 신이 주신 건강과 행복도 곧 잃게 됩니다.'

많은 이들이 누군가가 자신의 성공을 방해한다고 확신합니다. 그동안 당신은 모든 노력을 다했다고 생각하지요. 그래서 다른 이들이 내 것을 빼앗고 있다고 착각합니다. 하지만 당신이 알아야 할 것이 있습니다. 당신을 방해하는 세력은 전혀 없다는 사실을 말입니다. 바라지 않는 일이 생기는 이유 역시 외부 세력과는 관계없습니다. 그 누구도 당신의 성공을 막지 않았고 앞으로도 막을 수 없습니다. 또한 당신에게 성공을 안겨주는 사람도 없습니다.

기억하세요. 당신의 성공은 전적으로 당신에게 달렸습니다. 성공에 대한 통제권도 당신 손에 있습니다. 이것이 바로 우리가 이 책을 쓰게된 이유입니다. 지금 당장 당신이 부와 건강을 끌어당길 수 있도록.

무엇을 소망하든 이룰 수 있다

이제 본성으로 되돌아갈 시간입니다. 지금부터는 소망을 이루며 성공적인 삶을 살아야 합니다. 당장 힘을 빼고 숨을 깊이 들이마시며 책을 천천히 읽어보세요. 그러면 삶의 모든 영역에서 성공하는 방법이 서서히, 그리고 명확하게 떠오를 것입니다. 당신은 본능적으로 그 방법을 알고 있습니다. 이 책을 읽으면서 당신은 이미 알고 있는 지식을 떠올리며, 절대적인 진리를 접하고, 큰 울림을 느낄 것입니다.

우주의 법칙은 한결같으며, 믿음직합니다. 그 법칙은 우리에게 기쁨을 줍니다. 처음에는 이해하기 힘들겠지만, 이 책을 한 장 한 장 읽으면서 점점 깨닫게 될 겁니다. 이 책은 강력한 리듬으로 우주의 법칙을 전달합니다. 어느 순간 당신은 자신의 힘을 깨닫고, 그 힘의 사용법을 알게 될 것입니다.

'당신이 무언가를 바란다면, 반드시 이룰 수 있습니다. 그것이 끌어당김의 법칙입니다.'

성공은 당신의 타고난 권리

대부분 생각합니다. 자신의 삶이 원하는 방향으로 가지 않는 건 보이지 않는 누군가의 방해 때문이라고요. 일부러 성공을 피하는 사람은 없습니다. 원치 않은 결과에 책임지기보다는 남에게 책임을 돌리는 편이 마음 편하지요. 하지만 이런 생각은 심각한 부작용을 낳습니다.

'자신의 성공을 다른 사람의 공로로 돌리는 것도, 실패를 다른 이의 탓으로 여기는 것도 위험합니다. 당신은 무력한 존재가 되고 맙니다. 어떤 변화도 일으키지 못하는.'

간절히 바라지만 결코 성공하지 못할 거라 생각하면 당신의 세포 하나하나가 무언가 잘못됐다고 인식합니다. 원하는 게 있지만 그것을 얻지 못하는 부조화는 원망을 불러일으키지요. 성공을 누리는 사람들을 질투하고, 분노가 차오릅니다. 자신을 비하하는 고통스럽고 파괴적인 감정도 느끼게 되고요. 이런 불편한 감정은 사실 정상입니다. 그뿐 아니라, 성공하지 못했다면 마땅히 그런 반응이 나와야 합니다.

'불편한 감정은 무언가가 크게 잘못됐다는 강력한 신호입니다.'

당신은 성공해야 하는 존재입니다. 그러니 실패하면 당연히 기분이 나쁩니다. 당신은 건강해야 하는 존재입니다. 그러니 아픈 건 받아들이지 못합니다. 당신의 삶은 점점 더 나아져야 합니다. 그러니 위축되는 건 용납하지 못합니다. 인생은 술술 잘 풀려야 합니다. 그렇지 않으면 문제가 있는 것입니다.

하지만 불공정이 발생했다거나, 행운의 신이 당신을 무시했다거나, 누군가가 당신의 성공을 가로챈 건 전혀 문제가 아닙니다. 진정한 문제는 당신이 내면의 존재와 조화를 이루지 못하는 데 있습니다. 당신의 진정한 모습, 간절한 소망, 더 나은 미래, 영원히 변치 않는 우주 법칙과 조화되지 않는 것이 문제입니다. '문제는 당신 내부에 있습니다.'

그리고 당신 내부의 문제는 스스로 통제할 수 있습니다. 당신이라는 존재의 근거, 끌어당김의 법칙, 감정 안내 시스템을 제대로 이해하면 통제권은 쉽게 손에 들어옵니다. 당신은 감정 안내 시스템을 갖고 태어납니다. 이 시스템은 쉬는 법이 없습니다. 그 신호를 이해하는 건 절대 어렵지 않습니다.

돈은 무엇의 근원도 아니다

'돈'이라는 아주 중요한 주제를 생각해보지요. 사실 돈은 악의 뿌리도, 행복의 근원도 아닙니다. 하지만 돈 문제는 하루에 수백 번씩 당신을 뒤흔듭니다. 그래서 당신이 내보내는 진동은 돈과 연관이 큽니다. 일상을 좌우하는 돈을 제대로 통제할 수 있다면 당신은 충분히 성공한 느낌이 들 것입니다. 돈이 충분하다는 느낌, 그 생각을 '의도적으로' 끌어당기는 순간 당신은 재정적 성공의 길로 들어섭니다. 그러한 성공의 증거를 통해 인생의 모든 면을 의도적으로 나아지게 할 준비를 갖출 수 있습니다.

당신이 현실을 의식적으로 창조하고 싶다면, 인생의 경험을 통제하고 싶다면, 존재하는 목적을 이루고 싶다면 아주 중요한 주제를 이해해야 합니다. 바로 '돈과 끌어당김의 법칙'입니다. 이 법칙이 당신에게 큰 도움이 될 것입니다.

내가 모든 경험을 끌어당긴다

당신은 기분 좋게 살도록 태어났습니다. 육체를 가진 존재로 살겠다고 결정한 건 당신이 계획한 일입니다. 당신은 흥미진진하고 보람찬 삶을 기대했습니다. 다양한 시간을 경험하고, 실망스러운 상황과 마주하면서 더욱 간절한 소망을 키울 것을 스스로 알았습니다. 그 소망을 쉽고 완벽하게 이룰 것도 알았지요.

몸을 처음 가졌을 때 당신은 삶에 대한 기대로 행복했습니다. 어떤 두려움도 어떤 의심도 당신을 흔들지 못했지요. 자신의 힘을 알았기 때문입니다. 좋고 나쁜 경험 모두 삶을 비옥하게 가꾸는 비료가 될 것도 알았습니다. '어떤 상황에서도 잘 해낼 능력이 있다는 것을 당신 스스로 알고 있었습니다.'

창조를 처음 시작한 사람은 아니지만, 당신은 강력하고 창의적인 천재였습니다. 새로운 환경에서 의도적인 창조를 시작하는 동안 조정의 시기가 있을 것 또한 알았습니다. 그리고 그 시간을 조금도 걱정하지 않았습니다. 오히려 당신이 태어난 둥지가 마음에 들었습니다. 당신을 맞으러 온 사람들도 좋았습니다. 아직 그들의 언어로 말할 수는 없었지만, 아직 보호가 필요한 아기였지만, 그들 대부분이 잊고 있는 진리를 당신은 알고 있었습니다. 날 때부터 당신은 강력한 존재이며, 훌륭하고, 자신의 경험을 스스로 창조할 수 있다는 것을요.

　새롭게 도착한 환경에서 끌어당김의 법칙이 모든 창조의 토대라는 것도 알았습니다. 비슷한 것끼리 끌어당기는 이 당연한 법칙이 우주의 기본 원리라는 걸 태어날 때부터 당신은 기억하고 있었지요. 그 법칙이 당신에게 큰 도움이 되었습니다. 당신은 경험을 스스로 창조할 수 있다는 사실을 기억하고 있었습니다. '행동이 아니라 생각으로' 경험을 창조한다는 중요한 사실도 기억했지요. 움직임도 서툴고 말도 못 하는 아기인 게 당신은 전혀 불편하지 않았습니다. 우주의 '행복'을 기억해냈고, 몸을 지닌 채 태어난 이유를 알고 있었지요. 새로운 언어와 행동 방식을 익힐 시간이 많다는 것도 알았습니다. 설명할 순 없지만 모든 것이 자연스러웠습니다. 당신은 창조의 기쁨을 알았고, 끌어당김의 법칙이 언제 어디서든 변함없이 작동하고 있다는 걸 알았습니다. 무엇이든 시도하며, 사람들이 흔히 '실수'라고 부르는 것들을 저지르며 마침내 완벽하게, 그리고 의도적으로 원하는 곳을 향해 나아갈 수 있다는 걸 알고 있었습니다.

끌어당김의 법칙, 그 한결같음

끌어당김의 법칙이 이 우주에서 한결같이 꾸준하게 작동한다는 사실을 알기에 당신은 새로운 환경에 자신 있게 들어올 수 있었습니다. 살면서 겪는 다양한 사건이 당신에게 도움이 된다는 걸 잘 알았기 때문이지요. 당신은 모든 사물의 기본이 '진동'임을 기억했습니다. 끌어당김의 법칙이 이 진동에 반응한다는 것을, 비슷한 진동은 끌어오고 다른 진동은 밀어내며 당신의 경험을 창조한다는 사실을 기억해냈습니다.

끌어당김의 법칙을 제대로 설명할 수 없어도, 다른 사람에게 그 진리를 알려줄 수 없어도 걱정하지 않았습니다. 이 강력한 법칙이 스스로 모습을 드러낼 것을 알았기 때문입니다. 삶 속에서 벌어지는 다양한 사건을 통해 끌어당김의 법칙은 반드시 나타납니다. 삶에서 펼쳐지는 사건을 보면 당신이 발산하는 진동을 쉽게 파악할 수 있다는 것도 알았습니다. 끌어당김의 법칙이 끊임없이 증거를 가져다주기 때문입니다.

'압박감'을 강하게 느끼면 당신을 도울 사람이 다가오지 않습니다. 당신을 힘들게 할 사람만 주위에 가득하지요. 스스로 '부당한 대우'를 받는다고 느끼면 공정함은 당신을 찾아내지 못합니다. 그럴 때 나오는 진동은 당신을 공정하다 여기는 사람을 다가오지 못하게 막습니다. 돈이 없다는 생각에 '실망'이나 '두려움'에 파묻히면 돈을 벌 기회는 계속 당신을 피합니다. 당신이 부족해서가 아닙니다. 끌어당김의 법칙이 비슷한 것은 당기고 그렇지 않은 것은 밀어내기 때문입니다.

자꾸만 '가난'을 떠올리면 가난할 수밖에 없는 상황만 당신에게 찾아옵니다. 반대로 '풍요'라고 느끼면 번영의 기회만 찾아옵니다. 이 법칙은 한결같습니다. 조금만 주의를 기울이면 삶 속에서 이 법칙이 어떻게 작동하는지 금세 알 수 있습니다.

'좋은 생각이 좋은 삶을 끌어당깁니다. 그 법칙을 알면 스스로 경험을 창조할 수 있습니다.'

진동이란 무엇인가

만물은 진동으로 이루어져 있습니다. 진동은 '에너지'와 비슷하며, 또 다른 말로도 바꿔쓸 수 있습니다. 소리에도 진동이 있습니다. 악기가 굵은 저음을 내면 진동이 저절로 느껴집니다. 무언가를 듣는 행위는 진동으로 소리를 해석하는 것입니다. 소리를 듣는 것은 진동에 대한 당신의 해석입니다. 무언가를 들었다는 건 자신만의 독특한 해석을 했다는 뜻입니다. 보고, 듣고, 맛보고, 냄새 맡고, 피부로 느끼는 모든 감각은 우주가 진동하기에 가능합니다.

우주는 조화롭게 진동합니다.

'공기도, 흙도, 물도, 우리 몸도 진동합니다. 강력한 끌어당김의 법칙이 이 모든 진동을 지배하고 있습니다.'

좋은 것은 더 좋은 것을 끌어당깁니다. 끌어당김의 법칙이 비슷한 진동은 모으고 그렇지 않은 것은 밀어내기 때문입니다. 감정은 가장 강력한 진동 해석자이며, 내 생각과 내면 존재의 조화를 계속 알려줍니다.

비물리적인 세계는 진동입니다.

당신이 알고 있는 물리적인 세계도 진동입니다.

진동의 세계 외부에 존재하는 것은 아무것도 없습니다.

끌어당김의 법칙에 지배받지 않는 것은 아무것도 없습니다.

진동을 이해하면 비물리적인 세계와 물리적인 세계를 의식적으로 연결하는 데 도움이 됩니다.

사물을 보기 위해 복잡한 시신경이나 1차 시각 피질을 이해할 필요는 없습니다. 불을 켜기 위해 전기를 이해할 필요는 없으며 조화와 부조화의 차이를 느끼기 위해 진동을 이해할 필요도 없습니다.

'진동을 깨닫고 감정의 신호를 활용하세요. 당신의 경험을 의식적으로 창조할 수 있습니다.'

풍요함을 느끼면 풍족해진다

당신이 느끼고 있는 감정과 삶에서 일어나고 있는 일을 의식적으로 연결하세요. 그러면 변화를 만들 힘이 생깁니다. 하지만 자신을 부족하게 여기면 원하는 것이 당신을 피합니다. 이 원리를 모른 채 사람들은 자꾸만 이유를 바깥에서 찾습니다. "나는 불우한 환경에서 태어나서 성공하지 못해. 부모님에게 방법을 배우지 못해서 성공하지 못해. 다른 사람이 내 성공을 가로채서 성공하지 못해. 사기를 당해서, 능력이 없어서, 전생에 잘못한 일이 많아서, 정부가 내 권리를 무시해서, 남편이 자기 역할을 해내지 않아서 나는 성공하지 못해." 이처럼 이유는 끝이 없습니다. 알려주고 싶은 것이 있습니다. 당신이 '성공하지 못하는' 이유는 오로지 다른 진동을 내보내기 때문입니다.

'당신이 가난하다고 느끼면 가난한 진동이 생겨납니다. 가난한 진동을 내보내면 풍요로움은 결코 당신을 찾아내지 못합니다.'

많은 이들이 묻습니다. "성공하지 않았는데 어떻게 성공의 진동을 내보내나요?" 이미 성공한 사람이 성공의 진동을 쉽게 내보낸다는 데 우리도 동의합니다. 당신이 어떠한 상태에 있든 본질을 느낄 수 있어야 합니다. 그것이 다가오기 전이라도 말입니다. 그렇지 않으면 아무리 원해도 그것이 당신에게 오지 않습니다.

처한 상황만으로 진동을 내보내면 현재를 결코 바꿀 수 없습니다. 실현되기 전이라도 그 꿈의 설렘과 만족을 '느낄' 방법을 찾아야 합니다. 꿈이 이뤄진 상태를 의도적으로 떠올리세요. 바라는 현실을 일부러 상상하세요.

'상상을 진동으로 내보내지 않으면 그것을 결코 실현할 수 없습니다. 이뤄지기 전에 진동을 내보내세요. 그래야 이뤄집니다. 그것이 법칙입니다.'

이제는 깨어날 시간

우리가 이 책을 쓴 이유는 당신 내면에서 진동하는 지식을 일깨우기 위함입니다. 당신에게는 놀라운 통찰력이 있습니다. 당신은 이미 모든 것을 알고 있었습니다. 지금 당신이 내면의 진리를 깨달으면 우리가 하는 말을 금세 알아챌 수 있을 겁니다.

이제는 깨어날 시간입니다. 당신의 존재 이유를 기억해내세요. 숨을 깊이 들이마시고, 편안한 마음을 느끼려 노력하세요. 그리고 이 책을 천천히 읽으면서 당신 안에 있었던 고유한 진동을 되찾으세요.

당신은 이곳에서 경이로운 상태로 존재합니다. 더는 다른 사람이 통제하는 아기가 아닙니다. 물리적인 환경에 어느 정도 적응했고, 이 책을 읽으며 자신이 지닌 온전한 힘을 인식하기 시작했습니다. 이제 더는 이리저리 휩쓸리는 존재가 아닙니다. 끌어당김의 법칙을 깨닫고, 운명에 대한 통제권도 다시 확보했습니다. 되는대로 살며 아무렇게나 받아들이던 삶은 이제 끝입니다. 끌어당김의 법칙에 따라 삶을 의도적으로 이끌 것입니다.

'당신은 새로운 삶을 말해야 합니다. 바라는 소망을 이야기하세요. 후회와 원망은 이제 멈춰야 합니다.'

새 삶을 말하라

인생을 의도적으로 살려면 생각을 의도적으로 해야 합니다. 그러기 위해서는 생각의 올바른 방향을 정할 기준이 있어야 합니다. 당신이 태어날 때처럼 지금 이 순간에도 두 가지 필수 요소가 작용하고 있습니다. 우주에서 가장 강력한 끌어당김의 법칙, 올바른 길을 알려주는 안내 시스템이 그것입니다.

'한 가지만 실천하세요. 겉보기에는 사소해도 인생을 바꿀 잠재력이 있습니다. 바로 새 삶을 말하는 것입니다. 당신이 원하는 삶을 지금 말하세요.'

매일같이 당신은 말과 생각, 행동을 합니다. 그럴 때 당신은 기분이 좋아야 합니다.

'매 순간 모든 주제에 대해 당신은 긍정적으로 또는 부정적으로 초점을 맞출 수 있습니다. 시간을 초월하는 모든 순간에 우주의 입자들이 힘차게 움직입니다. 원함이든 부족함이든 당신은 자유롭게 선택할 수 있습니다.'

선택은 당신 앞에 끊임없이 모습을 드러냅니다. 원하는 것에 초점을 맞출 것인지 그렇지 않은 것에 초점을 맞출 것인지 선택해야 합니다. 모든 대상에는 두 가지 측면, 즉 당신이 원하는 것과 반대의 상황이 있습니다. 지금 무엇에 초점을 맞추는지 당신의 감정으로 알 수 있습니다. 또한 그 선택은 언제든 바꿀 수 있습니다.

모든 것엔 두 얼굴이 있다

모든 대상에 두 가지 측면이 있다는 것을 몇 가지 예로 제시하겠습니다.

풍요 / 빈곤(풍요의 결핍)

건강 / 질병(건강의 결핍)

행복 / 슬픔(행복의 결핍)

명료 / 혼동(명료함의 결핍)

활력 / 지침(활력의 결핍)

지식 / 의문(지식의 결핍)

흥미 / 무료(흥미의 결핍)

그 일을 할 수 있다 / 그 일을 할 수 없다

그것을 사고 싶다 / 그것을 살 여유가 없다

기분이 좋아지면 좋겠다 / 기분이 나쁘다

더 많은 돈을 원한다 / 돈이 충분하지 않다

더 많은 돈을 원한다 / 돈을 벌 방법을 모른다

더 많은 돈을 원한다 / 그가 자기 몫보다 더 많이 벌고 있다

나는 날씬해지고 싶다 / 나는 뚱뚱하다

새 차를 갖고 싶다 / 내 차는 구식이다

연인을 만나고 싶다 / 내게는 연인이 없다

각각의 항목에서 어느 것이 더 나은 선택인지 또렷하게 알 수 있습니다. 하지만 대부분 원하는 것보다 현재의 상태를 말하는 데 익숙합니다. 그 습관을 좀처럼 바꾸지 않지요. 우리는 이 책을 통해 당신에게 도움을 주려 합니다. '있는 그대로의 현실'을 말하는 게 아니라 '원하는 현실'을 말하도록 방향을 제시할 것입니다.

'원하는 삶을 말하세요. 끌어당김의 법칙이 작용합니다.'

무엇을 말해야 하는가?

어떻게 하면 효과적으로 새 삶을 말할 수 있을까요? 일단 당신의 말에 하루 동안 주의를 기울여보세요. 당신이 원하는 삶과 반대의 상황을 말하고 있다면 즉시 멈춰야 합니다. 그리고 이렇게 말하세요. "내가 원하지 '않는 것'이 무엇인지 뚜렷하게 알고 있어. 내가 '원하는 것'은 무엇일까?" 그런 다음 원하는 것을 의도적으로, 단호하게 말하세요.

"이 지저분하고 낡은 차가 싫어." 대신에 이렇게 말하세요.
"나는 멋지고 안전한 새 차를 갖고 싶어."

"나는 뚱뚱해." 대신에 이렇게 말하세요.
"날씬해지고 싶어."

"사장님은 나를 인정하지 않아." 대신에 이렇게 말하세요.

"사장님에게 인정받고 싶어."

단순히 말을 바꾼다고 해서 새 차가 주차장에 놓인다든지 갑자기 날씬해진다든지 하는 일은 절대 일어나지 않는다고 다들 믿습니다. 어느 날 갑자기 사장님의 성격이 바뀔 리도 없다고요. 당신이 원하는 것에 의도적으로 초점을 맞춰보세요. 마침내 당신의 감정이 변합니다. 진동이 바뀌는 것입니다.

'진동이 바뀌면 눈앞의 상황이 달라집니다. 강력한 끌어당김의 법칙이 작용하기 때문입니다. 경험하고 싶은 것을 끊임없이 말하세요. 우주가 그 소망과 본질적으로 같은 것을 당신에게 가져다줍니다.'

관점이 삶을 바꾼다

'관점의 전환'은 모든 대상에는 실제로 두 가지 면이 있다는 사실을 의식적으로 인식한 다음 그 두 가지 중 자신이 '바라는' 것을 의도적으로 말하거나 생각하는 것입니다. 관점을 전환하는 것은 모든 대상과 관련해 자신의 내면이 원하는 바를 활성화하는 데 도움이 됩니다. 소망이 내면에서 활성화되면 당신이 바라는 것과 본질적으로 같은 것이 틀림없이 당신 눈앞에서 펼쳐집니다.

여기서 명확히 밝혀야 할 중요한 점이 있습니다. 바라는 무언가를 말하면서 '의문'을 느낀다면 그 '말'은 당신이 원하는 것을 가져다주지 않는다는 사실입니다. 당신의 '감정'은 생각의 진동이 창조적인 방향으로 발산되는지 보여주는 진정한 지표이기 때문입니다. 끌어당김의 법칙은 당신의 말에 반응하는 것이 아니라 당신에게서 나오는 진동에 반응합니다.

원하는 것과 원하지 않는 것을 동시에 말하는 것은 불가능하기 때문에 원하는 것을 더 많이 말할수록 원하지 않는 것을 말하는 빈도는 줄어들 것입니다. 있는 그대로 말하기보다 원하는 것을 진심으로 말한다면 마침내(비교적 짧은 시간에) 진동의 균형이 변합니다. 원하는 것을 자주 말한다면 그 말과 일치하는 감정을 느끼게 될 것입니다. 이러한 관점의 전환에는 더욱 중요하고 강력한 점이 관련되어 있습니다.

인생에서 원하는 것이 부족한 것처럼 보일 때, 그래서 '내가 원하지 않는 것을 알고 있어. 그러면 내가 원하는 게 뭐지?'라고 말할 때 당신 내면에서 그 질문에 대한 답을 찾아냅니다. 그리고 바로 그 순간 진동의 변화가 시작됩니다. 관점의 전환은 삶을 즉각적으로 나아지게 하는 강력한 도구입니다.

나는 내 인생의 창조자

당신은 당신의 인생 경험을 스스로 창조합니다. 경험의 창조자로서 다음의 사실을 이해하는 게 중요합니다. 경험은 당신의 태도나 행동에 의해, 심지어 당신의 말에 의해 창조되는 게 아닙니다. 당신이 하는 생각이 경험을 창조합니다.

'생각의 진동을 내보내는 일 없이 말이나 행동을 하는 건 불가능합니다. 하지만 말이나 행동 없이도 생각의 진동을 내보내는 경우는 많습니다. 아이들이나 아기들은 자기 주변에 있는 어른의 말을 모방하는 법을 배우기 훨씬 전부터 진동을 모방하는 법을 배웁니다.'

당신의 모든 생각에는 그 생각만이 가진 고유한 진동의 파장이 있습니다. 당신의 생각이 기억에서 떠오른 것이든, 다른 사람의 영향을 받은 것이든, 당신의 생각과 누군가의 생각이 결합된 것이든 '지금' 곰곰이 생각하는 모든 생각은 고유한 파장으로 진동하고 있습니다. 그리고 강력한 끌어당김의 법칙에 따라 그 생각은 진동의 조화를 이루는 비슷한 생각을 끌어당기고 있습니다. 그렇게 결합된 생각은 전에 하던 생각보다 더 큰 파장으로 진동합니다. 결합된 생각은 끌어당김의 법칙에 따라 비슷한 생각을 또 끌어당깁니다. 그러면 파장이 더욱 커지면서 비슷한 생각을 끌어당기고 또 끌어당깁니다. 마침내 그 생각들은 매우 강력해져 끌어당긴 것을 '현실'로 만들어냅니다.

'당신이 일으키는 생각은 강력한 힘이 있습니다. 그 힘이 사람, 상황, 사건, 환경을 끌어당깁니다. 생각하거나 진동으로 발산하는 것이 현실이 된다는 사실을 이해해야 합니다. 그러면 새롭게 마음을 먹고 더욱 의도적으로 생각의 방향을 정할 수 있을 것입니다.'

진동과 생각이 일치할 때

많은 사람이 살과 피, 뼈로 대표되는 물리적인 신체보다 더 많은 것이 자신의 존재와 연관되어 있다고 여깁니다. 물리적인 면 외의 더 중요한 부분이 있다고 생각해 그 부분의 이름을 만들어보려는 노력으로 '영혼이나 근원, 신' 등의 단어를 사용합니다. 우리는 사람이라는 존재에서 더 중요하고 오래되고 현명한 부분을 '내면 존재'라고 부릅니다. 영원한 부분에 어떤 이름을 붙이든 그건 중요하지 않습니다. 주목해야 할 점은 더 큰 당신이 존재하며 앞으로도 영원할 거라는 사실입니다. 당신이 이 지구라는 행성에 살면서 겪는 경험과 관련해 아주 큰역할을 하는 존재가 바로 더 큰 당신입니다. 이를 이해하는 게 중요합니다.

더 큰 당신은 광범위한 관점을 지니고 있습니다. 당신의 모든 생각이나 말, 행동이 그 관점에서 이루어집니다. 당신이 원하지 않는 것을 명확히 알게 될 때 비로소 원하는 것을 강렬하게 깨닫게 되는데, 그 이유는 더 큰 당신이 원하는 것에 레이저 같은 초점을 맞추기 때문입니다.

날마다 원하는 방향으로 당신의 생각을 이끌어보세요. 기분이 한층 좋아질 것입니다. 기분 좋은 생각으로 인해 활성화한 진동이 비물리적 존재인 더 큰 당신의 진동과 점점 비슷해지기 때문입니다. 기분 좋은 생각을 하려는 당신의 소망은 내면 존재의 광범위한 관점과 조화를 이루도록 당신을 안내합니다. 사실 당신의 생각이 내면 존재의 생각과 진동의 조화를 이루지 않는다면 기분이 좋아지는 건 불가능합니다.

예를 들어 내면 존재는 당신의 장점에 초점을 맞춥니다. 그런데 당신이 자신의 결함을 찾는다면 부정적인 감정이 일어납니다. 그런 감정은 불안한 진동과 저항을 가져옵니다. 내면 존재가 사랑스러운 것에 초점을 맞추는데 당신은 혐오스러운 사람에게 초점을 맞출 수도 있습니다. 내면 존재가 성공에만 초점을 맞추는데 당신은 실패에 초점을 맞추는 것을 선택할 수도 있습니다. 이때 당신은 내면 존재의 관점과 조화를 이루지 못하는 상태입니다.

근원의 눈으로 세상을 보면

더 기분 좋은 생각을 선택하세요. 원하는 것을 더 많이 말하고 원하지 않는 것은 덜 말하세요. 그러면 당신은 폭넓고 현명한 내면 존재가 발산하는 진동의 파장에 스스로를 부드럽게 일치시키게 될 것입니다. 물리적인 경험을 하면서 광범위한 관점의 진동에 조화를 이루면 진정으로 최상의 삶을 살게 됩니다. 관점의 광범위한 진동에 자신의 진동을 맞추면 광범위한 관점으로 세상을 볼 수 있기 때문입니다. '근원의 눈을 통해 세상을 보는 것은 삶을 바라보는 가장 멋진 관점입니다. 이런 관점을 지니면 당신은 이 세상에서 가장 좋은 것과 진동의 조화를 이루게 됩니다. 그래서 그러한 것들을 끌어당기게 되지요.'

살면서 극도의 기분 좋음을 느끼는 순간은 내면의 근원과 완벽한 조화를 이루는 순간입니다. 어떤 아이디어에 강렬한 끌림을 느끼거나 열정적인 흥미를 느끼는 순간 또한 내면의 근원과 완벽한 조화를 이루는 순간입니다. 기분이 좋아질수록 내면의 근원, 즉 당신의 진정한 모습과 더욱 조화를 이루게 됩니다.

이렇게 광범위한 관점과 진동의 조화를 이루면 훌륭한 인간관계, 만족스러운 경력, 목표를 이루는 데 필요한 자원 등 당신이 원하는 중요한 일들을 더 빨리 달성할 수 있습니다. 그뿐 아니라 그러한 의식적인 조화는 당신의 모든 순간에 더 강력한 힘을 부여합니다. '내면 존재의 관점으로 세상을 바라보면 당신의 하루하루는 명확함, 만족, 사랑이 넘치는 멋진 순간들로 가득 차게 됩니다. 그리고 그런 삶이야말로 당신이 의도한 삶의 방식입니다. 당신은 원래 이 경이로운 곳에서 완벽한 몸으로 놀라운 시간을 보내게 되어 있었습니다.'

더 좋은 기분을 선택할 수 있다

내 아내 에스더는 종종 완벽한 하루를 보냅니다. 그 이유는 그녀가 기분이 좋아질 이유를 찾으며 그날 하루를 시작하기 때문입니다. 그녀는 침대에 누워있는 상태에서 기분이 좋아지는 첫 번째 이유를 찾습니다. 기분 좋은 생각은 다른 기분 좋은 생각을 끌어당기고, 또 다른 기분 좋은 생각을 끌어당깁니다. 그렇게 두 시간 가까이 의도적으로 생각을 선택하면 그녀의 진동 파장이 자신의 내면 존재가 내보내는 파장과 상당히 비슷한 지점에 이르게 됩니다.

'지금 당신이 선택한 생각은 그다음의 생각을 끌어당기고, 또 다음 생각을 끌어당깁니다. 동시에 당신의 내면 존재와 조화를 이룰 근거를 제공합니다. 지속적으로, 그리고 의도적으로 원하는 것을 더 많이 말하고 생각하세요. 그리고 원하지 않는 것은 생각하지 말고 말하지도 마세요. 그러면 자신의 깊은 근원에 있는 순수함과 더 쉽게 조화를 이룰 수 있습니다. 머지않아 당신은 대단히 유쾌한 삶을 살게 될 것입니다.'

부정적인 감정이 계속되면

에스더는 자신의 근원이 내보내는 진동에 자신의 진동을 일치시키는 지점에서 극도의 강렬함을 경험했습니다. 이어서 완벽한 행복도 맛보았습니다. 만약 당신이 자신의 근원이 내보내는 진동과 조화를 이루지 못하면 에스더가 경험한 완벽한 행복과 정반대되는 일을 경험할 수 있습니다. 즉 병들고 아프거나 행복이 사라지는 일이 생길 수 있습니다.

당신이 '두려움, 의심, 좌절, 외로움 같은 부정적인 감정'을 느꼈다면 그 감정은 내면 존재의 진동 파장과 다른 파장의 생각을 한 결과입니다. 물리적이든 비물리적이든 모든 인생 경험을 통해 내면 존재 또는 전체적인 당신은 '앎'의 크기를 키워왔습니다. 그래서 내면 존재가 알고 있는 것과 조화롭지 않은 생각에 의식적으로 초점을 맞출 때마다 당신의 내면에서 부정적인 감정이 일어나는 것입니다.

무릎을 꿇고 앉아 혈액 순환을 막거나 목에 압박 붕대를 감아 산소를 제한시키면 즉시 혈액이 순환되지 않거나 산소가 유입되지 않는 걸 느끼게 됩니다. 그와 비슷하게 내면 존재가 내보내는 생각과 조화를 이루지 않는 생각을 하면 물리적인 신체로 들어오는 생명력이나 에너지의 흐름이 억압되거나 제한됩니다. 그리고 그런 제한의 결과로 부정적인 감정을 느끼게 됩니다. '부정적인 감정이 오랜 시간 지속하게 허락한다면 물리적인 신체의 건강이 나빠지는 경험을 하기 쉽습니다.'

모든 대상에는 '원하는 것'과 '원하는 것의 부족', 이 두 가지 면이 있다는 사실을 기억하세요. 양쪽에 끝이 있는 막대기와 비슷합니다. 막대기의 한쪽 끝에는 원하는 것이 있고 다른 한쪽 끝에는 원하지 않는 것이 있습니다. 따라서 '신체적 행복'이라는 막대기는 한쪽 끝에 '건강'이 있고 다른 한쪽 끝에 '질병'이 있습니다. 하지만 사람들이 '질병'을 앓는 이유가 '신체적 행복' 막대기에서 부정적인 쪽을 바라보고 있기 때문만은 아닙니다. 인생에는 다양한 막대기가 있고 여러 막대기의 '원하지 않는' 쪽을 바라보는 탓에 병이 생기는 겁니다.

내면 존재는 원하는 것에 계속 집중하고 있는데 당신은 원하지 않는 것에 습관적으로 주의를 기울이고 있다면 시간이 흐르면서 당신과 내면 존재가 내보내는 진동이 서로 달라집니다. 당신이 선택한 생각의 결과로 당신의 진동과 내면 존재의 진동이 달라지는 것, 이게 바로 질병입니다.

나쁜 감정에서 좋은 감정으로

사람들은 누구나 기분이 좋아지길 바랍니다. 하지만 대부분 주변의 모든 상황이 만족스러워야 '그다음에' 기분이 좋아질 수 있다고 믿습니다. 사실 많은 이들이 관찰하는 것에 감정을 싣습니다. 관찰하고 있는 것이 자신을 기쁘게 하면 기분이 좋아지고, 반대로 관찰하고 있는 것이 마음에 들지 않으면 기분이 나빠집니다. 많은 사람은 기분 좋은 상태를 계속 유지하는 일에 상당한 무력감을 느낍니다. 기분이 좋아지려면 주변 상황이 달라져야 한다고 생각하기 때문입니다. 그리고 자신에게는 상황을 바꿀 힘이 없다고 믿습니다.

하지만 모든 대상에 '원하는 것'과 '원하는 것의 부족'이라는 두 가지 면이 있다는 것을 이해하면 어떤 대상에 주의를 기울이든 긍정적인 면을 더 많이 보는 법을 배울 수 있습니다. '그것이 바로 관점을 전환하는 것입니다. 당신이 주의를 기울이는 대상이 무엇이든 거기서 의도적으로 긍정적인 면을 찾고 기분이 좋아지는 방법을 찾아야 합니다.'

원하지 않는 상황에 직면해서 기분이 나빠진다면 의도적으로 이렇게 말해보세요. "내가 원하지 않는 게 무엇인지 알아. 그런데 내가 원하는 것은 무엇이지?" 그러면 당신의 진동은 그 생각에 영향을 받아 서서히 달라질 것입니다. 그리고 끌어당김의 기준도 바뀝니다. 이게 바로 삶을 새롭게 말하는 방법입니다. "나는 충분한 돈이 없어."라고 말하지 말고 "나는 돈을 더 많이 버는 방법을 찾고 있어."라고 말하세요. 이것이 새로운 말이며 완전히 다른 진동이자 감정입니다. 그리고 새로운 감정은 마침내 완전히 다른 결과를 가져다줄 것입니다.

당신의 관점은 끊임없이 변하고 있습니다. 따라서 '내가 원하는 게 무엇인가?'라는 질문을 스스로에게 계속 던져야 합니다. 그렇게 하면 마침내 아주 기분 좋은 위치에 설 수 있습니다. '내가 원하는 건 무엇이지?'라는 질문을 계속하다 보면 끌어당김의 기준이 그 방향으로 변하기 시작합니다. 이 과정은 서서히 진행됩니다. 하지만 꾸준히 관점을 전환하다 보면 단 며칠 만에 놀라운 결과를 얻을 수 있습니다.

내 소망과 조화를 이루면

'관점을 전환하는 과정'은 간단합니다. 부정적인 감정(당신이 원하는 것과 조화를 이루지 못한다는 느낌)을 일으키는 생각이 날 때마다 그 생각을 멈추고 분명하게 말하세요. "지금 부정적인 감정을 느끼고 있어. 원하는 것과 조화를 이루지 못하고 있다는 뜻이야. 내가 원하는 것은 무엇이지?"

부정적인 감정이 느껴지는 때는 아주 좋은 기회입니다. 원하지 않는 것을 느끼는 순간 원하는 게 무엇인지 가장 명확해지기 때문입니다. 따라서 부정적인 감정이 느껴질 때 그 즉시 이렇게 말하세요. "이 지점에 무언가 중요한 게 있어. 그렇지 않다면 이렇게 부정적인 감정을 느낄 리 없지. 내가 원하는 게 무엇이지?" 그런 다음 당신이 원하는 것에 주의를 돌리세요. '원하는 것으로 주의를 돌리는 순간 부정적인 감정은 사라질 것입니다. 부정적인 감정이 사라지면 즉시 긍정적인 끌어당김이 시작됩니다. 그리고 그 순간 당신의 감정은 나쁜 감정에서 좋은 감정으로 바뀝니다. 그것이 관점의 전환입니다.'

원하는 것과 원하는 이유

삶에 관한 새로운 이야기를 막는 가장 강력한 장애물은 무엇일까요? 언제나 '사실'만을 말해야 한다는 생각일 것입니다. 사람들은 종종 자신의 위치에 대해 '있는 그대로' 말해야 한다고 믿습니다. 하지만 끌어당김의 법칙은 '어떻다'라고 하는 말에 반응합니다. 끌어당김의 법칙이 입 밖으로 꺼내는 이야기를 당신 삶에 계속 재현시킨다는 사실을 이해하면 지금 당장 해야 할 일을 알 수 있을 것입니다. 원하지 않는 것이 생각나면 스스로 이렇게 물으세요. "내가 원하는 것은 무엇이지?" 그러면 점차 새로운 이야기가 떠오르며 끌어당김의 기준이 더 나은 쪽으로 이동합니다.

'원하든 원하지 않든 당신이 생각하는 것을 얻게 된다는 사실을 기억하는 게 늘 도움이 됩니다. 끌어당김의 법칙은 한 치의 어긋남 없이 일관성을 유지하기 때문입니다. 따라서 '지금 어떤지'에 대한 이야기만 해서는 안 됩니다. 당신이 지금 창조하고 있는 미래 경험에 관한 이야기도 말해야 합니다.'

때때로 사람들은 관점을 전환하는 게 무엇인지 잘못 이해합니다. 관점을 전환하는 게 원하지 않는 것을 보면서 그것이 자신이 원하는 것이라고 스스로 설득하는 것이라고 착각합니다. 그들은 우리의 요구를 오해합니다. 그래서 자기 생각에는 분명히 잘못됐는데 옳다고 말해야 한다고, 또는 자신을 속여 원하지 않는 것을 받아들여야 한다고 생각합니다. 하지만 기분이 나쁜데 기분이 좋다고 스스로 속일 수는 없습니다. 기분은 당신이 느끼는 감정이고 감정은 당신이 선택한 생각의 결과이기 때문입니다.

살아가면서 주변에 당신이 원하지 않는 게 있다는 걸 알아차리는 과정을 통해 당신이 무엇을 원하는지 명확한 결론에 이를 수 있습니다. 이것은 정말 멋진 일입니다. 그리고 자신의 감정을 살피면서 관점을 쉽게 전환해 관심의 방향을 돌릴 수 있습니다. 그래서 원하는 것에는 더 많은 관심을 기울이고 원하지 않는 것에는 관심을 줄일 수 있습니다. 점점 유쾌해지는 기분에 끌어당김의 법칙이 반응하면서 자신이 원하는 쪽으로 인생 경험이 펼쳐지는 것을 알아채게 될 것입니다. 그러면서 원하지 않는 것은 인생 경험에서 서서히 사라집니다.

'의도적으로 관점을 전환한다는 것은 무슨 생각을 할 것인지 일부러 고른다는 말입니다. 이는 곧 끌어당김의 기준을 의도적으로 선택하는 것입니다. 그리고 삶이 어떻게 펼쳐질지 직접 선택하는 것이기도 합니다. 관점을 전환하는 것은 인생 경험을 지배하겠다는 의도를 갖고 자신이 원하는 것에 의도적으로 초점을 맞추는 과정입니다.'

지금 당장 기분이 좋아진다

흔히 사람들은 긍정적인 일이 일어나야 거기에 초점을 맞출 수 있다고 믿습니다. 좋은 일이 일어나야 쉽게 기분이 좋아진다고 고백하지요. 좋은 것을 보면 기분 좋아지는 것은 당연합니다. 그런데 일어나는 일이 내내 즐겁지 않다면 어떤 인생을 살게 될까요? 좋은 일이 생기길 평생 기다리며 세월만 보낼지도 모릅니다. 원하지 않는 것에 초점을 맞추면 원하는 것이 당신에게 올 방법을 찾지 못하기 때문입니다.

좋은 일이 생길 때까지 기다려야 기분이 좋아지는 건 아닙니다. 현재 무슨 일이 벌어지든 생각의 방향을 조정해 더 나은 것을 바라볼 능력이 당신에게 있습니다. 자신의 감정을 살피고 기꺼이 관점을 바꿔 더욱 기분이 좋아지는 생각으로 주의를 돌려보세요. 순식간에 긍정적이고 의도적인 방향으로 삶이 전환되는 걸 맛보기 시작할 것입니다.

'당신의 경험 안으로 들어오는 것들은 당신이 내보내는 진동에 반응해 들어온 것입니다. 생각은 진동을 내보냅니다. 그리고 자신이 어떤 감정을 느끼는지 알면 어떤 종류의 생각을 하고 있는지 알 수 있습니다. 기분이 좋아지는 생각을 찾으세요. 그러면 기분이 좋아지는 상황이 곧 따라올 것입니다.'

많은 사람이 이렇게 말합니다 "다른 곳에 있다면 더 행복할 거예요, 인간관계가 더 좋다면, 배우자가 더 좋은 사람이라면, 몸이 아프지 않았다면, 몸매가 멋졌다면, 일이 더 만족스럽다면, 돈이 더 많았더라면, 여건이 더 좋았더라면, 기분이 더 좋아졌겠죠."

즐거운 일을 보면 기분이 좋습니다. 또 당신 눈에 명확히 보이는 즐거운 일이 있으면 금방 유쾌해집니다. 하지만 주변 사람들에게 즐거운 일만 보여달라고 요청할 수는 없는 노릇입니다. 다른 사람이 당신에게 완벽한 환경을 제공해줄 거라고 기대하는 건 좋은 생각이 아닙니다. 여러 가지 이유에서 그렇습니다. 첫째, 당신이 성공하는 건 다른 사람의 책임이 아닙니다. 둘째, 다른 사람은 당신이 만들어 놓은 상황을 통제할 수 없습니다. 셋째, 다른 사람에게 의지하는 생각은 당신의 경험을 스스로 창조하는 권한을 포기하는 것입니다.

'당신이 주의를 기울이는 게 무엇이든 가장 유쾌한 면만 보겠다고 결심하세요. 또는 기분이 좋아지는 것에만 주의를 기울이세요. 그러면 당신의 삶에는 기분 좋아지는 일이 계속 늘어날 것입니다.'

원하지 않는 것에 주의를 기울이면

기분 좋은 일에는 언제나 반대의 면이 있게 마련입니다. 우주의 모든 입자 안에는 원하는 것과 원하는 것의 부족이 동시에 존재하기 때문입니다. 원하지 않는 것을 몰아낼 마음으로 그것에 주의를 기울이면 오히려 원하지 않는 것이 더 가까이 다가옵니다. 그게 무엇이든 당신이 주의를 기울이는 것이 강하게 끌려오기 때문입니다.

우리가 살아가는 우주의 근간은 '포함'입니다. '포함을 기본으로' 하는 우주에 '배제' 같은 건 없습니다. 당신이 바라는 것을 향해 '네!'라고 외치는 건 이렇게 말하는 것입니다. "내가 바라는 것들아, 제발 내게로 와줘." 원하지 않는 것을 보며 그것을 향해 '아니!'라고 외치면 이런 말을 하는 것과 다름없습니다. "내가 원하지 않는 것들이여, 어서 내게로 와줘!"

당신을 둘러싼 모든 사물에는 원하는 것과 원하지 않는 것이 공존합니다. 원하는 것에 초점을 맞추는 것은 당신에게 달려있습니다. 주변 환경을 다양한 음식이 풍성히 차려져 있고 무엇이든 선택할 수 있는 뷔페로 보세요. 그리고 무엇을 생각할지 더욱 신중하게 선택하세요. 기분이 좋아지는 생각을 선택하려고 노력하세요. 당신의 삶, 그 삶에 있는 사람들, 경험에 대해 새로운 이야기를 만들려고 노력하세요. 지금 말하는 이야기와 본질적으로 같은 방향으로 당신의 삶이 변하기 시작하는 것을 보게 될 것입니다.

무엇에 초점을 맞춰야 할까?

당신은 원하는 것에 초점을 맞춘다고 생각하지만 실제로는 그 반대인 경우가 많습니다. 단지 긍정적인 말을 하거나 웃으면서 말한다고 해서 막대기의 긍정적인 쪽이 진동한다고 할 수는 없습니다. 원하는 것을 진동으로 내보내고 있다고 확신할 수 있으려면 말을 하면서 어떤 느낌이 생기는지 인식해야 합니다.

문제가 아니라 해결책에

텔레비전 방송의 일기 예보관이 '심각한 가뭄'이라고 한창 이야기하던 때였습니다. 가까운 친구와 산책을 하며 바짝 마른 풀을 보게 됐습니다. 불과 몇 시간 전에 물을 가득 채워둔 새의 물통도 말라 있었습니다. 아마 목마른 사슴이 울타리를 뛰어 넘어와 거기에 담긴 물 몇 방울을 핥아먹은 게 아닐까 하는 생각이 들 정도였습니다. 마음 착한 친구는 하늘을 올려다보며 맑은 목소리로 말했습니다. "비 좀 내려주세요."

우리는 즉시 그녀에게 말했습니다. "그렇게 결핍을 바라보는데 정말 비가 올까요?"

그녀가 반문했지요. "내가 뭐 잘못했나요?"

"왜 비를 내려달라고 하는 거죠?"

"비가 땅의 생기를 되찾게 해주기 때문이에요. 비가 모든 생명체에게 충분히 마실 물을 주기 때문에 비를 원하는 거죠. 비가 내려서 풀이 싱그러워지고 내 피부도 촉촉해지고 우리 모두의 기분이 좋아지면 좋겠어요."

우리는 곧바로 말했습니다. "좋아요. 이제 당신은 비를 끌어당기고 있어요."

왜 비를 내려달라고 하느냐는 질문은 그녀가 '문제'에서 '해결책'으로 주의를 돌리도록 도왔습니다. 무언가를 원하는 '이유'를 생각할 때 진동은 상승합니다. 또는 당신이 바라는 방향으로 관점을 전환하게 됩니다. 어떤 일이 어떻게 일어날지, 언제 일어날지, 누가 그 일을 할지 생각할 때마다 문제에 주의를 기울이는 것이고 그러면 진동은 다시 하락합니다.

우리는 비를 원하는 '이유'를 물어보았고 그 과정에서 그녀는 잘못된 것에서 다른 곳으로 주의를 돌렸습니다. 즉 관점을 전환한 겁니다. 그녀는 원하는 것뿐만 아니라 왜 원하는지도 생각하기 시작했습니다. 그리고 그 과정에서 기분이 더 좋아지기 시작했습니다. 그날 오후에 비가 왔습니다. 그날 밤에 해당 지역의 일기 예보관은 "다른 지역과 달리 힐 컨트리에서만 예보에 없던 비가 쏟아졌습니다."라고 보도했습니다.

당신의 생각은 강력합니다. 그리고 당신은 당신이 알고 있는 것보다 훨씬 더 강력하게 당신의 경험을 통제할 수 있습니다.

내가 원하는 건 기분이 좋아지는 것

젊은 아버지는 어린 아들이 밤마다 이불에 오줌을 싸는 바람에 고민에 빠졌습니다. 그는 매일 아침 아들의 젖은 이불과 옷을 보며 몸도 마음도 힘들었습니다. 그렇게 오랫동안 오줌을 싸면 아들이 정서적으로 불안해지지 않을까 걱정도 되었습니다. 솔직히 그는 아들의 행동이 당황스러웠습니다. "내 아들은 이불에 오줌을 쌀 정도로 아기가 아니에요." 그는 불평했습니다.

우리는 물었습니다. "아침에 아들 방에 들어가면 어떤가요?"

"들어가자마자 냄새를 맡으면 오줌을 또 쌌는지 알 수 있어요."

"그때 기분이 어떠한가요?"

"화를 참지 못하겠어요. 당황스럽고요. 이런 일이 오랫동안 이어졌어요. 어떻게 해야 할지 도무지 모르겠습니다."

"아들에게는 뭐라고 말하지요?"

"젖은 옷을 벗고 당장 욕조에 들어가라고 말해요. 다 컸는데 왜 이불에 오줌을 싸냐고요. 전에도 똑같이 말하지 않았느냐는 말이 저절로 나와요."

우리는 설명했습니다. 아들이 오줌을 싸게 만드는 사람이 다름 아닌 아버지라고요. "특정한 상황이 감정을 좌우한다면 당신은 그것을 변화시킬 힘이 없어요. 하지만 감정을 통제할 수 있다면 상황을 바꿀 힘을 갖게 되지요. 아침에 아들 방에 들어가면 잠시 멈추고 원하지 않는 일이 일어났다는 것을 인정해보세요. 그리고 원하는 것이 무엇인지 스스로 질문하세요. 그런 다음 그것을 '왜' 원하는지 질문하며 관점이 전환되는 상황에 힘을 실으세요. 그러면 즉시 기분이 좋아질 겁니다. 곧 긍정적인 영향력을 보게 될 겁니다."

그 아버지에게 "지금 원하는 게 뭐죠?"라고 물었습니다.

그는 대답했지요. "나는 어린 아들이 축축하지 않은 이불에서 상쾌하게 일어나길 원해요. 아들이 자신감을 가졌으면 좋겠고, 부끄러워하지 않았으면 좋겠어요."

그 아버지는 자신이 원하는 것에 초점을 맞춘 덕분에 안도감을 느꼈습니다. 우리는 그에게 말해주었습니다. "원하는 것을 생각하면 당신에게서 발산되는 진동이 원하는 것과 조화를 이루게 됩니다. 그러면 아들에게 긍정적인 영향을 줄 수 있습니다. 당신은 곧 말하게 될 겁니다. '그래, 이런 일은 성장의 한 과정이야. 누구나 그렇단다. 너는 아주 빠르게 성장하고 있구나. 자, 이제 젖은 옷을 벗고 욕조에 들어가렴.' 이렇게 말이지요."

얼마 지나지 않아 그 젊은 아버지가 전화를 걸어 알려왔습니다. 아들이 더는 이불에 오줌 싸지 않는다고 기뻐하면서요!

기분이 나빠지면

거의 모든 사람은 자신이 느끼고 있는 온갖 감정을 자각합니다. 하지만 감정이 전달하는 중요한 신호를 이해하는 사람은 거의 없습니다. 이 신호를 간단하게 말하면 이렇습니다. '당신은 기분이 나쁠 때마다 마음에 들지 않는 것을 끌어당기고 있습니다. 부정적인 감정이 생기는 이유는 당신이 원하지 않는 것에 초점을 맞추거나 원하는 것의 부재 및 부족에 초점을 맞추기 때문입니다. 이것에는 예외가 없습니다.'

많은 사람이 부정적인 감정을 좋지 않은 것으로 여깁니다. 하지만 부정적인 감정은 어디에 초점을 맞춰야 할지 알게 해주는 중요한 신호입니다. 부정적인 감정을 통해 당신이 내보내는 진동과 끌어당기고 있는 것을 알 수 있습니다. 따라서 부정적인 감정을 '경고음'으로 부를 수 있습니다. 그런 감정은 관점을 전환해야 할 때라는 신호를 보내주기 때문입니다. 하지만 우리는 경고음 대신 '안내음'이라고 부는 것을 좋아합니다.

감정은 당신의 생각으로 어떤 현실을 창조하고 있는지 이해하도록 돕는 '안내 시스템'입니다. 생각의 힘을 알게 된 사람들은 부정적인 감정에 당황해하며 심한 자책을 하기도 합니다. 하지만 부정적인 감정이 생긴다는 건 안내 시스템이 완벽하게 작동하고 있다는 뜻이니 자신에게 화를 낼 이유가 없습니다.

'부정적인 감정을 자각할 때마다 안내 시스템을 인식하는 자신을 칭찬하세요. 그다음 기분이 좋아지는 생각을 선택함으로 점차 더 나은 기분을 느끼려고 노력하세요. 우리는 이 과정을 관점을 전환하는 절묘한 과정이라고 부릅니다. 이는 기분이 좋아지는 생각을 서서히 선

택하는 과정입니다.'

부정적인 감정을 느낄 때마다 스스로 이렇게 말하세요. '내가 부정적인 감정을 느끼고 있다는 건 원하지 않는 것을 끌어당기고 있다는 뜻이야. 그렇다면 내가 원하는 것은 무엇이지?'

'기분이 좋아지고 싶다'라고 생각하는 것만으로 생각을 바꾸는 데 도움이 됩니다. 하지만 "기분이 좋아지고 싶어."라는 말과 "기분이 나쁜 건 싫어."라는 말의 차이를 이해하는 게 중요합니다. 같은 걸 다르게 표현하는 것이라고 여기는 사람도 있습니다. 하지만 실제로는 완전히 반대되는 표현이라 진동에도 엄청난 차이가 있습니다. '생각의 방향을 바꿔 기분이 좋아지는 것을 계속 찾으세요. 그러면 멋지고 유쾌한 삶을 창조하는 데 도움이 되는 믿음이나 생각을 길러가기 시작하게 될 것입니다.'

생각은 비슷한 생각으로

당신이 어디에 초점을 맞추든, 과거의 기억이든, 눈앞의 상황을 관찰하며 드는 생각이든, 미래에 대한 기대든, 그 생각은 바로 지금 당신의 내면에서 활발히 피어나고 있습니다. 그리고 비슷한 생각이나 아이디어를 계속 끌어당깁니다. 비슷한 생각을 끌어당길 뿐 아니라 그 생각에 집중할수록 생각의 힘이 더욱 강력해져서 끌어당기는 힘도 강해집니다.

현명한 친구 하나가 커다란 배가 부두에 정박하는 과정을 우리에게 들려주었습니다. 배는 매우 굵은 밧줄로 묶여 있었습니다. 밧줄이 얼마나 굵고 긴지 바다를 가로질러 부도 쪽으로 한 번에 던질 수 없었습니다. 어떻게 하는지 관찰해보니 노끈의 작은 매듭이 부두에 던져졌습니다. 노끈은 조금 더 큰 밧줄과 이어졌고 이 밧줄은 조금 더 큰 밧줄과 이어졌고 또 다음 밧줄과 이어졌습니다. 마침내 매우 굵고 긴 밧줄이 넓은 바다를 가로질러 배를 이어주었고 배는 부두에 안전하게 정박했습니다. 당신의 생각을 다른 생각에 연결하고, 또 다른 생각에 연결하고, 또 다른 생각에 연결하는 방식이 이와 비슷합니다.

어떤 대상과 관련해 부정적인 밧줄을 더 오래 잡아당기면 어느 순간 부정적인 길이 끌려옵니다. 누군가의 말이나 어떤 기억, 또는 제안이 조금만 부정적이어도 부정적인 소용돌이에 즉시 빨려들어 가게 되지요.

끌어당김은 주로 언제 생길까요? 하루하루 일상적인 일을 하며 당신이 하는 생각이 끌어당김을 시작합니다. 그런데 당신에게는 생각의 방향을 긍정적으로 또는 부정적으로 바꿀 힘이 있습니다. 예를 들어 당신이 마트에 갔다고 생각해보지요. 그곳에서 항상 구매하는 상품의 가격이 크게 올랐다는 사실을 알게 됩니다. 곧바로 언짢은 기분이 몰려듭니다. 아마 당신은 상품의 가격이 급등한 것에 충격을 받았을 수 있습니다. 마트가 상품 가격을 정하는 일에 당신의 발언권이 없으므로 언짢은 감정을 갖는 것 말고는 다른 선택지가 없다고 생각할 수도 있습니다. 하지만 그 언짢은 감정은 판매하는 상품의 가격을 올린 마트의 행동 때문이 아니라는 사실을 짚고 넘어가고 싶습니다. 사실 당신이 생각하는 방향 때문에 부정적인 감정이 생긴 것입니다.

밧줄이 연결되고, 또 연결되고, 또 연결된 것처럼 당신의 생각은 다른 생각과 연결되어 더 강한 진동으로 빠르게 이동합니다. 예를 들어 생각이 이렇게 뻗어 나갑니다. '이런, 상품의 가격이 지난주보다 훨씬 올랐군. 이렇게 가격이 뛰는 건 합리적이지 않아. 시장의 탐욕도 비합리적인 수준이군. 물가가 점점 감당할 수 없는 수준으로 오르고 있어. 모든 게 어디로 향하는지 모르겠어. 이렇게는 안 될 것 같아. 경제가 위기에 빠졌어. 나는 인플레이션을 감당할 수 없어. 가까스로 생계를 유지하고 있잖아. 오르는 생계비를 따라갈 정도로 돈을 벌지는 못할 것 같아.'

부정적으로 꼬리를 물고 이어지는 생각은 마트나 경제, 정부에 대한 비난 등 수많은 방향으로 뻗어 나갑니다. 그런 생각의 종착점은 당신에게 좋지 않은 상황이 될 거라는 부정적인 느낌입니다. 당신이 관찰하는 모든 것은 개인적인 느낌을 일으킵니다. 사실 모든 것이 당신에게는 개인적인 일입니다. 당신이 내보내는 진동에 따라 그와 비슷한 일이 당신에게 끌려옵니다. 모두 당신이 선택한 생각의 결과이기 때문입니다.

자신이 느끼는 감정을 자각하고 그 감정이 생각의 방향을 알려준다는 사실을 이해하면 생각을 더욱 의도적으로 조정할 수 있습니다. 예를 들어 '이런, 이 상품의 가격이 지난주보다 훨씬 올랐군. 하지만 내가 장바구니에 담은 다른 상품은 어떤지 모르겠어. 가격이 같을 수도 있고, 아니면 조금 내려갔을 수도 있지. 내가 신경을 제대로 쓰지 않았으니까. 이 상품의 가격이 너무 올라서 눈길이 간 거지. 가격은 원래 올랐다 내렸다를 반복하잖아. 나는 잘 관리하고 있어. 가격이 조금 올랐지만 괜찮아. 이렇게 다양한 상품을 쉽게 구할 수 있는 유통 시스템은 매우 인상적이야.'

좋은 기분을 느끼겠다고 결정하면 의식적으로 더 좋은 기분을 느끼는 방향으로 생각을 선택하게 됩니다.

'좋은 기분을 느끼고 싶다는 소망이 내면에서 효과적으로 작동하면 좋은 기분을 느끼는 생각을 하도록 끊임없이 영감이 떠오를 것입니다. 그리고 생각을 생산적인 방향으로 돌리기가 점점 더 쉬워질 것입니다. 당신의 생각에는 어마어마하게 창의적인 힘과 끌어당기는 힘이 있습니다. 기분이 좋아지는 생각을 계속할 때만 그 힘을 효과적으로 활용하게 됩니다. 당신의 생각이 원하는 것과 원하지 않는 것, 찬반양론, 장점과 단점 사이에서 끊임없이 표류한다면 순수하고 긍정적인 생각이 주는 강력한 힘을 잃고 맙니다.'

좋은 것을 일부러 떠올리면

예전에 우리는 여러 도시의 작은 호텔에서 회의실을 빌리곤 했습니다. 사람들이 우리에게 질문할 수 있는 편안한 장소를 제공하기 위해서였습니다. 그런데 오스틴의 한 호텔이 항상 예약을 잊곤 했습니다. 아내 에스더가 미리 계약하고 워크숍 며칠 전에 확인 전화를 해도 그랬습니다. 막상 도착했는데 안내 직원이 없는 상황도 종종 있었습니다. 호텔 측에서 급하게 장소를 제공하긴 했지만 사람들이 올 시간에 매번 서둘러야 하는 상황이 매우 불편했습니다.

결국 에스더는 "다른 호텔을 알아봐야겠어요."라고 말했습니다.

내가 말했지요. "좋은 생각 같아요. 하지만 기억해야 할 게 있어요. 당신은 문제를 데리고 가게 될 거예요."

에스더가 다소 방어적으로 물었습니다. "그게 무슨 말인가요?"

"결핍이라는 관점에서 행동하면 그 행동은 항상 역효과를 낳아요. 호텔을 새로 구한다고 해도 같은 일이 또 생길 가능성이 있어요." 이 말에 에스더는 웃음을 터뜨렸습니다. 이미 똑같은 문제로 호텔을 한 번 옮긴 적이 있었기 때문입니다.

"그러면 어떻게 해야 할까요?" 에스더의 물음에 나는 말했습니다. 새 공책을 사서 앞표지에 굵은 글씨로 '나의 긍정 노트'라고 써보자고요. 그리고 첫 페이지에 '오스틴 호텔의 긍정적인 면'을 적어보자고 했습니다.

에스더는 이렇게 쓰기 시작했습니다. "이 호텔은 시설이 아름답고 흠잡을 데가 없다. 위치도 매우 좋다. 고속도로와 가깝고 찾기 쉽다. 늘어나는 참가자를 수용할 수 있는 다양한 크기의 회의실이 있다. 호텔 직원은 언제나 매우 친절하다."

이런 내용을 적으면서 호텔에 대한 에스더의 '감정'은 부정적인 감정에서 긍정적인 감정으로 바뀌었습니다. '기분'이 더 나아지기 시작하자 그녀가 그 호텔로부터 '끌어당기는' 것도 달라졌습니다.

에스더는 긍정 노트에 "호텔은 늘 우리를 기다리며 대기하고 있었다."라고 적지 않았습니다. 그 내용은 그녀의 경험과는 달랐기 때문입니다. 만약 그런 식으로 적었다면 모순된다는 느낌이 들거나 방어 심리가 생기거나 문제를 합리화한다는 생각이 들었을지 모릅닐다. 에스더는 좋은 기분을 원했고, 그래서 호텔의 기분 좋은 점에 의도적으로 초점을 맞췄습니다. 그로 인해 그 호텔에 대한 끌어당김의 기준이 달라졌습니다. 그러자 매우 흥미로운 일이 벌어졌습니다. 호텔이 예약을 잊는 일이 더는 없었습니다. 호텔 측의 무신경과 무질서 때문에 예약을 잊은 게 아니라는 걸 알고 에스더는 기뻤습니다. 호텔이 예약을 잊는 일에 에스더가 지나치게 신경을 쓴 나머지 그녀의 생각이 호텔 직원에게 영향을 미친 것뿐이었습니다. 즉 그들은 에스더가 떠올린 부정적인 생각의 흐름을 거스를 수 없었습니다.

에스더는 '긍정 노트'를 무척 마음에 들어 했습니다. 그래서 인생의 다양한 문제를 긍정 노트에 적기 시작했습니다. 나는 그녀에게 기분이 더 나아지고 싶은 일만 쓰지 말고 이미 경험한 긍정적인 느낌도 써 보라고 권했습니다. 그래야 기분이 좋아지는 생각을 습관으로 삼을 수 있고 기분 좋은 생각에서 즐거움을 얻을 수 있으니까요. 이게 멋진 삶을 사는 방법입니다.

끌어당김이 생각의 힘을 키운다

종종 원하지 않는 상황에 직면할 수 있습니다. 그러면 그 이유를 설명하고 싶다는 생각이 들 수 있습니다. 아마도 그런 상황에 직면하게 된 것을 정당화하려는 시도일 것입니다. 하지만 '방어하거나 정당화하거나 합리화하거나 다른 대상을 비난할 때마다 당신은 부정적인 끌어당김에 머물게 됩니다.' 어떤 일이 당신이 원하는 방식으로 일어나지 않는 이유를 설명하는 동안 부정적인 끌어당김이 이어집니다. 원하지 않는 일이 일어난 '이유'를 설명하는 동안에는 원하는 일에 초점을 맞출 수 없기 때문입니다. '부정적인 면과 긍정적인 면에 동시에 초점을 맞출 수는 없는 노릇이니까요.'

문제의 시작을 알아보려는 노력에서 부정적으로 끌어당기는 일이 생깁니다. '문제의 원인이 뭘까? 내가 원하는 상황에 머물지 못하는 이유는 뭐지?' 이런 생각이 들 수 있습니다. 더 나은 경험을 원하는 건 자연스러운 일이므로 해결책을 찾는 태도는 탓할 수 없습니다. 하지만 해결책을 진지하게 찾는 것과 문제를 강조함으로써 해결책이 필요하다고 합리화하는 것은 전혀 다릅니다.

'지금 상황을 아는 게 중요한 첫 단계입니다. 하지만 문제를 확인했다면 해결책에 초점을 맞춰야 합니다. 빠르면 빠를수록 좋습니다. 문제를 계속 분석하면 해결책을 찾는 데 방해가 됩니다. 문제와 해결책의 진동 파장은 서로 다르기 때문입니다.'

관점의 전환이 얼마나 유익한지 인식하고 원하지 않는 것을 능숙하게 구별하여 원하는 것에 즉시 초점을 맞추세요. 그러면 곧 주변에서 놀라운 일들이 벌어지기 시작합니다. 이 세상에는 잘못되는 일보다 잘되는 일이 훨씬 많기 때문입니다. '긍정 노트'를 날마다 활용해도 좋습니다. 생각의 무게 중심을 긍정적인 방향으로 옮겨지는 데 큰 도움을 받을 수 있지요.

기분이 좋아지는 생각을 하겠다고 마음먹고 거기에 초점을 맞춰보세요. 원하는 것을 생각하는 것과 원하는 것의 부재를 생각하는 것 사이에 매우 큰 차이가 있다는 것을 곧 깨닫게 될 것입니다. 원하는 것, 이를테면 더 나은 재정 상황이나 인간관계 개선, 신체적 건강 등을 말하거나 생각하면서 불편한 감정이 생길 수도 있습니다. 그런 감정을 느끼는 순간에는 원하는 것을 찾는 데 장애물이 있다는 뜻입니다.

'관점의 전환'과 '긍정 노트'는 모두 창조의 초기에, 즉 창조 과정을 인식하기 어려운 미묘한 단계에서 당신이 부정적인 매듭의 끝을 잡아당기고 있다는 점을 인식하도록 도와줍니다. 그 즉시 당신은 그것을 놓고 긍정적인 생각의 가닥을 붙잡을 수 있습니다.

'조금 더 기분 좋아지는 생각을 했다고 해서 그 생각이 엄청나게 기쁜 생각으로 바로 이어지지는 않습니다. 조금 기분 좋은 생각을 하고, 그 생각에서 조금 더 기분 좋은 생각으로 이어지고, 그다음에 훨씬 기분 좋은 생각으로 이어지는 게 일반적인 순서입니다. 모든 생각과 진동은 끌어당김의 법칙에 영향을 받거나 좌우되기 때문입니다.'

기분 좋은 생각으로 하루를 시작하면

원하지 않는 것에 초점을 맞추면 긍정적인 관점으로 옮겨가기 힘이 듭니다. 오히려 원하지 않는 문제에 집중하기 쉽습니다. 심지어 그 생각을 뒷받침하는 증거도 찾게 됩니다. 생각은 비슷한 생각을 끌어당기기 때문입니다. 원하지 않는 문제에서 벗어나 당신이 몹시 원하는 긍정적이고 기쁜 문제로 단번에 도약하는 건 힘이 듭니다. 그 두 가지 생각의 진동은 매우 다르기 때문입니다. 생각의 무게 중심을 원하는 쪽으로 조금씩 꾸준히 옮기겠다고 결심하는 게 당신의 진동을 상승시키는 최상의 방법입니다.

아침에 잠에서 깨어날 땐 몇 시간 자고 난 후라 원하지 않는 것의 진동이 거의 나오지 않습니다. 그때가 가장 긍정적인 진동 상태입니다. 침대에서 일어나기 전에 당신 인생에서 긍정적인 것 몇 가지를 생각하세요. 하루를 더욱 멋지게 시작하게 될 것입니다. 눈을 뜰 때 떠올리는 긍정적인 생각은 하루를 시작하는 발판이 됩니다. 끌어당김의 법칙이 더욱 기분 좋고 유익한 생각을 이끌 것입니다.

다시 말해 매일 아침 당신에겐 새로운 진동을 설정할 기회가 있습니다. 남은 하루 동안 어떤 분위기로 생각을 내보낼지 정할 수 있지요. 하루 중에 일어나는 어떤 사건 때문에 처음에 설정한 진동에서 벗어날 수 있겠지만 시간이 흐르면서 당신의 생각, 진동, 끌어당김의 기준을 완벽하게 제어하고 있다는 걸 알게 될 것입니다. 즉 당신이 삶을 완벽하게 통제하는 겁니다.

잠자는 시간을 소중히 여겨라

잠을 자고 있을 때나 의식적으로 집중하지 않는 시간에는 무언가를 끌어당기는 일이 중단됩니다. 잠자는 시간은 내면 존재가 에너지를 재정렬할 수 있는 시간입니다. 또 신체가 에너지를 회복하고 보충하는 시간이기도 합니다. 침대에 누우면서 이렇게 말해보세요. "오늘 밤 나는 잘 쉴 거야. 자는 동안에는 이 몸으로 끌어당기는 모든 일이 멈춘다는 걸 알고 있어. 아침에 일어날 때 나는 말 그대로 다시 육체로 돌아올 거야." 이렇게 하면 수면 시간에 누릴 수 있는 가장 큰 이점을 얻을 것입니다.

아침에 깨어나는 것은 태어나는 것과 다르지 않습니다. 물리적인 몸으로 이 행성에 처음 나타난 날과 크게 다르지 않은 셈입니다. 잠에서 깨어나 눈을 뜨면서 이렇게 말하세요. "오늘 나는 기분이 좋아질 이유를 찾겠어. 기분이 좋은 것보다 중요한 건 없어. 내 진동을 상승시키는 생각을 선택하겠어. 그 생각은 비슷한 생각을 계속 끌어당길 거야. 우주의 긍정적인 면과 공명하는 수준까지 나의 진동 주파수를 끌어올려야지!"

당신의 진동은 당신이 마지막으로 남겨둔 수준에 그대로 머물러 있습니다. 잠자기 전에 어떤 상황에 대해 걱정하며 침대에 누우면 아침에 깨어날 때 전날 밤에 내버려 둔 생각이나 진동이 고스란히 이어지게 마련입니다. 그러면 그날 생각은 부정적인 출발점에서 시작됩니다. 끌어당김의 법칙은 비슷한 생각을 계속 만들어냅니다. 삶의 긍정적인 면을 떠올리며 잠자리에 들도록 노력하세요. 수면 시간에는 모든 생각이 사라지고 에너지가 회복된다는 점만 기억하세요. 모든 생각을 의도적으로 놓아버리는 게 좋습니다.

온갖 문제를 걱정하거나 할 일을 생각하며 잠자리에 드는 건 좋지 않습니다. 그보다 그 순간의 긍정적인 면을 찾으며 잠자리에 드세요. '이 침대에 누우니 기분이 너무 좋아. 이불이 정말 아늑해. 몸이 정말 편해. 베개가 너무 푹신해. 공기가 상쾌해. 살아있는 게 얼마나 좋은가!' 기분이 좋아지는 밧줄을 당신이 끌어당기기 시작한 것입니다.

끌어당김의 법칙은 모든 걸 증폭시키는 거대한 확대경과 같습니다. 그래서 잠에서 깨어 기분이 좋아질 이유(매우 직접적인 이유)를 찾으면 끌어당김의 법칙은 기분이 좋아질 생각을 당신에게 가져다줄 것입니다. 그 생각은 비슷한 생각을 끌어당기고, 그다음 비슷한 생각을 또 끌어당깁니다. 잠에서 깨어 기분이 좋아질 이유를 찾는 것, 이것이 바로 성공적인 출발을 누리는 방법입니다.

약간의 노력을 통해 더욱더 즐거운 시나리오로 생각의 방향을 돌릴 수 있습니다. 그러면 마침내 생각의 습관과 끌어당김의 기준을 바꿀 수 있습니다. 그리고 더 나은 생각이 가져다주는 현실이 그 모습을 드러내기 시작하지요.

잠이 즐거우려면

어떤 일을 달성하려면 힘들게 노력해야 한다고 다들 믿습니다. 지금껏 그런 식으로 배우고 행동해왔기 때문이지요. 하지만 의도적으로 생각의 방향을 바꾸는 법을 배우면 생각의 힘을 깨닫게 되고, 그 힘을 놀랍게 활용하는 방법을 찾게 됩니다. 원하는 것을 생각한 다음 원하지 않는 것도 생각하게 되면 생각의 힘이 약해집니다. 그러니 원하는 것에만 계속 초점을 맞추세요. 머지않아 우리가 하는 말이 사실임을 개인적인 경험을 통해 알게 될 것입니다. 행동 지향적인 특성 때문에 사람들은 종종 지나치게 노력하고 힘들게 일합니다. 그 결과 바라는 것에 집중하기보다는 고쳐야 할 점에 더 많은 주의를 기울입니다. 이를 피하는 방법의 하나가 긍정적인 생각을 하며 잠자리에 드는 것입니다.

수면 시간에 긍정적인 면을 생각하는 좋은 방법이 궁금한가요? 침대에 누우면 그날 있었던 가장 즐거운 일을 떠올리세요. 하루를 차근차근 되새기다 보면 기분 나쁜 일이 떠오를지 모릅니다. 그럴 때도 처음 목적을 놓지 마세요. 그러다가 즐거운 일을 찾아내면 가만히 곱씹어보세요.

그런 뒤 이 말을 하면서 긍정인 펌프에 마중물을 부으세요. "거기서 내가 좋았던 것…. 가장 마음에 들었던 부분은…." 당신이 찾은 생각의 가닥을 따라가면서 그날 있었던 최고의 순간을 떠올리세요. 긍정적인 생각의 영향력을 느꼈다면, 이 순간의 주된 목적, 즉 잘 자고 상쾌하게 깨는 것에 집중하세요.

스스로 이렇게 말하세요. "나는 이제 잘 거야. 자는 동안에는 끌어당김이 멈출 거야. 내 몸 곳곳에서 완전히 새로운 에너지를 얻을 거야." 그다음 곁에 있는 것들로 주의를 돌려보세요. 편안한 침대, 푹신한 베개, 행복한 순간에 집중하세요. 그리고 당신의 의도를 부드럽게 말해보세요. "나는 잘 잘 거야. 새롭고 기분 좋은 끌어당김으로 새 에너지를 채워서 일어날 거야." 그런 다음 잠에 빠져드세요.

활기찬 아침을 맞는 법

다음 날 아침, 잠에서 깨면 당신은 긍정적이고 기분 좋은 상태에 있을 것입니다. 눈을 뜰 때 바로 이런 생각을 할 것입니다. '오, 내가 깨어났어. 물리적인 몸으로 다시 나타났어.' 잠시 그대로 누워서 침대의 편안함을 느껴보세요. 그러고 나서 이런 생각을 하세요. '오늘 나는 어디를 가든, 무엇을 하든, 누구와 함께하든 기분 좋은 일을 찾을 거야. 기분이 좋으면 더욱 강력한 힘으로 진동을 하게 되지. 내가 바람직하다 여기는 것과 조화로워지는 거야. 기분이 좋으면 나를 즐겁게 하는 것들을 끌어당길 수 있어. 맞아. 기분이 좋으면 기분이 좋아져!'

우리가 당신이라면 침대에 잠시 누워 주변에 있는 긍정적인 면을 찾을 겁니다. 3분이면 충분합니다. 그런 다음 하루를 보내면서 어디에 주의를 기울이든 기분이 좋아질 이유를 찾기 시작할 것입니다.

물론 부정적인 감정이 생길 수도 있습니다. 기분이 좋은 채로 하루를 시작해도 부정적인 감정이 언제든 피어오를 수 있지요. 어떤 문제들에 부정적인 엔진이 이미 작동하고 있기 때문입니다. 그렇다면 그 감정이 생기는 첫 순간에 잠시 멈춘 채 이렇게 말하세요. "나는 기분이 좋아지고 싶어. 지금 부정적인 감정이 생기는데 그건 내가 원하지 않는 것에 초점을 맞추고 있다는 의미야. 내가 원하는 게 뭐지?" 그리고 원하는 것으로 즉각 주의를 돌리세요. 새로운 생각이나 긍정적인 생각에 계속 집중하세요. 긍정적인 에너지가 몸을 통해 다시 흐르기 시작하는 것을 느낄 때까지 집중하세요.

'하루를 보내면서 웃을 이유와 즐겁게 지낼 이유를 더 많이 찾아보세요.' 기분이 좋아지고 싶다고 생각하면 상황을 심각하게 보지 않게 됩니다. 상황을 심각하게 여기지 않으면 원하는 것이 부족하다는 생각이 들지 않지요. 원하는 것이 부족하다는 생각에 초점을 맞추지 않을 때 기분은 더 좋아집니다. 기분이 좋아질 때 원하는 것을 더 많이 끌어당깁니다. 마침내 당신의 삶은 점점 더 좋아집니다.

이렇게 하루를 보내고 밤에 침대에 누우면 곱씹을 수 있는 멋진 일들이 많을 것입니다. 그리고 편안하고 새 힘을 얻게 해주는 잠을 잘 수 있습니다. 다음날에는 훨씬 더 기분이 좋아진 상태로 새로운 하루를 맞으며 잠에서 깰 것입니다.

내 기분을 알아차리면

때때로 불편한 상황에 부닥치면 사람들은 그 안에 긍정적인 면이 있는지 의문을 품습니다. 어떤 상황은 너무 심각해서 긍정적인 면을 찾는 게 불가능해 보일 수도 있습니다. 상황이 그렇게 보이는 건 당신이 그것에서 단번에 벗어나려고 하기 때문입니다. 해법을 찾고 싶지만 어떻게 해야 할지 모르겠다면 이 점을 기억하세요. "나는 내가 어떤 기분을 원하는지 잘 알고 있습니다."

좋은 면을 찾는 게 불가한 상황은 이와 비슷할지도 모릅니다. "비행기에서 막 뛰어내렸어. 그런데 낙하산이 없어. 이제 어떻게 해야 하지?" 때론 아무리 생각하고 노력해도 결과를 바꿔놓지 못할 수도 있습니다. 상황을 바로잡을 행동이나 생각이 도저히 떠오르지 않을 때도 있습니다.

하지만 생각의 힘과 그 힘이 지닌 놀라운 유익함을 이해한다면, 그래서 느낌과 감정이 알려주는 정보를 활용해 의도적으로 생각을 선택하기 시작한다면, 더 나은 기분에 초점을 맞출 수 있습니다. 그러면 당신의 삶을 언제나 기분 좋은 경험으로 채울 수 있습니다. '만약 당신이 의도적으로 선택한 생각에서 아주 사소한 안도감이라도 찾을 수 있다면 해결책을 찾아가는 순탄한 여정이 시작될 것입니다.'

'특정한 상황에서 어떤 행동을 해야 할지 명확하지 않을 수 있습니다. 때로는 원하는 게 무엇인지 알지 못할 수도 있습니다. 하지만 어떤 기분을 느끼고 싶은지는 언제라도 알 수 있습니다.' 다시 말해 당신은 슬픔보다는 기쁨을, 피곤함보다는 에너지를, 무기력보다는 활력을, 억압보다는 자유를, 정체보다는 성장을 느끼고 싶다는 걸 잘 압니다.

내면 존재와 조화되지 않는 생각을 물리치기 위해 할 수 있는 행동은 많지 않습니다. 하지만 생각의 방향을 의도적으로 선택함으로써 감정에 대한 통제권은 확보할 수 있습니다. 그러면서 생각이 지닌 힘을 강력하게 활용하는 방법을 알게 됩니다. '생각을 의도적으로 통제하면 인생 경험을 더욱 의도적으로 통제하게 될 것입니다.'

기분이 좋은 것보다 중요한 일은 없다

의도적으로 생각하는 건 어려운 일이 아닙니다. 종종 우리는 먹는 음식, 타는 자동차, 입는 옷에 까다롭게 굴곤 합니다. 의도적으로 생각하기 위해서는 딱 그 정도의 노력만 하면 됩니다. 당신에게 최고의 기분을 가져다줄 생각을 의도적으로 선택하는 건 음식이나 옷을 선택하는 것보다 훨씬 큰 영향력으로 당신의 삶을 나아지게 할 것입니다.

'이 내용을 읽으며 그 의미와 강력함이 가져다주는 내면의 울림이 느껴집니까? 그렇다면 부정적인 감정이 고개를 들 때마다 유익한 방향으로 생각을 이끌 중요한 지침을 깨달은 겁니다.' 이제 당신은 부정적인 감정을 느낄 때마다 원하지 않는 것을 끌어당기고 있다는 걸 알고 있습니다. 감정이 전하는 정보를 의식적으로 자각할 때 의미심장한 일이 일어납니다. 그동안 당신은 부정적인 감정의 의미를 모른 채 부정적인 것을 계속 끌어당기고 있었습니다. 지금 느끼는 감정을 이해하면 내 인생을 스스로 통제할 수 있습니다!

나쁜 기분을 느낄 때마다 잠시 멈춰서 말해보세요. "기분이 좋아지는 것보다 더 중요한 건 없어. 기분이 좋아질 이유를 당장 찾겠어." 그러면 좋은 생각을 하게 되고 그 생각은 더 나은 생각으로 계속 이어질 것입니다. 기분이 좋아지는 생각을 찾는 습관을 기르면 주변 환경이 틀림없이 좋아집니다. 끌어당김의 법칙이 그것을 요구하기 때문입니다. 기분이 좋으면 우주가 당신과 협력해 문을 활짝 열어주는 느낌이 듭니다. 반대로 기분이 나쁘면 문이 닫히고 우주와의 협력이 중단된 것 같은 느낌이 듭니다.

'부정적인 감정을 느낀다는 건 원하는 것을 거부하고 있다는 것입니다. 그러한 저항은 당신에게 피해를 줍니다. 신체적 건강에 타격을 주고 당신이 경험할 멋진 일들 앞에 장애물을 놓지요.'

원하는 것과 원하지 않는 것을 구별하며 사는 삶은 '진동 권리증'을 지닌 것과 같습니다. 원하는 것을 찾아내면 이 증서가 곧바로 권리를 보장해줍니다. 원하는 것의 진동과 당신의 진동이 비슷해지면 당신은 즉시 이익을 얻습니다. 원하는 것이 눈앞에 나타나지 않더라고 기분이 좋아질 방법을 찾아보세요. 때론 원하는 것이 닫힌 문밖에 놓여 있을지도 모릅니다. 막대기의 긍정적인 쪽을 의식적으로 선택하세요. 그러면 문이 열리고 당신이 바라는 모든 일이 순조롭게 당신의 경험으로 흘러들어올 것입니다.

좋을수록 더 좋아진다

긍정적인 면을 찾으려고 의도적으로 노력할 때 당신의 진동을 모든 사물의 긍정적인 면에 맞출 수 있습니다. 물론 부정적인 면에도 진동을 맞출 수 있습니다. 많은 사람은 자기 비하를 하며 고통스러워합니다. 부모나 교사, 친구들로부터 끊임없이 비교당한 탓입니다. 이런 부정적인 태도야말로 좋은 것을 끌어당기는 능력에 가장 큰 치명타가 됩니다.

당신이 평소에 그렇게 나쁘지는 않다고 생각하는 문제들이 있을 겁니다. 때로는 그런 문제를 생각해서 기분이 좋아지는 진동 주파수에 자신의 진동을 맞출 수 있습니다. 그렇게 기분이 좋아진 상태에서 자신에게 주의를 기울이면 평소보다 더 긍정적인 면을 찾을 수 있습니다. '당신을 둘러싸고 있는 세상에서 긍정적인 면을 찾는다면 자신에 대해서도 긍정적인 면을 발견할 수 있습니다. 그러면 이 세상에서 긍

정적인 면을 찾기가 더 수월해집니다.'

내게서 무언가 불만족스러운 특성을 발견하면 다른 사람에게서도 그런 점을 더 쉽게 발견하게 됩니다. '나쁠수록 더 나빠집니다.' 당신 자신과 다른 사람에게서 좋은 점을 의도적으로 찾으세요. 좋을수록 더 좋아진다는 것을 곧 알게 될 것입니다.

원하는 것에 초점을 맞추는 것의 가치는 아무리 강조해도 지나치지 않습니다. 당신에게 다가오는 모든 것은 매우 단순한 법칙을 따릅니다. '당신은 생각하는 것을 더 많이 얻게 됩니다. 그것이 원하든 원하지 않든 간에.'

우주는 균형을 이룬다

당신은 경험의 창조자입니다. 이렇게 말할 수도 있습니다. '당신은 자신의 경험을 끌어당기는 사람입니다.' 창조는 원하는 것을 추구하고 획득하는 게 아닙니다. 창조는 바라는 대상에 초점을 맞추는 것입니다. 무언가를 경험하고 싶을 때 생각의 초점을 맞추고 끌어당김의 법칙이 그 경험을 끌어오도록 허용하는 게 바로 창조입니다.

과거를 기억하든, 미래를 상상하든, 아니면 현재를 관찰하든 당신의 생각은 진동의 파장을 내보내고 있으며 끌어당김의 법칙이 그 진동에 반응합니다. 당신의 생각을 소망이나 믿음(믿음은 당신이 지속해서 하는 생각일 뿐입니다)이라고 말할 수도 있습니다. 하지만 당신이 어디에 주의를 기울이든 그것은 끌어당김의 기준을 만듭니다.

모든 대상에는 원하는 것과 원하는 것의 부족, 이 두 가지 측면이 있습니다. 그렇기에 실제로는 부정적인 것에 집중하면서 긍정적인 것에 집중한다고 믿을 수 있습니다. "돈이 더 필요해."라고 말할 수 있지만 그런 말을 할 때 실제로 집중하는 건 필요한 만큼 돈이 없는 상황입니다. 사람들은 대부분 아프다는 느낌이 들 때 건강을 자주 소망합니다. 다시 말해 원하지 않는 상황이 생길 때 원하는 것을 말하곤 합니다. 겉으론 원하는 것에 초점을 맞춘 것처럼 보이지만 실제로는 그렇지 않을 때가 많습니다.

'당신이 긍정적으로 끌어당기는지 부정적으로 끌어당기는지 제대로 알 수 있는 유일한 방법은 말하면서 어떤 느낌이 드는지 의식적으로 자각하는 것입니다. 당신이 무언가를 끌어당기고 있다는 직접적인 증거를 당장은 볼 수 없을지 모릅니다. 하지만 당신이 무엇을 생각하든 그 생각은 비슷한 생각과 진동, 에너지를 모읍니다. 그러면 결국 무엇을 끌어당겼는지 그 증거가 분명해지지요.'

내 관심사에 우주가 반응한다

사람들은 주변을 통제할 수 있다고 믿습니다. 누군가에게 "그래. 내게로 와."라고 말하면 그 사람이 올 거라고 기대하지요. "아니야. 저리로 가."라고 하면 갈 거라고 말이지요. 하지만 우리가 사는 우주에는

'아니야'라는 말이 다른 의미로 작용합니다.

원하는 것에 주의를 기울이며 "그래. 내게로 와."라고 말하면 그 말이 당신의 진동에 포함되고 끌어당김의 법칙이 작동하기 시작합니다. 원하지 않는 것을 바라보며 "아니야. 싫어. 저리 가!"라고 말해도 우주는 그것을 끌어당깁니다.

"완벽한 건강, 나는 너를 원해. 너를 생각하니 즐거워." 이렇게 말하면 건강이 이끌립니다. 하지만 "아픈 건 싫어."라고 말하면 질병이 이끌려오지요. "안 돼, 안 돼, 안 돼."라고 말하면 그것이 더 가까이, 좀 더 가까이 다가옵니다. 원하지 않는 것을 막으려고 힘겹게 노력할수록 당신은 그 안으로 더욱 휩쓸려 들어가게 됩니다.

사람들은 흔히 완벽한 배우자를 찾거나 완벽한 몸매를 만들거나 충분한 돈을 모으면 '마침내' 자신이 추구하는 행복도 찾게 될 거라고 믿습니다. 하지만 세상 어디에도 긍정적인 면만 존재하는 곳은 없습니다. 우주의 완벽한 균형에 따르면 존재하는 모든 입자에 긍정적인 것과 부정적인 것, 원하는 것과 원하지 않는 것이 공존합니다. 창조하고 선택하고 정의 내리고 결정하는 사람으로서 당신이 긍정적인 면을 찾을 때 삶의 모든 측면에서 긍정적인 일이 펼쳐집니다. 상황이 완벽해질 때까지 기다릴 필요는 없습니다. 완벽한 상황에서만 긍정적으로 반응할 수 있는 건 아니기 때문입니다. 긍정적인 생각을 하고 긍정적인 진동을 발산하는 것을 훈련하세요. 그러면 긍정적인 상황을 끌어당기고 창조할 수 있습니다.

이러한 말로 매일 하루를 시작해보세요. "오늘 내가 어디를 가든, 무엇을 하든, 누구와 함께 일하든, 내가 보고 싶은 것을 찾는 게 가장 큰 목표다."

기억하세요. 아침에 잠에서 깨어날 때 당신은 다시 태어나는 겁니다. 당신이 잠을 자는 동안 모든 끌어당김은 멈춥니다. 잠자는 몇 시간 동안 당신의 의식은 끌어당기는 일을 하지 않습니다. 그 단절의 시간이 당신에게 새로운 에너지와 새로운 시작을 가져다줍니다. 아침에 일어나 전날 당신을 괴롭히던 문제를 되새기지 않는 한 당신은 새로 태어나 기분 좋은 하루를 시작할 수 있습니다.

내 결심이 좋은 기분을 끌어당긴다

한 여성이 우리에게 말했습니다. "최근에 나는 파티에 세 번이나 참석해야 한다는 걸 알았어요. 곧 이런 생각이 들었죠. '메리도 갈 텐데. 그녀는 아주 멋질 거야.' 그러고는 생각했어요. 이제 비교를 멈추고 싶다고요. 파티에 누가 있든 그저 즐기고 싶어요. 관점을 전환하고 나 자신을 긍정적으로 볼 수 있게 도와주세요. 이런 상태로는 정말 파티에 가고 싶지 않아요."

우리는 말했습니다. "파티를 생각할 때 자신이 보잘것없는 느낌이 드는 건 파티 때문도, 메리 때문도 아닙니다." 흔히들 다른 사람과의 관계를 분석하는 걸 복잡하게 생각합니다. 그 감정이 어디서 시작했는지 알기 위해 어린 시절의 기억까지 뒤지곤 하지요. 하지만 아무 소용이 없습니다. 당신에게는 지금 서 있는 자리에서 원하는 것을 떠올릴 능력이 있습니다. 일주일 전이든, 하루 전이든, 파티에 가서든, 관점을 전환하는 방법은 언제나 같습니다. 주의를 기울일 때 기분이 좋아지는 것을 찾는 것입니다.

실제 상황을 통제하기보다는 상상 속의 상황을 통제하려 할 때 더 많은 힘을 발휘할 수 있습니다. 일반적으로 그 상황 한복판에 들어가기 전에 긍정적인 면을 찾기가 더 쉽습니다. 원하는 상황을 상상하고 긍정적인 반응을 연습해보세요. 그런 뒤 파티에 참석하면 연습한 대로 통제권을 발휘할 수 있을 겁니다.

좋은 기분과 나쁜 기분을 동시에 느낄 수는 없습니다. 원하는 것과 원하지 않는 것에 동시에 초점을 맞출 수도 없습니다. 파티에 가기 전에 원하는 바를 분명히 떠올리면 끌어당김의 법칙이 기분 좋아지고 경험을 가져다줍니다. 이보다 간단한 일이 또 있을까요?

몇 년 전 파티와 다른 기분을 느끼고 싶다면 새로운 이야기를 해야 합니다. 그동안 당신이 말해온 이야기는 이럴 겁니다. "남편 때문에 그 파티에 초대받았어. 내가 참석하는 건 누구에게도 중요한 일이 아니야. 나는 남편의 사회생활과 아무런 관련이 없어. 나는 그들의 관심사를 거의 이해하지 못해. 나는 이방인이야. 메리는 나와 달라. 그녀는 이방인처럼 보이지 않아. 그녀가 입는 옷만 봐도 얼마나 자신감이 넘치는지 알 수 있어. 메리 근처에 있으면 나는 매력적이지 않고 똑똑하지도 않아. 모든 게 부족하지. 이런 감정이 드는 게 너무 싫어. 파티에 가고 싶지 않아."

기분이 좋아지는 이야기는 이런 겁니다. "내 남편은 회사에서 인정받고 있어. 직원들이 배우자를 데리고 모임에 참석하는 건 좋은 일이야. 서로 알아갈 기회가 생기니 말이야. 그 모임에서는 내게 분위기에 맞추라고 요구하지 않아. 직원들도 업무를 잊고 즐기고 싶을 거야. 인생에는 내 남편의 회사에서 일어나는 일보다 훨씬 더 많은 일이 일어나지. 나는 직원이 아니니까 그들에겐 청량제 같은 사람으로 보일 거야. 그들이 고민하는 문제에서 나는 자유롭기 때문이지. 메리는 밝고 친절해. 그녀는 회사에서 벌어지는 정치나 골치 아픈 문제에 얽매이지 않는 게 분명해. 그녀를 관찰하는 건 흥미진진해. 그녀가 어디서 옷을 사는지 궁금해. 입고 오는 옷이 너무 예뻐."

지금까지 느꼈던 불안감을 모두 분석해야 하는 건 아닙니다. 이번 파티를 그 불안감을 해결하는 수단으로 삼을 필요도 없습니다. 다만 집중할 수 있는 긍정적인 것을 찾아야 합니다. 그리고 그렇게 하는 것이 얼마나 유익한지 느껴야 합니다. 시간이 흐르면서 메리는 아무 문제도 되지 않을 것입니다. 오히려 친구가 될 수 있습니다. 어쨌든 그렇게 하는 건 당신의 결정이고 당신의 진동을 훈련하는 것입니다.

타인과 나를 분리하려면

누군가가 물었습니다. "나의 불편한 감정은 대부분 고통받는 사람을 지켜보면서 생기는 것 같습니다. 관점을 어떻게 전환해야 내가 고통스럽지 않을까요?"

우리는 이렇게 설명했지요. "당신이 어떤 대상에 주의를 기울이든 거기에는 보고 싶은 것과 보고 싶지 않은 것이 모두 들어있습니다. 당신이 고통을 느끼는 건 눈앞의 사람이 고통을 겪고 있기 때문이 아닙니다. 당신을 고통스럽게 만드는 면을 보기로 선택했기 때문입니다. 다른 사람이 고통을 느끼는 것과 당신을 고통스럽게 만드는 면을 보기로 선택하는 것, 이 둘은 완전히 별개입니다."

물론 그 사람이 고통이 아니라 기쁨을 느낀다면 당신도 더 쉽게 기쁨을 느끼게 될 것입니다. 하지만 당신의 감정을 통제하기 위해 상황이 변하는 것에만 매달려서는 안 됩니다. 상황이 어떻든 긍정적으로 초점을 맞추는 능력을 길러야 합니다. 이를 위해서는 모든 대상에는 원하는 것과 원하지 않는 것이 함께 있다는 점을 기억하면 됩니다. 그리고 의도적으로 기분이 좋아지는 면을 찾을 수 있다면 감정을 통제할 수 있습니다.

물론 보고 싶은 것을 보려고 관점을 의도적으로 바꾸는 것보다 그저 눈앞에 있는 것을 보기가 더 쉽습니다. 하지만 기분이 좋아지는 게 당신에게 정말 중요한 일이라면 꾸물거리며 대충 관찰하려고 하지 않을 것입니다. 기분이 좋아지고 싶은 당신의 소망이 긍정적인 면을 찾도록 영감을 줍니다. 그러면서 긍정적인 면을 찾겠다는 의지가 더욱 커집니다. 또 주의를 기울일 때 기분이 좋아지는 것을 많이 찾으면 찾을수록 끌어당김의 법칙은 기분 좋은 상황을 가져다줍니다. 시간이 흐르면서 긍정적인 경향과 조화를 이루지 않는 것은 당신 눈에 보이지 않게 됩니다.

한 어머니에게 아들의 문제를 그냥 지나치라고 조언한 적이 있습니다. 그때 그 어머니가 말했지요. "내가 자신을 포기했다고 아들이 느끼지 않을까요? 어떻게든 곁에 머물러야 하지 않을까요?"

우리는 말했습니다. 아들의 인생에서 긍정적인 면에 초점을 맞춘다면 '포기'는 있을 수 없다고요. 어떤 일을 생각하면서 기분이 나빠지는 경우가 있습니다. 그런 생각을 떨쳐버려야 합니다. 그렇게 하는 건 매우 중요합니다. 우리는 이런 말을 들려주었습니다. "당신이 누군가의 문제나 불평의 배출구가 되어서는 그 사람을 절대 도울 수 없습니다. 아들의 삶이 나아진다는 이미지를 그리세요. 그러면 아들이 그런 삶을 살도록 도울 수 있습니다. 아들을 위해 당신이 그린 이미지에 머무세요. 그리고 기분이 좋아지는 그 자리로 아들을 부르세요."

기분이 좋아지는 게 당신의 목적이고 당신의 감정을 잘 살핀다면 기분 좋은 일이 점점 더 많이 생깁니다. 그리고 기분 좋은 일을 더 많이 생각하게 됩니다. 그러면 당신은 다른 사람과 더 잘 소통할 수 있게 됩니다. 그 사람이 기분이 좋든 나쁘든 당신은 소통할 준비가 되어 있습니다. 기분이 좋아지는 게 당신의 소망이기 때문에 당신은 상호작용할 사람들과 어떤 경험을 할지 준비가 되어 있을 것입니다. 그러면 그들이 어떤 혼란에 처해 있든 당신이 긍정적인 것에 집중하기가 훨씬 쉬워집니다. 하지만 당신이 기분 좋은 생각과 진동을 유지하지 않았다면 그들의 상황에 휩쓸릴 수 있습니다. 그럴 때 불편한 마음이 생기기 쉽지요.

중요한 사실은 당신이 고통을 느끼는 건 남들의 상황이 아니라 자신의 생각 때문이라는 점입니다. '스스로 하는 생각 때문에 당신은 고통을 느낍니다.' 이 사실을 알면 당신은 엄청난 통제력을 발휘할 수 있습니다. 사실상 진정한 자유를 누리게 되는 것입니다. 생각을 통제할 수 있기에 감정을 통제할 수 있다는 걸 깨달으면 이 행성에서 자유롭고 기쁘게 돌아다닐 수 있습니다. 하지만 자신의 감정이 다른 사람의 행동에 좌우된다고 믿으면 자유로움을 느끼지 못합니다. 이게 바로 당신이 말하는 '고통'입니다.

내가 느끼는 동정심의 값어치

누군가가 말했습니다. "고통을 겪는 사람들에게서 관심을 거두면 내 기분이 좋아질 수는 있겠지요. 하지만 그렇다고 해서 다른 사람의 기분이 좋아지게 도울 수는 없어요. 아무런 문제도 해결되지 않았지요. 그저 피하는 겁니다."

우리는 이렇게 대답해주었습니다. "당신이 그들의 문제에 초점을 맞추지 않는다면 계속 좋은 기분을 느낄 수 있습니다. 하지만 그들은 여전히 문제에 시달릴 것입니다. 실제로 그렇습니다. 하지만 당신이 그들의 문제에 초점을 맞춘다면 당신은 기분이 나빠지고 그들의 기분도 계속 나쁠 겁니다. 만약 당신이 그들의 문제에 계속 초점을 맞춘다면 시간이 흐르면서 당신에게도 문제가 생길 겁니다. 하지만 당신이 그들의 문제가 아닌 해결책에 초점을 맞추고 긍정적인 결과를 상상하면 기분이 좋아질 겁니다. 그러면 당신이 그들에게 영향을 주어 긍정적인 생각을 하고 좋은 결과를 얻도록 도울 수도 있습니다."

간단히 말해 부정적인 감정은 아무런 도움이 되지 않지요. 주위 사람이 나쁜 경험으로 인해 부정적인 감정에 휩싸여 있다면 당신도 그 진동에 쉽게 영향받을 수 있습니다. 그들이 지고 있는 고통의 사슬에 함께 얽매이게 되는 것이지요.

그 대신 잠자리에 누워 이렇게 말해보세요. "오늘 밤 나는 모든 끌어당김을 멈출 거야. 그러면 내일 새로운 시작을 할 수 있어. 내일 꼭 보고 싶은 것을 찾겠어. 그래서 좋은 기분을 느낄 거야. 기분이 좋은 게 가장 중요하니까!" 다음 날 아침에 깨어나면 전날 있었던 부정적인 일은 사라지고 새로운 길을 가게 될 것입니다. 그러면 고통에 휩싸인 사람이 다가와도 영향을 받지 않습니다. 오히려 그 사람에게 행복한 삶을 보여주게 됩니다. 당신이 '느끼는' 것을 진동으로 발산하기 때문입니다.

'당신이 행복하다고 해서 다른 사람이 곧바로 그 행복에 동참할 가능성은 적습니다. 당신의 감정과 다른 이의 감정과 크게 다를 때 소통에 어려움이 생기기 때문이지요. 하지만 시간이 흐르면 당신이 내보내는 긍정적인 진동이 조금씩 영향력을 발휘하게 됩니다. 다른 사람이 당신의 긍정적인 분위기에 동참하거나 비슷한 진동을 내보내게 되거든요. 불행한 사람을 보고 당신이 고통을 느끼는 건 오로지 그들의 불행에 끊임없는 주의를 기울이기 때문입니다.'

한번 생각해봅시다. 당신이 다른 두 사람과 아슬아슬한 산허리를 걷고 있습니다. 그러다가 당신이 발을 헛디뎌 엉성한 덩굴로 넘어지고 말았지요. 올려다보니 친구 한 명은 안정적으로 발을 디디고 있고 다른 한 명은 서툰 자세로 중심을 잡지 못합니다. 과연 누구의 도움을 받고 싶을까요? 긍정적인 면을 찾는 건 제대로 중심을 잡는 것과 같습니다. 발을 단단히 딛고 서 있는 것, 이것이 바로 내면의 관점에서 바라보는 '당신의 진정한 모습'입니다. 기분이 좋아지는 생각과 조화를 이루면 우주의 강력한 자원을 활용할 수 있습니다.

'다른 사람에게 동정심을 갖는 건 그들에게 감정이입을 할 때까지 그 상황에 초점을 맞춘다는 의미입니다. 우리는 기쁨에 겨울 수도 비참함을 느낄 수도 있습니다. 성취감을 느낄 수도 있고 좌절감에 빠질 수도 있습니다. 무엇에 감정을 이입해야 할지 당신이 선택해야 합니다. 가능하면 그들이 느끼는 가장 좋은 기분을 찾아내어 감정이입을 하세요. 그러면 그들이 더 나은 삶을 살도록 도울 수 있습니다.'

상처받지 않으려면

한 남성이 이런 질문을 한 적이 있습니다. "관계를 정리하면서 상대 방이 상처를 받았습니다. 하지만 나까지 상처받고 싶지는 않습니다. 어떻게 해야 관계를 잘 끝낼 수 있을까요? 나는 헤어져야 할 때가 됐다고 생각하는데 그 사람은 아직 헤어질 준비가 안 된 것 같습니다. 그래서 몹시 혼란스러워합니다. 그런 상황에서 어떻게 균형을 유지할 수 있을까요?"

우리는 이렇게 대답해주었습니다. "어떤 행동을 하려고 할 때 다른 사람이 당신의 행동을 어떻게 느끼는지 신경 쓴다면 당신은 무력감을 느낄 수밖에 없습니다. 당신이 그 사람의 느낌을 통제할 수 없기 때문입니다. 그럴 때 당신은 진동을 상승시킬 수도 없고 기분이 좋아지지도 않습니다. 당연히 좋은 것을 끌어당기지도 못하지요."

원하는 것에 초점을 맞추며 진동의 파장을 내보내기도 전에 어떤 관계를 끝내겠다고 결심하면 그동안 느껴온 고통만 계속될 뿐입니다. 전보다 더 큰 고통을 느낄 수도 있습니다. 다른 사람과 새로운 관계를 맺어도 부정적인 진동이 즐거움을 허락하지 않지요. 간단히 말해 관계를 끝내는 행동을 하기 전에 진동의 균형을 찾아야 합니다. 그렇지 않으면 상당히 오랫동안 불편한 감정을 느낄 수 있습니다.

이제 명확한 선택지를 제시하겠습니다. 당신은 한동안 불행을 느꼈고, 관계를 끝내는 게 낫겠다고 생각합니다. 하지만 그 사실을 말하면 상대는 곧바로 불행해집니다. 그러면 당신도 훨씬 더 불행해지지요.

한 가지 선택지는 관계를 유지하는 겁니다. "이제 불행해 하지 말아요. 마음이 바뀌었어요. 당신을 떠나지 않을 거예요." 이렇게 말하면서요. 하지만 지금까지 일어난 일로 당신과 상대 모두 불행해졌습니다. 당신은 애초에 떠나겠다고 결정했고 그로 인해 상대는 더욱 불행해졌습니다. 이제 당신은 그 결정을 취소했습니다. 그래서 상대는 전만큼 불행하지는 않습니다. 하지만 당신과 상대 둘 다 행복하지도 않습니다. 잠시 서로의 감정이 요동쳤던 것 말고는 달라진 게 없습니다. 당신은 기본적으로 이 관계에서 만족감과 행복을 얻지 못합니다.

또 하나의 선택지는 그냥 떠나는 것입니다. 그 관계가 왜 불편했는지 이유를 하나하나 대며 떠나는 구실로 삼을 수 있습니다. 부정적인 일에 초점을 맞추면 뒤도 돌아보지 않고 떠날 수 있지만, 기분이 좋아지진 않습니다. 그 관계에서 벗어나면 더 이상 불행하지 않을 거란 생각에 다소 위안을 얻겠지만 자신의 행동을 정당화해야 한다는 생각은 지워지지 않을 겁니다. 그러면 당신은 계속 유쾌하지 않은 상태에 머물게 됩니다. 비록 문제에서 벗어났지만 당신은 여전히 괴롭습니다.

사실 다른 사람이 기분 나빠지는 일을 막기 위해 당신이 할 수 있는 일은 없습니다. 그들이 당신의 행동 때문에 기분이 나쁜 게 아니기 때문입니다. 어떤 사람은 상대의 감정을 관찰하고 자신의 행동으로 기분을 풀어주어 그 사람을 행복하게 해주려 애씁니다. 하지만 인생에서 그런 행동보다 치명적인 덫은 없습니다.

'행복해질 수 있는 유일한 방법은 스스로 행복해지겠다고 결심하는 것입니다. 다른 사람의 행복을 책임지려 하는 것은 불가능한 일을 시도하는 것입니다. 그러면 엄청난 부조화를 겪게 됩니다.'

이제 '관점의 전환과 긍정적인 면 바라보기'라는 선택지를 살펴보지요. 지금의 관계를 계속 유지하며 행동에 큰 변화를 주지 마세요. 다시 말해 한집에서 지냈다면 계속 그렇게 살아가라는 겁니다. 종종 함께 시간을 보냈다면 계속 그렇게 하세요. 이 선택지는 당신의 행동이 아니라 생각을 바꾸는 것입니다. 이 과정은 당신이 새로운 곳에 초점을 맞추도록 고안되었습니다. 당신은 이제 삶을 기분 좋게 만드는 이야기를 하게 될 것입니다.

예를 들면 이렇게 말할 수 있습니다. "나는 행복하지 않다고 생각했기 때문에 이 관계를 끝내려 했어. 하지만 지금의 나를 데리고 떠나게 된다는 걸 깨달았어. 내가 불행해서 떠난다면 그런 나를 데려가게 될 거야. 내가 떠나고 싶었던 건 기분이 좋아지고 싶어서야. 떠나지 않아도 기분이 좋아질 수 있을까? 지금 관계에서 어디에 초점을 맞추면 기분이 좋아질까? 이 사람과 만날 때 어떤 느낌이었는지 기억이 나. 마음이 끌렸고 공통점을 찾아내려 무척 열심히 만났지. 그럴 때마다 기분이 좋았어. 처음엔 우리 관계가 마음에 들었어. 하지만 함께한 시간이 길어질수록 다른 점을 확인했지. 그게 어느 사람의 잘못은 아니야. 우리가 완벽하게 어울리지 않는다고 해서 둘이 잘못됐다는 뜻은 아니야. 단지 각자에게 더 좋은 짝이 있을 수 있다는 의미야. 이 사람에게는 누구나 인정하는 장점이 많아. 똑똑하고, 활기차고, 잘 웃고, 명랑해. 우리가 함께할 수 있어서 기뻐. 지금껏 나눈 시간이 우리 두 사람에게 모두 소중했다는 걸 알게 될 거야."

이제 그가 했던 중요한 질문에 대답하겠습니다. "당신이 행동을 바꾼다고 해서 다른 사람의 고통을 통제할 수는 없습니다. 하지만 당신의 고통은 통제할 수 있지요. 고통이 수그러들고 더 나은 감정으로 바뀔 때까지 생각을 조정하면서 그렇게 할 수 있습니다."

원하는 것에 주의를 기울이세요. 그러면 기분이 좋아질 겁니다. 원하는 게 부족한 상황에 주의를 기울이면 계속 기분이 나빠집니다. 다른 사람이 원하는 게 부족한 상황에 주의를 기울여도 당신의 기분이 나빠집니다.

사람은 물리적인 존재라서 행동 지향적입니다. 그래서 모든 것을 지금 당장 바로잡아야 한다고 생각합니다. 당신의 배우자에게 어느 날 갑자기 문제가 생긴 게 아닙니다. 그리고 당신과의 관계 안에서만 문제가 생긴 것도 아닙니다. 상대방이 지금의 모습이 된 건 오랜 여정이 있었습니다. 살아오면서 여러 가지 일을 겪었고 그 과정에서 조금씩 변하게 되었습니다. 따라서 당신과 상대가 지금 당장 무슨 대화를 나눈다고 해서 모든 게 한순간에 바뀔 거라고 기대하지 마세요. 튼튼하고 강력한 씨앗을 심는 사람이 자신이라 여기세요. 당신은 완벽하게 씨앗을 심었고 한동안 식물에 부드러운 말을 건넵니다. 그러면 당신이 관심을 두지 않은 채 오랜 시간이 지나도 씨앗은 계속 자라 꽃을 피울 것입니다.

'지속하는 게 적절하지 않은 관계도 많습니다. 하지만 화를 내거나 죄책감을 느끼거나 방어적으로 행동해서는 관계에서 벗어날 수 없습니다. 좋은 기분을 느끼며 진동의 파장을 내보낸 다음 떠나세요. 그러면 다음에 맺는 관계에서 앞서 끝낸 관계가 반복되지 않을 겁니다.'

내가 책임질 필요는 없다

다른 사람이 자기 인생에서 무엇을 만들어내든 당신이 책임감을 느껴서는 안 됩니다. 그들이 결핍에서 벗어나고 있다고 생각하세요. 그렇게 생각하는 게 나중에 그들에게 더 좋다는 걸 이해해야 합니다. 그러면 당신의 기분이 좋아지기 시작합니다. 심지어 그들이 자고 있을 때도 더 나은 방향으로 향하도록 영감을 불어넣어 줄 수 있습니다. 그들에 대해 생각하면서 그들을 행복한 사람으로 보세요. 그들과 나누었던 슬픈 대화나 이별을 마음속에서 재생하지 마세요. 그들이 당신처럼 자기 삶을 잘 살아가고 있다고 상상하세요. '그들의 내면에 안내 시스템이 있어서 그들이 자신의 길을 찾아낼 거라고 믿으세요.'

다른 사람을 도우려고 할 때 사람들은 대부분 무슨 실수를 할까요? '저 사람은 스스로 헤쳐나가지 못해. 그래서 내 도움이 필요해.'라고 믿는 것이지요. 하지만 그런 믿음은 그 사람에게 오히려 해롭습니다. 그의 깊은 내면에서는 자신이 스스로 할 수 있다는 것을 알고 있기 때문입니다.

상대에게 이렇게 말해보세요. "당신은 매우 멋진 사람이에요. 내가 원하는 만큼 많은 일을 함께하지는 않았지만, 당신을 기다리는 완벽한 상대가 있을 거예요. 당신이 놀라운 기회를 만날 수 있게 당신을 놓아줄게요. 기회를 찾으세요! 당신이 새장에 갇혀있지 않았으면 해요. 우리 중 누구도 원하지 않는 것에 발이 묶여 있을 필요는 없어요. 나는 우리가 모두 자유로워져서 원하는 것을 향해 가길 원해요. 당신에게 영원한 작별을 말하는 게 아니에요. 이 관계를 새롭게 이해하자는 말이에요. 이 관계는 열정과 긍정적인 소망에서 영감을 받는 관계예요. 나쁜 결과가 생기는 게 두려워서 강제로 유지되는 관계가 아니에요."

그런 다음 이렇게 말하세요. "당신이 지금은 슬프지만, 나중에는 행복해질 거라는 걸 알아요. 나는 당신을 행복한 사람으로 볼 거예요. 그게 내가 당신을 좋아하는 방법이니까요. 당신도 그걸 더 원하고 있지요."

이런 말이 차갑게 들릴 수도 있습니다. 하지만 다른 말은 의미가 없습니다.

기분이 좋아지려고 노력하라

'당신은 어떤 상황에서든 관점을 전환할 능력이 있습니다. 아무리 부정적으로 보여도 상관없습니다. 당신에게는 그 안에서도 긍정적인 면에 초점을 맞출 능력이 있습니다. 당신을 방해하는 것은 오직 오래된 습관, 또는 다른 사람에게서 받는 강력한 영향뿐입니다.'

사람들은 대부분 습관적으로 살아갑니다. 당신 안에도 습관이 단단하게 자리 잡고 있습니다. 기쁨에 이르는 가장 빠른 길은 잠을 자는 동안 관점을 전환하는 것입니다. 그리고 다음 날 당신이 원하는 방향으로 조정되어 깨어나는 것입니다. 이렇게 해보세요. 잠들기 전에 기분이 좋아지는 생각을 하세요. 잠자는 동안에는 고요한 마음이 가져다주는 유익을 경험하세요. 그리고 다음 날 아침 잠에서 깨자마자 기분 좋은 생각으로 생각의 방향을 바꾸세요. 그러면 당신은 관점을 완벽하게 전환할 수 있습니다. 며칠 동안 이 과정을 반복하면 습관적인 생각과 끌어당김의 기준이 크게 달라질 것입니다. 그러면 삶의 모든 측면이 나아지고 있다는 것을 알게 됩니다.

'만약에' 게임을 해보자

눈앞에 있는 대상이 무엇이든 거기서 긍정적인 면을 찾기 위해 최선의 노력을 다하라고 말하면 종종 이런 질문이 돌아옵니다. "어떤 남자에게 아내가 있고 자녀가 다섯이나 있는데 직장을 잃었다면요? 이틀후면 월세를 내야 하는데 낼 돈이 없다면요? 아니면 비밀경찰 부대가 자신을 잡으러 문 앞까지 온 걸 본 여자라면요? 그녀를 끌고 가서 가스실에서 죽이려고 하면요? 이 사람들은 어떻게 관점을 전환할 수 있을까요?"

이러한 극단적인 질문에 대해 우리는 이렇게 답합니다. 그런 질문은 마치 고도 2만 피트 상공에서 낙하산도 없이 비행기에서 뛰어내리면서 "이제 어떻게 해야 해?"라고 하는 것과 같다고요. 탈출구가 없는 극단적인 상황에 부닥치는 경우는 그리 흔치 않습니다. 또한, 온갖 극적이고 충격적인 요소가 있는 극단적인 상황이라도 초점을 올바로 맞추기만 하면 해결책을 내놓을 힘이 생기기도 합니다. 외부에서 그 모습을 지켜보는 사람은 놀라움을 느끼며 심지어 기적 같다고도 생각하기도 합니다.

다시 말해 긍정적인 해결책을 찾을 수 없는 상황은 존재하지 않습니다. 하지만 그런 해결책을 찾아내려면 레이저처럼 초점을 맞출 줄 알아야 합니다. 극단적인 상황에 있는 사람들은 대부분 그렇게 초점을 맞추는 일에 능숙하지 않습니다. 그래서 부정적인 상황을 경험하는 것입니다.

극단적인 상황에 처할 때 당신에게 필요한 힘은 내면에서 나옵니다. 강렬한 열망이 있다면 당신은 더 위대한 자신을 만날 수 있는 높은 차원으로 올라갈 수 있습니다. 올바른 방향으로 초점을 맞추기만 하면 늘 가능한 일입니다. 한 가지 예로, 심하게 아픈 사람들은 다른 사람보다 훨씬 건강해질 수 있는 위치에 있습니다. 건강에 대한 그들의 소망이 증폭되기 때문입니다. 하지만 그들이 관점의 전환(건강에 대한 소망에 초점을 맞추고 질병에 대한 염려를 버리는 것)을 할 수 없다면 건강은 좋아지기 힘듭니다.

긍정적인 면을 찾으면서 '만약에' 게임을 해보길 권합니다. 삶을 통제할 권한이 없는 사람에 대한 시나리오는 좋지 않습니다. 그보다는 당신에게 권한이 있다는 느낌을 주는 이야기를 하세요. 힘없는 희생자에 관해 말하며 스스로를 희생자라 느끼지 말고 지금 당장 다른 이야기를 시작하세요.

예를 들면 이렇게 말할 수 있습니다. 만약 비밀경찰 부대가 문을 두드리기 몇 주일 전에 마을에 퍼진 홀로코스트 소문을 알았다면 어땠을까요? 만약 많은 사람이 마을을 떠날 때 그녀도 떠났다면 어땠을까요? 만약 그녀가 예측할 수 없는 상황을 두려워하지 않았다면 어땠을까요? 만약 그녀가 익숙한 일상에 빠져 있지 않았다면 어땠을까요? 그래서 그녀가 2주 전에 언니와 이모, 삼촌과 함께 새로운 나라에서 새 삶을 시작하겠다는 결심을 했다면 어땠을까요? 그래서 비밀경찰이 잡으러 왔을 때 집에 없었다면 어땠을까요?

'만약에' 게임을 하면서 보고 싶은 것을 찾으세요. 기분이 좋아지는 상황을 찾아야 합니다.

'탈출구가 없는 상황은 존재하지 않습니다. 어떤 상황에서도 수백수천 가지의 선택지가 있습니다. 하지만 대부분 습관적으로 결핍 관점을 선택해 상황을 봅니다. 그러면 선택지가 보이지 않고 결국 원하지 않는 상황에 처했다고 생각하게 됩니다.'

건강, 번영, 성공, 행복의 증거를 찾겠다는 목표를 고수하면 당신의 진동을 그러한 것들이 내보내는 진동에 맞추게 될 것입니다. 그리고 당신의 삶은 기분 좋은 경험으로 가득 차게 되지요. "어디로 가든, 무엇을 하든, 보고 싶은 것을 찾는 게 오늘의 내가 지닌 가장 큰 목표다." 이렇게 말하세요.

이 세상에서 당신은 단순한 관찰자가 아니라 이곳을 창조하는 적극적이고 긍정적인 기여자라고 굳게 다짐하세요. 그러면 이 행성에서 일어나는 일에 참여하면서 크나큰 기쁨을 맛볼 것입니다. 당신이 원하지 않는 일이 이 세상에서, 국가에서, 이웃에서, 가정에서, 당신의 신체에서 일어나는 것을 목격하게 될 때 기억하세요. 당신에겐 새로운 이야기를 말할 힘이 있다는 걸. 또한, 새로운 이야기에는 어마어마한 힘이 있다는 것도 알아야 합니다. 그러면 당신은 물리적인 몸을 입고 이 행성에 참여하겠다고 처음 결심했을 때 알았던 엄청난 에너지가 담긴 지식을 다시 기억해낼 수 있을 것입니다.

당신은 지금 있는 그곳에만 존재할 수 있습니다. 하지만 지금 존재하는 곳에 대해 점점 더 긍정적으로 당신의 생각을 표현할 힘이 있습니다. 의도적이고 의식적으로 그렇게 하면 당신이 주의를 기울이는 모든 대상에 초점을 맞추는 게 얼마나 강력한 힘을 발휘하는지 그 증거를 보게 될 것입니다.

기분이 좋아지겠다고 결심하고 일상적인 일들에서 의식적으로 긍정적인 면을 찾으세요. 지금 상황에서 당신이 원하는 것을 의도적으로 확인하고 거기에 초점을 맞추세요. 그러면 끝없이 펼쳐진 만족과 기뿜의 길에 들어서게 될 것입니다.

'이러한 과정은 단순해서 쉽게 이해하고 적용할 수 있습니다. 하지만 단순한 과정이라고 해서 그 힘을 과소평가해서는 안 됩니다. 꾸준하게 적용하고 조화로운 생각이 얼마나 강력한 힘을 발휘하는지 확인하세요. 세상을 창조하는 에너지의 힘을 발견하세요. 당신은 이 힘을 언제라도 사용할 수 있었지만, 그것을 활용하는 방법을 이제야 이해했습니다. 당신이 창조하는 세상에 그 힘을 집중시키세요.'

02

이제는
돈을 끌어당길 시간

돈을 끌어당기고 풍요로움 창조하기

인생 경험을 하는 데 돈이 절대적으로 필요한 건 아니지만 대다수에게 돈은 곧 자유를 의미합니다. 자유에 대한 권리를 강하게 주장하는 건 인간의 가장 큰 본성입니다. 따라서 돈 문제는 인생 경험에서 제일 중요한 주제라고 할 수 있습니다. 당신이 돈을 몹시도 중요하게 생각하는 건 전혀 이상하지 않습니다.

일부는 엄청난 돈이 자신에게 흐르게 해서 자유를 누리고 있습니다. 하지만 그렇지 않은 사람이 더 많습니다. 필요한 만큼 돈을 벌지 못해 자유가 없다고 느끼는 사람이 대다수입니다. 이 내용을 다루는 목적은 어째서 원하는 만큼 돈을 벌지 못하는지 명확하게 설명하기 위함입니다. 그 이유를 제대로 배운다면 당신은 원하는 만큼의 돈을, 그리고 당신이 가질 자격이 되는 많은 돈을 인생 경험에 흐르게 할 수 있습니다. 이 내용을 읽고 돈이 흐르는 법칙을 완벽하게 이해하면 당신의 소망을 풍요의 진동과 조화시킬 수 있습니다. 그러면 새롭게 나타난 조화의 증거가 곧 당신 앞에, 그리고 당신을 지켜보는 사람들 앞에 분명하게 모습을 드러낼 것입니다.

당신이 부를 이루기 위해 오랜 기간 일해온 사람이든, 이제 막 그 길에 들어선 젊은이든, 재정적 행복에 이르는 여정은 지금 당신이 서 있는 그 자리에서 그리 오래 걸리지 않습니다. 시간도, 신체적 노력도 크게 들지 않습니다. 이용할 수 있는 에너지를 잘 활용하기만 하면 됩니다. 이제 그 방법을 쉽고 간단하게 설명하려 합니다. 돈에 관한 당신의 생각과 당신이 벌어들이는 돈 사이에 연관성이 있을까요? 물론입니다. 완벽한 상관관계가 있습니다. 이제 그 점을 보여주려 합니다. 상관관계를 인식하고, 생각을 상관관계에 맞게 의도적으로 조정하겠다고 결심할 때 당신은 우주의 힘을 활용할 수 있습니다. 그리고 시간과 신체적 노력이 재정적 성공과 관련이 없음을 곧 이해하게 될 것입니다.

이 우주에 내포된 간단한 전제로 시작해보겠습니다. '당신은 생각하는 것을 얻습니다.'

사람들은 종종 이런 말을 합니다. "말도 안 돼요. 내가 얼마나 오랫동안 더 많은 돈을 벌고 싶다고 생각했는지 아세요? 그런데 지금도 힘겹게 살고 있다고요." 재정 형편이 나아지고 싶다면 가장 중요한 점을 이해해야 합니다. '돈이라는 대상에는 두 가지 측면이 있습니다. 하나는 풍부하고 많은 돈이 가져다주는 자유와 안락함이고, 또 다른 하나

는 돈의 결핍과 돈이 없다는 생각으로 인한 두려움과 좌절입니다.'

흔히 사람들은 말합니다. "나는 더 많은 돈을 원해." 그러면서 자신이 돈에 대해 긍정적으로 말한다고 생각합니다. 하지만 돈을 이야기하면서 두려움과 불편함을 느낀다면 돈에 대해 말하는 게 아니라 돈이 부족한 것에 대해 말하는 것입니다. 이 차이는 대단히 중요합니다. 전자는 돈을 가져오지만, 후자는 돈을 몰아내기 때문입니다.

당신이 돈을 어떻게 생각하는지, 더 중요한 것으로 돈을 어떻게 느끼는지 인식하는 게 중요합니다. 어떤 물건을 보고 이렇게 말한다고 해보겠습니다. "오, 정말 아름답군. 하지만 그것을 살 여유가 없어." 그러면서 풍요로움을 허락하지 않는 진동의 파장을 내보냅니다. 여유가 없다는 걸 인정할 때 생기는 실망감은 당신의 생각이 바라는 것이 아니라 바라는 것을 이룰 수 없는 쪽으로 기울어졌다는 것을 가리킵니다. '원하는 것을 살 여유가 없다는 것을 인정할 때 느끼는 부정적인 감정은 생각이 어느 쪽으로 기울어졌는지 보여주는 신호입니다. 한편 현재 누리는 풍요로움의 정도로 당신의 생각이 어느 쪽으로 기울어져 있는지 알 수 있습니다.'

많은 사람이 실제로 경험하는 현실을 초월해 생각하지 않기 때문에 '돈이 충분하지 않은' 삶이 영원히 이어집니다. 돈이 부족한 상황을 인식하고 그 상황을 자주 이야기하면 계속 돈이 없는 상태에 머물게 됩니다. 그래서 우리는 돈 이야기를 있는 그대로가 아니라 원하는 대로 말하는 것이 얼마나 강력한 힘을 발휘하는지 설명합니다. 하지만 사람들은 우리 말에 이의를 제기합니다. 실제로 일어나고 있는 일을 말해야 한다고 믿고 있기 때문입니다.

하지만 눈앞의 현실만 보고 있는 그대로 말하는 일을 계속하면 당신이 바라는 더 나은 상황은 다가오지 않습니다. 있는 그대로의 상황을 말하면 사람과 장소가 계속 바뀌어도 더 나은 삶은 누리지 못합니다. 인생 경험에서 중요한 변화를 일으키고 싶다면 전파는 매우 다른 진동을 내보내야 합니다. 즉 지금 처한 상황에 대해 이전과는 다른 느낌의 생각을 해야 합니다.

결핍이 성과를 만들까?

질문: 내게는 아주 부자인 친구 두 명이 있습니다. 어느 날 한 친구가 내게 전화를 했습니다. 자신이 바닷가에 있는 대규모 리조트를 사들였는데, 그 일로 재정 적자에 시달리고 있다고 말했습니다. 그러면서 내게 물었지요. 무슨 방법이 없겠느냐고요. 그 말을 듣고 나는 의아했습니다. 이미 많은 것을 가진 사람이 왜 그런 욕심을 냈는지 궁금했지요. 리조트를 팔면 어떨까 싶었지만, 친구는 그럴 마음이 없어 보였습니다. 나는 좀처럼 대화에 집중하지 못했습니다. 당장은 손해를 보더라도 리조트를 처분하고 여생을 편안하게 보내는 게 좋을 것 같다는 생각이 자꾸 머릿속을 맴돌았습니다. 결국 찜찜한 기분으로 전화를 끊었지요. 그리고 얼마 후 다른 친구를 만났습니다. 브라질에서

큰돈을 벌어 억만장자가 된 친구였습니다. 그런데 그 친구도 돈 이야기를 꺼냈습니다. 사업을 무리하게 확장하다가 빚이 늘어서 이자를 갚느라 허덕이고 있다고 말했습니다. 나는 충격을 받았지요. 돈이라면 남부럽지 않은 사람이 왜 괜한 일을 벌인 건지 이해하기가 힘들었습니다. 대체 두 친구는 왜 그런 욕심을 부린 걸까요?

진동의 균형을 찾으면

대답: 당신이 가진 것과 당신이 하는 일은 모두 당신이라는 존재에 권한을 부여하게 되어 있습니다. 다시 말해 당신의 소유물과 행동은 당신이 어떤 감정을 느끼는지에 영향을 주며 당신의 감정은 당신의 진정한 모습과 조화를 이루는지와 관련이 있습니다. 먼저 그 조화를 이루어야 당신의 소유물과 행동으로 인해 더욱 기분이 좋아집니다. 진동의 균형을 먼저 찾지 않은 채 더 많은 소유물을 모으거나 더 많은 활동에 참여해 좋은 기분을 느끼려고 한다면 균형 상태에서 더욱 멀어집니다.

우리는 당신에게 소유물을 모으지 말고 행동을 하지 말라고 가르치는 게 아닙니다. 소유물과 행동 모두 물리적인 경험의 본질이기 때문입니다. 다시 말해 당신은 개인적으로 즐거운 성장과 확장을 하려고 물리적인 세계를 구석구석 탐험하며 놀라운 경험을 하는 것을 목표로 삼았습니다. 하지만 진동의 균형이 깨진 상태에서 출발해 앞으로 나아가려고 하면 늘 불편하게 마련입니다. '당신이 어떻게 느끼며 존재하고 싶은지부터 확인하고 거기서 영감을 얻어 소유물을 모으고 행동한다면 균형을 유지할 뿐 아니라 당신의 소유물과 행동을 즐길 수 있습니다.'

많은 사람이 하는 행동 대부분은 무언가 부족하다고 생각해서 하는 것입니다. 대개 그들은 어떤 것이 자신에게 없어서 그것을 원합니다. 하지만 없던 것을 소유해도 진정한 만족은 얻지 못합니다. 그들에게 없는 소유물은 늘 존재하기 때문입니다. 그래서 무언가를 하나 더 모으는 일은 절대 끝나지 않는 투쟁이 됩니다. 만족을 채워주지 못하는 한 가지가 늘 존재하게 마련입니다. '내게는 그게 없어. 그래서 갖고 싶어.'라는 외침이 사라지지 않습니다. 그들은 그것을 얻으면 공허함을 채울 수 있으리라 생각합니다. 하지만 그건 법칙에 어긋납니다.

'무언가 부족하다고 생각하며 하는 행동은 항상 역효과를 낳습니다. 그리고 부족한 게 더 많다는 생각으로 이어집니다.' 그들이 느끼는 공허함을 소유물이 채워주거나 행동이 달래주지 않습니다. 공허함을 느끼는 이유는 소망과 습관적인 생각 사이에 진동의 부조화가 있기 때문입니다.

기분이 좋아지는 생각을 하고, 새로운 이야기를 말하고, 긍정적인 면을 찾고, 관점을 전환해 진정으로 원하는 것에 초점을 맞추고, 긍정적인 상황을 상상하세요. 이게 공허함을 채우는 방법입니다. 그렇게 할 때 흥미로운 일이 당신의 경험에서 일어납니다. 즉 당신이 원하는 것이 당신 삶에 흐르기 시작하는 것입니다. 하지만 그러한 것들이 공허함을 채워주기 위해 흘러들어오는 건 아닙니다. 공허함이 더는 존재하지 않기에 당신의 소망이 이루어지는 것입니다.

틀림없이 당신은 놀라운 것들을 삶 속으로 모아들일 것입니다. 소망을 버리고 소유물을 욕심내지 말라고 말라는 게 아닙니다. 기분이 좋은 상태에서 소망을 품고 소유물을 모으고 행동하세요. 이게 우리가 전하는 핵심입니다

돈과 행복의 관계

질문: 돈이 행복을 만들지는 않는다는 말이 있습니다. 가난도 행복을 만들지 않는다는 걸 나는 깨달았습니다. 돈이 행복에 이르는 길이 아니라는 사실은 분명합니다. 무언가를 얻겠다는 생각이 행복을 준다면, 제대로 된 목표를 세우는 게 필요하다는 의미입니까? 그러한 목표에 도달하려면 많은 시간과 에너지가 들 텐데 어떻게 행복을 유지할 수 있습니까? 힘들게 올라가 목표에 도달하면 정상에서 잠깐 쉰 뒤 곧 다음 목표를 향해 또다시 오르막을 올라야 하는 경우가 많습니다.

힘겹게 애써서 "와, 해냈어!"라고 말한 뒤, 다시 고군분투해서 "또 해냈어!"라고 하는 게 쳇바퀴 돌 듯 이어지는 것 같습니다. 이런 일을 피하고 기쁨을 유지한 채 목표를 향해 올라가려면 어떻게 해야 합니까?

질문: 맞는 말입니다! 돈은 행복에 이르는 길이 아닙니다. 당신이 관찰한 것처럼 가난도 행복에 이르는 길은 아니지요.

반드시 기억할 게 있습니다. 행복을 얻으려는 목적으로 어떤 행동을 할 때 사실은 행복에서 멀어지고 있는 것입니다. 그러니 이렇게 하세요. 기분 좋아지는 일에 생각의 초점을 맞추고 기분 좋은 말만 하는 능력을 키우세요. 의도적으로 행복한 상태를 이루었다면 거기서 영감을 얻게 됩니다. 그러면 훌륭한 행동이 자연스럽게 나올 뿐 아니라 훌륭한 결과가 뒤따를 것입니다.

사람들은 대부분 지금 자신의 삶에서 일어나고 있는 일에 모든 관심을 쏟습니다. 이는 상황이 좋으면 기분이 좋고, 상황이 나쁘면 기분이 나쁘다는 뜻입니다. 하지만 그건 정말 어렵게 인생을 사는 겁니다. 당신에게 있는 그대로만 보는 능력밖에 없다면 상황은 나아지지 않습니다. 더 나은 인생 경험을 얻으려면 낙관적으로 미래를 보는 방법을 찾아야 합니다.

기분이 좋아지는 것에 의도적으로 생각을 집중하는 방법을 배우면 행복을 발견하는 것은 어렵지 않습니다. 심지어 목표를 달성하기 전에도 행복을 찾아 간직할 수 있습니다. 목표를 이루는 과정에서 힘겨운 감정이 생기는 이유는 지금 당신이 있는 자리와 당신이 도달하고 싶은 자리를 끊임없이 비교하기 때문입니다. 목표까지 얼마나 더 가야 하는지 남은 거리를 생각하며 계속 거리를 계산한다면 가야 할 거리, 해야 할 일, 쏟아야 할 노력은 점점 늘어나게 됩니다. 그래서 힘겹게 오르막길을 오른다는 느낌이 드는 겁니다.

당신이 어떤 기분을 느끼는지 잘 살피고 그것을 기반으로 생각을 선택하세요. 그러면 습관적으로 미래를 기대하게 될 것입니다. 끌어당김의 법칙이 그러한 기분 좋은 생각에 반응하기 때문에 더욱 즐거운 결과를 얻게 됩니다. "힘겹게 애쓰며 고군분투해봤자 행복한 결과를 얻지 못합니다. 그건 법칙에 어긋납니다. '목표에 도달하면 행복해질 거야.'라는 생각은 건설적이지 않습니다. 행복하지 않으면 목표를 이루지 못한 것이 되어버리기 때문입니다. 먼저 행복해지겠다고 결심하세요. 그러면 목표에 도달할 것입니다."

나는 즐거운 창조자

당신은 소유물을 축적하거나 어떤 행동을 반복하려고 이 세상에 온 게 아닙니다. 당신은 창조자로서 이곳에 왔습니다. 당신이 목표를 이룬 상태만 기대한다면 현재 위치에서 갈 길이 멀었다는 생각에 부족하다는 느낌만 커집니다. 그런 생각이 반복되면 창조가 점점 늦춰질 뿐 아니라 영영 창조를 막을 수도 있습니다. '당신은 경험을 끌어당깁니다. 긍정적인 면을 바라보고 기분이 좋아지는 생각을 찾으려고 노력할 때 좋은 것이 이끌려와 당신이 원하는 일을 더 빨리 이룰 것입니다.'

조각가가 가장 큰 만족을 얻는 순간은 작품을 완성했을 때가 아닙니다. 창조하는 과정, 즉 작품을 조각하는 과정에서 기쁨을 얻습니다. 당신도 그와 같은 방식으로 물리적인 창조 경험을 바라보면 좋겠습니다. 즉 창조는 지속적이고 즐거운 과정입니다. 기분이 좋아지는 것에 초점을 맞추고 항상 즐거운 상태에 있을 때 당신이 원하는 것을 더욱 많이 끌어당길 것입니다.

행복한 일이 일어나기 전에 먼저 행복해져야 한다는 말이 터무니없게 들릴 수도 있습니다. 사람들은 불행할 때는 행복한 일이 필요하지만 이미 행복하면 더는 행복한 일이 생기지 않아도 된다고 믿습니다. 하지만 이는 끌어당김의 법칙에 어긋납니다. '당신은 바라는 일이 구체적으로 이루어지기 전에 그 소망이 이루어졌다고 진심으로 느끼는 방법을 찾아야 합니다. 즉 더 많은 번영을 누리기 전에 먼저 번영하고 있다고 느끼기 시작해야 합니다.'

종종 사람들은 더 많은 돈을 원한다고 말합니다. 그들에게 돈에 관해 어떠한 견해를 가지고 있냐고 물으면 자신은 돈을 매우 긍정적으로 바라보고 있다고 주장합니다. 그럴 땐 좀 더 깊이 파고들어 청구서 대금을 낼 때 어떤 기분이 드냐고 물어봅니다. 그러면 실제로는 돈에 대한 두려움이 깊다는 걸 깨닫습니다. 즉 자신도 모르는 사이에 부족한 쪽으로 생각이 기울어져 있는 것입니다.

진동으로 돈을 소비하면

돈에 대한 당신의 견해를 신속하게 바꿔주는 과정을 소개하려 합니다. 이 방법을 배우면 더 많은 돈을 당신 삶에 흐르게 만드는 생각을 할 수 있습니다. 이렇게 하면 됩니다. 100달러를 주머니에 넣고 계속 가지고 다녀보세요. 그리고 하루를 보내면서 그 돈으로 얼마나 많은 것을 살 수 있는지 의도적으로 생각하세요. '나는 이것도 살 수 있고, 저것도 살 수 있어.'라는 생각을 계속 해보세요.

어떤 사람은 지금 경제 수준에서 100달러 가지고는 살 수 있는 게 그렇게 많지 않다고 말합니다. 그럴 땐 이렇게 설명해줍니다. 당신의 정신에서 100달러를 하루에 천 번 소비하면 당신은 10만 달러를 소비했다는 진동을 내보내게 됩니다. 이렇게 긍정적으로 초점을 맞추면 돈과 관련해 당신이 내보내는 진동이 급격하게 달라집니다. 진동으로 소비하는 방법을 통해 당신은 돈에 대해 다른 느낌을 받게 됩니다. 돈에 대한 느낌이 변할 때 끌어당김의 기준이 달라집니다. 더 많은 돈이 당신 삶으로 흘러옵니다. 이게 법칙입니다.

"내겐 100달러가 없어요. 대신 내 주머니에는 차용증이 있어요." 이렇게 말하는 사람들도 있습니다. 다시 말하지만 그건 아무 소용이 없습니다. 주머니에 빚이 있다고 계속 느끼면 그런 행동이 당신이 원하는 것과 정반대의 결과를 가져옵니다. 번영을 원하지 않습니까? 그렇다면 주머니에 20달러가 있든 50달러가 있든 아니면 1000달러나 1만 달러가 있든 그 돈을 효과적으로 활용해 지금 형편이 얼마나 좋은지 인식하세요. 지금 누리고 있는 번영을 받아들일 때 더 큰 번영이 다가오기 때문입니다.

돈이 필요하다고 계속 생각하면

질문: 나는 사람들이 재정적으로 더 큰 성공을 거두도록 도와왔습니다. 그런데 정말 실망할 때가 있습니다. 돈이 가장 필요한 사람이 가장 적은 성공을 이루는 겁니다. 내게 배운 걸 적용해도 그렇습니다. 돈이 거의 필요하지 않은 사람은 내게 배운 걸 적용해 큰 성공을 거두는데 말입니다. 무언가 거꾸로 된 게 아닌가요? 돈이 더 필요한 사람이 더 열심히 노력하는데, 결국 성공하는 사람은 돈이 거의 필요하지 않은 사람이었습니다.

대답: 결핍을 느끼는 사람은 누구나 더 많은 결핍을 끌어당깁니다. 아무리 노력해도 그렇습니다. 즉 강력한 느낌이 행동을 이기는 겁니다. '결핍을 생각하며 행동하면 항상 역효과를 낳습니다.' 필요를 느끼지 않는다는 건 결핍을 떠올리지 않는다는 겁니다. 그런 상태에서 하는 행동은 좋은 결과로 이어집니다. 당신의 경험은 끌어당김의 법칙과 완벽한 조화를 이룹니다. 모든 경험이 그렇습니다. 우주를 다 뒤져도 이를 반박하는 증거는 한 조각도 없습니다.

질문: 알게 된 게 또 있습니다. 성공을 거두지 못한 사람들이나 성공 사례조차 들으려고 하지 않는 사람들은 돈을 원하는 건 부도덕한 일이라고 배운 경우가 많았습니다. 그들이 할 수 있는 일이라고는 아무런 성취를 이루지 못한 채 그대로 살아가는 일이지요.

대답: 무언가를 원하지 않는다고 말하는 건 그들이 그것을 원하고, 원하고, 또 원하기 때문입니다. 그들은 모든 대상에 두 가지 측면이 있다는 사실을 이해하지 못한 채 원하는 것보다 원하는 것이 부족한 상황에 주의를 더 많이 기울였습니다. 그들의 생각이 부족함을 계속 끌어당긴 것이지요. 그로 인해 지칠 대로 지쳐버린 겁니다. 원하는 것과 그것을 얻지 못하는 상황을 자꾸 연결하면 원하는 것 자체가 유쾌하지 않은 경험이 됩니다. 그러면 이렇게 말하게 됩니다. "더는 원하지 않아. 무언가를 원할 때마다 기분이 나빠졌어. 아예 원하지 않는 게 더 수월해."

가난한 사람이 가난을 느끼지 않으면?

질문: 누군가를 관찰하며 그 사람이 가난하다고 결론을 내립니다. 하지만 그 사람은 스스로 가난하다고 느끼지 않습니다. 그러면 그 사람은 결핍의 상태에 있지 않으며, 그래서 더욱 풍요로운 상태로 빠르게 이동할 수 있는 겁니다. 내 말이 맞을까요?

대답: 정확합니다. 당신에 대한 다른 사람의 평가는 당신이 그 평가를 신경 쓰지만 않는다면 끌어당기는 일과 전혀 관련이 없습니다. 당신의 경험과 다른 사람의 경험을 비교하며 그들이 당신보다 더 크게 성공했다는 결론에 이르면 당신 내면에서 부족함이라는 감정이 커집니다. '저 사람보다 부족하다'라는 감정이 활발하게 피어나지요. 다른 사람이 번영을 이루지 못하는 걸 생각해도 당신은 번영을 끌어당길 수 없습니다. 생각하는 걸 얻게 되기 때문이지요.

당신이 끌어당기는 것이나 몰아내는 것은 다른 사람의 행동과는 아무 관련이 없습니다. '현실은 그렇지 않더라도 번영을 이루었다고 느끼면 더 많은 번영을 끌어당깁니다. 돈에 관해 당신이 느끼는 방식에 주의를 기울이세요. 그것이 다른 사람의 평가에 신경 쓰는 것보다 더 좋은 결과를 가져다줍니다.'

더 많은 돈이 삶에 흐르게 하고 싶나요? 간단합니다. 당신의 생각에서 진동의 균형만 달성하면 됩니다. 더 많은 돈을 원하지만 그것을 얻게 될지 의문을 품는다면 진동의 균형에서 벗어납니다. 돈을 소유하는 일에 문제가 있다고 믿으면 진동의 균형에서 벗어납니다. 더 많은 돈을 원하면서 돈 많은 사람에게 화를 내면 진동의 균형에서 벗어납니다. 부적절함, 불안, 질투, 불공정, 화를 느끼는 건 감정 안내 시스템의 신호입니다. 당신이 자신의 소망과 조화롭지 않다는 걸 알려주는 것이지요.

사람들은 대부분 돈이라는 주제와 자신을 조화시키려 노력하지 않습니다. 오히려 돈 때문에 생기는 불공정을 지적하고 돈의 옳고 그름을 정의하는 데 골몰하지요. 외부 환경을 통제하는 건 불가능합니다. 반면에 적은 노력으로 엄청난 보상을 받을 방법도 있습니다.

'기분이 좋은 것보다 중요한 일은 없습니다. 기분이 좋을 때 당신의 목적이 위대한 목적과 조화로워집니다.' 노력이 성공의 필수 요소라고 믿는 사람이 많습니다. 힘겹게 노력하는 과정을 통해 자신이 무엇을 원하는지 분명히 알아낼 수는 있습니다. 하지만 힘들다는 느낌에서 벗어나지 않는다면 원하는 것이 당신에게 오지 않지요.

사람들은 종종 자신의 가치를 증명해야 한다고 느낍니다. 그리고 가치를 증명하고 나서야 보상을 얻을 수 있다고 생각하지요. 하지만 당신은 이미 가치 있는 존재라는 걸 알았으면 좋겠습니다. 당신의 가치를 증명하는 일은 가능하지도 않을뿐더러 필요하지도 않습니다. 보상을 받거나 원하는 유익을 얻는 데 필요한 건 그러한 유익의 본질과 조화를 이루는 것입니다. 원하는 삶과 진동의 조화를 이루는 게 우선입니다.

이러한 말로 당신을 가르칠 수 없다는 걸 우리는 압니다. 우주의 법칙과 당신의 가치에 대해 알려준다고 해도 당신이 자신의 가치를 제대로 알게 된다고 생각하지도 않습니다. 하지만 당신이 이 책에서 알려주는 전제를 잘 생각해보고 우리가 제안하는 과정을 적용하기 시작한다면 당신은 더 나은 진동의 파장을 내보내게 될 것입니다. 그러면 우주가 그 진동에 반응해 우주의 법칙이 존재한다는 증거를 당신에게 보여줄 거라 확신합니다.

당신의 가치를 믿고, 바라는 것은 무엇이든 창조할 능력이 자신에게 있음을 확신하는 데까지 그리 오랜 시간이 걸리지 않습니다. 이 책에서 읽은 내용을 힘겹게 적용해야 당신의 가치를 깨닫게 되는 것도 아닙니다. 사람들이 자신의 가치를 믿지 못하는 이유는 방법을 찾지 못했기 때문입니다. 그래서 다른 사람들이 자신을 인정하지 않고 어떻게든 보상을 주지 않는다고 잘못 생각합니다. 하지만 그건 절대 사실이 아닙니다. 당신 경험의 창조자는 바로 당신입니다.

이렇게 말하세요. "나는 가능한 가장 훌륭한 사람이 되고 싶다. 내 생각과 조화로운 방식으로 행동하며 살고 싶다. 물리적인 몸으로 이곳에서 조화를 이루며, 가장 탁월한 삶의 방식이라고 믿는 것을 실천하고 싶다." 이렇게 말하면서 기분이 좋아지지 않는 행동을 피한다면 당신이 훌륭하다고 생각하는 것과 조화를 이루는 길로 나아갈 수 있습니다.

'재정적 풍요로움' 이야기하기

사람들은 돈이 부족하다고 믿기 때문에 자신이 바라는 재정적 풍요로움을 스스로 허락하지 못합니다. 풍요로움의 양은 한정되어 있으며 그 풍요로움이 충분히 퍼져나가지 않는다고 믿으면 누군가가 다른 사람보다 더 많이 가진 상황에 대해 불공정하다고 느끼게 됩니다. 더 많이 가진 사람은 다른 이의 것을 빼앗은 것이라고 믿는 겁니다. 그러한 믿음을 지니면 풍요로움과 계속 멀어집니다. 어떤 사람이 성공을 못한 건 다른 사람이 성공해서가 아닙니다. 오히려 그 사람이 부정적으로 비교하고 결핍에 초점을 맞췄기 때문에 성공하지 못한 것입니다. 누군가에 대해서 불공정하다거나 부를 탕진한다거나 욕심을 부린다고 비난하면서 부정적인 감정을 느낀다면, 또는 이 세상에 풍요로움이 충분하지 않다고 믿는다면 자신의 상황이 더 나아지는 걸 막는 것과 마찬가지입니다.

'다른 사람이 가진 것 또는 갖지 않은 것은 당신과 아무 상관이 없습니다. 당신의 삶에 영향을 미치는 유일한 것은 당신의 생각으로 비물리적인 에너지를 활용하는 방식입니다. 당신이 경험하는 풍요로움 또는 풍요로움의 결핍은 다른 사람의 행동 또는 다른 사람이 가진 것에 좌우되는 것이 아닙니다. 오직 당신의 관점, 즉 어떤 생각을 하느냐에 달려있습니다. 부를 늘리고 싶다면 새로운 이야기를 말하기 시작해야 합니다.'

많은 사람이 잘사는 사람, 즉 부동산과 돈, 소유물을 축적한 사람을 비난합니다. 그러한 비난은 결핍을 습관적으로 생각한다는 징후입니다. 사람들은 기분이 더 좋아지길 원합니다. 그러면서 자신이 이룰 수 없는 것을 '잘못된 것'으로 만들면 기분이 좋아질 거라고 믿습니다. 하지만 그렇게 한다고 해서 기분이 좋아지는 일은 결코 없습니다. 결핍에 주의를 기울이면 결핍이 영원히 계속되기 때문입니다. 다른 사람의 성공을 보며 불편한 느낌이 든다는 건 자신의 내면에 성공에 대한 소망이 있다는 것입니다. 하지만 내면에서 다른 사람의 성공을 비난하는 일에 계속해서 생명력을 부여하면 그로 인해 자신이 원하는 것과 진동의 불화만 생깁니다.

누군가가 당신에게 전화를 걸어 "여보세요. 당신은 나를 모르겠지만 앞으로 다시는 전화하지 않겠다는 말을 하려고 전화했습니다." 이렇게 말한다고 해봅시다. 그 말을 듣고 당신은 별다른 감정을 느끼지 않을 겁니다. 그 사람의 존재는 애초에 당신이 바라는 게 아니기 때문입니다. 하지만 당신이 좋아하는 사람이 전화를 걸어 그런 말을 한다면 당신은 몹시 부정적인 감정을 느낄 겁니다. 만나고 싶은 내 마음과 다르게 앞으로 그 사람과 마주치지 못할 거라고 믿기 때문입니다. 당신의 소망과 믿음이 대립하는 것입니다.

당신에게는 개인적 삶의 경험에서 생긴 소망이 있습니다. 그런데 그런 소망과 대립하는 생각을 하면 부정적인 감정을 느낍니다. '진동의 불화가 원인이 되어 부정적인 감정이 생깁니다. 따라서 부정적인 감정은 생각의 방향을 바꾸도록 돕는 안내자입니다. 당신의 진정한 모습과 당신의 현재 소망 사이에서 진동이 조화로워지는 생각을 하도록 돕는 게 바로 부정적인 감정입니다.'

가난한 사람이 부자를 비난하면?

질문: 어렸을 때 나는 주로 가난한 사람들과 어울렸습니다. 그리고

부자들을 조롱하곤 했지요. 값비싼 차를 타는 사람들을 비난했습니다. 그래서 성인이 된 후에 캐딜락을 타고 싶었지만 내가 사람들을 조롱했던 것처럼 다른 사람이 나를 조롱할까 봐 차마 그 차를 탈 수 없었습니다. 대신에 사람들이 '경제적인' 차라고 생각하는 중형차를 샀습니다.

그러다가 얼마 전에 결국 캐딜락을 샀습니다. 이런 생각이 들었기 때문입니다. '그래, 캐딜락을 사면 그 차를 생산하는 사람들에게 일감을 주는 거야. 가죽, 금속, 유리 등 자동차 부품과 재료를 공급하는 사람들과 기술자들에게 일거리를 만들어주는 거지.' 이런 명분으로 그 차를 살 수 있었습니다. 어쨌든 나는 성공의 상징인 캐딜락을 내 삶에 허락하는 데 도움이 되는 쪽으로 생각을 연결했습니다.

대답: 생각을 연결하는 건 효과적인 방법입니다. 기분이 좋아지고 싶을 때, 그리고 점차 기분이 좋아지는 생각을 발견할 때 자신과 소망을 조화롭게 만드는 것입니다. 그러면 저항에서 벗어나 더 나은 상황으로 갈 수 있습니다. '다른 사람의 반대 의견에 초점을 맞추면 결코 좋은 결과를 얻지 못합니다. 당신의 내면에서 늘 불화가 일어나기 때문입니다. 그런 불화는 상황이 나아지는 걸 방해하기도 합니다. 당신의 의견에 반대하는 사람은 언제나 있게 마련입니다. 그들의 말에 주의를 기울이면 당신의 소망에 진동을 일치시킬 수 없습니다. 어떤 기분을 느끼는지 주의를 기울여서 당신의 안내 시스템이 보내는 소리를

잘 들으세요. 그러면 당신의 소망과 어울리는 행동을 결정할 수 있습니다.

당신이 어느 쪽으로 선택을 하든 당신의 의견과 조화를 이루지 않는 사람은 항상 있습니다. 우리가 단호하게 말하는 바는 당신이 진정한 모습과 조화를 이루는 방법을 찾기 위해 최대한 노력해야 한다는 것입니다. 이 점을 꼭 이해했으면 좋겠습니다. 자신을 믿으세요. 지금까지 살아오면서 매우 강력한 깨달음에 이르렀다고 믿으세요. 소망과 어울리는 일 또는 어울리지 않는 일에 관해 안내 시스템의 신호, 즉 당신의 느낌을 신뢰할 수 있다고 믿으세요. 그러면 당신의 안내 시스템을 원래 의도된 방식으로 활용할 수 있을 것입니다.

만약 돈이 가치를 잃는다면?

질문: 과거의 돈은 주로 주화였습니다. 그 자체로 가치를 지닌 금속이었지요. 20달러짜리 금화처럼 20달러의 가치가 있는 금이 있었습니다. 그리고 은화에 있는 은도 가치가 있었습니다. 그래서 주화의 가치를 이해하는 것은 단순해 보였습니다. 하지만 현재 우리의 돈은 그 자체로는 실제 가치가 없습니다. 지폐나 동전은 사실 아무 가치가 없습니다.

나는 상품의 교환 수단이 되는 돈의 편리함을 잘 알고 있습니다. 닭을 우유 한 통이나 감자 한 상자와 교환하는 것보다 돈을 주고 상품이나 재능을 사는 게 더 편리합니다. 하지만 현재 돈의 가치는 인위적으로 떨어지고 있습니다. 1달러의 가치를 제대로 이해하는 게 점점 어려워지고 있습니다. 그래서 내 가치를 어떻게 찾아야 하는지 생각하게 됩니다. '내 재능의 가치는 얼마인가?' '내가 쏟는 시간과 에너지의 대가로 얼마를 요구해야 하는가?' 하지만 지금 나는 그런 식으로 자신의 가치를 생각할 필요가 없다는 점을 당신에게 배우고 있습니다. 내가 원하는 것이 무엇인지만 생각하고, 그것이 내 삶으로 들어오게 해야 합니다.

많은 사람이 재정적 미래에 대해 불안을 느낍니다. 달러의 가치가 어떻게 변할지 통제하지 못하기 때문이지요. 돈의 가치를 통제하고 조정할 수 있는 사람은 극소수에 불과합니다. 많은 이들이 인플레이션이 심해질까 봐, 혹은 디플레이션이 생길까 봐 걱정합니다. 당신이 가르쳐준 끌어당김의 법칙을 사람들이 이해했으면 좋겠습니다. 그러면 달러의 가치처럼 자신의 통제권 밖에 있는 것에 대해 걱정하지 않을 겁니다.

대답: 당신은 돈의 본질적인 부분을 잘 언급했습니다. 당신 말이 맞습니다. 사람들은 대부분 오늘날의 달러는 과거와 가치와 다르다는 것을 알고 있습니다. 하지만 이는 결핍을 생각하는 또 다른 방법입니다. 사람들이 그러한 관점을 버리지 않으면 자신의 권리인 풍요로움을 끌어당기지 못합니다.

달러와 달러에 담긴 가치는 당신이 생각하는 것만큼 당신의 경험에 중요하지 않다는 사실을 이해해야 합니다. 당신이 원하는 것, 즉 당신의 존재와 소유물, 행동에 주의를 기울인다면 돈은, 그러니까 당신이 원하는 것을 가질 수 있는 수단은 아주 수월하게 당신의 경험으로 흘러들어올 수 있습니다.

결국 똑같은 말로 계속 되돌아옵니다. '결핍의 관점에서 생각하면 풍요를 끌어당길 수 없습니다. 따라서 생각을 조정해 기분이 좋아지는 것과 조화로운 생각을 하도록 해야 합니다.'

당신의 모든 생각은 진동합니다. 생각이 진동하기 때문에 생각하는 것을 끌어당기는 겁니다. 무언가 부족하다고 생각하면 그 생각은 내면 존재의 생각과 전혀 다른 진동을 내보냅니다. 내면 존재는 그 생각과 함께 진동할 수 없다는 것을 알고 있습니다. 그 결과 당신은 부정적인 감정을 느낍니다. 내면 존재와 조화를 이루는 생각은 향상이나 풍요, 행복에 관한 생각입니다. 그런 생각을 하면서 내면 존재와 조화를 이룰 때 당신의 기분은 긍정적인 감정으로 가득 차게 됩니다.

무언가에 대해 어떻게 느끼는지는 당신이 그것을 어떻게 바라보는지, 즉 그것을 풍요의 관점에서 바라보는지 아니면 결핍의 관점에서 바라보는지 보여주는 신호입니다. '돈이 있든 없든, 건강이 좋든 나쁘든, 관계가 좋든 나쁘든 기분이 좋을 때만 원하는 것을 끌어당길 위치에 있게 됩니다.'

추락하는 상황 되돌리기

질문: 재정 문제에 시달리는 사람을 보면 그들이 걱정되곤 했습니다. 그들이 소용돌이치며 아래로 추락하다가 결국 파산하는 것을 목격했습니다. 하지만 파산 후 얼마 지나지 않아 그들은 다시 새로운 보트를 타고 값비싼 차를 소유하고 호화로운 집에서 살았습니다. 내가 본 사람 중 어려운 상태에 머물러 있는 사람은 없는 것 같았습니다. 어째서 추락하다가 어느 지점에서 멈춘 뒤 조금 더 빨리 상승할 수 없었던 걸까요? 어째서 많은 사람이 파산이라는 바닥까지 내려간 다음에 다시 올라올 수 있었을까요?

대답: 추락하는 이유는 결핍에 주의를 기울이기 때문입니다. 무언가를 잃을 수 있다는 두려움 때문에, 또는 잃고 있는 것을 생각하기 때문에 그들은 자신이 원하는 것이 부족한 상황에 초점을 맞추는 것입니다. 부족에 초점을 맞추는 한 점점 더 많이 잃게 될 수 있습니다. 경계심이 많고 방어적이거나, 정당화나 합리화, 남 탓을 하기 시작했다면 그들은 결핍에 초점을 맞추는 것이고 그러면 더 많은 결핍을 경험할 수 있습니다.

하지만 바닥을 치면 더는 경계할 필요가 없습니다. 잃을 게 없으니까요. 그러면 그들의 관점이 달라지고 그로 인해 진동도 달라집니다. 끌어당김의 기준도 달라집니다. 바닥을 쳤다고 생각하면 이제 위를 올려다보기 시작합니다. 새로운 이야기를 하기 시작할 수밖에 없게 되는 겁니다.

인생 경험을 통해 당신은 멋진 일들이 당신의 경험으로 흘러들어오도록 요청했습니다. 하지만 걱정, 의심, 두려움, 분노, 비난, 질투 등 부정적인 감정이 생긴다면 당신의 지배적인 생각이 그러한 멋진 일들을 몰아내고 있다는 뜻입니다. 그것들을 문밖까지 끌어당겼지만, 문이 닫혀있는 것과 마찬가지입니다. 100달러짜리 지폐로 살 수 있는 것을 상상하며 새로운 이야기로 말하기 시작하면, 긴장을 풀고 삶의 긍정적인 면에 더욱 초점을 맞추면, 진동 막대기에서 기분이 좋아지는 쪽에 더욱 의도적으로 집중하면, 문이 열릴 것입니다. 그리고 당신이 원하는 사물, 경험, 관계가 당신 삶에 흘러넘쳐 당신은 그 물결을 타고 흐르게 될 것입니다.

거부해도 전쟁은 전쟁이다

당신이 경험의 창조자임을 인식하세요. 그리고 생각의 방향을 조정해 의도적으로 경험을 창조하는 방법을 배우세요. 많은 사람이 그렇게 생각을 조정해야 합니다. 오래전부터 사람들은 어떤 행동을 통해 특정한 상황이 일어난다고 믿어왔습니다. 그뿐 아니라 특정한 행동을 하면서 원하지 않는 것을 밀어내면 그것이 사라질 거라고도 믿었습니다. 그래서 '빈곤과의 전쟁', '마약과의 전쟁', 'AIDS와의 전쟁', '테러와의 전쟁'을 치릅니다.

원하지 않는 것을 밀어내면 그것이 당신의 삶에서 사라질 거라고 믿을지 모릅니다. 하지만 끌어당김의 법칙은 그렇게 작동하지 않습니다. 또 당신의 경험이 그것을 증명하지도 않습니다. 무언가를 밀어내는 전쟁은 하면 할수록 더 극심해집니다. '원하는 것에 초점을 맞추면 그것이 점점 더 많아져서 당신에게 다가오는 것처럼, 원하는 것이 부족한 상황에 초점을 맞추면 부족한 게 더 부족해져서 당신에게 다가옵니다.'

긴장을 풀고 당신의 타고난 권리인 행복을 느끼세요. '나는 풍요로움을 추구한다. 나는 끌어당김의 법칙을 믿는다. 내가 원하는 것을 확인했다. 이제 긴장을 풀고 원하는 것들이 내 경험으로 들어오도록 하겠다.'라고 말하세요. 그러면 당신이 원하는 것이 나타날 것입니다. 재정 형편이 좋지 않아 몹시 힘들다고 느끼면 당신은 재정적 행복을 멀리 밀어내고 있는 겁니다. 하지만 재정 형편이 어떻든 편안함을 느끼기 시작하면 당신은 더 많은 풍요가 당신의 경험으로 흘러들어오도록 문을 열어두는 것입니다. 아주 간단한 원리입니다.

혹시 돈을 끌어당기는 일에 탁월한 사람을 보고 부정적인 감정을 느끼나요? 그렇다면 그건 당신의 현재 생각이 당신의 소망인 풍요를 허락하지 않는다는 신호입니다. '다른 사람이 돈을 끌어당기는 방식이나 사용하는 방식에 비판적이라면 당신은 돈을 몰아내고 있는 겁니다. 하지만 다른 사람이 돈으로 무엇을 하든 신경 쓰지 않을 때, 그리고 기분이 좋은 상태에서 행동하고 생각하고 말할 때 당신은 돈과 조

화로워질 것입니다. 그뿐 아니라 기분이 좋아야 그밖에 다른 중요한
물리적인 경험들과도 조화를 이루게 됩니다.'

재능 없이 성공할 수 있을까?

질문: 우리의 삶에 풍요로움과 돈을 끌어당기는 것에 재능, 기술,
능력은 무슨 관련이 있나요?

대답: 거의 관련이 없습니다. 그런 것들은 대부분 행동이라는 측면
이며 행동을 통해 당신에게 오는 것은 아주 작은 부분입니다. 생각하
고 말하는(말은 생각의 표현입니다) 대로 당신 인생이 펼쳐집니다.

질문: 그렇다면 뛰어난 재능이나 능력이 없는 사람도 자신이 원하는
재정적 풍요를 얻을 수 있다는 말인가요?

대답: 물론입니다. 남들과 비교하면서 자신에게 재능과 능력이 없
다고 결론 내린다면 부정적인 기대로 인해 위축되고 패배감을 느낍니
다. 그런 경우만 아니라면 재능이나 능력에 상관없이 재정적 풍요를
얻게 됩니다.

끊임없이 발전시킬 수 있는 가장 중요한 능력은 생각을 자신이 원
하는 방향으로 조정하는 능력입니다. 모든 상황을 신속하게 평가하고

자신이 가장 원하는 것이 무엇인지 빠르게 결정하는 데 능숙해져야 합니다. 그다음 원하는 것에 레이저 같은 초점을 맞춰야 합니다. 생각의 방향을 조정하는 능력은 어마어마한 힘을 발휘합니다. 그 능력이 안겨주는 결과는 행동이 가져다주는 결과와는 비교도 안 될 정도로 탁월합니다.

주지 않고도 무언가를 얻을 수 있을까?

질문: 사람들은 무언가가 1달러의 가치를 얻으려면 1달러의 가치에 해당하는 것을 주어야 한다고 믿습니다. 어떻게 하면 그러한 믿음에서 벗어날 수 있습니까?

대답: 당신이 알고 있는 모든 지식은 인생 경험을 통해서만 얻어집니다. 그런데 인생 경험은 생각의 결과입니다. 따라서 당신이 아무리 오랫동안 무언가를 원하더라도 그것이 없는 상황을 생각해왔다면 그것은 당신에게 올 수 없었습니다. 그러면 당신은 개인적 경험을 통해 원하는 걸 이루는 게 불가능하다거나 힘들다는 결론에 이르게 됩니다. 즉 힘겨운 삶이 이어져 왔다면 원하는 걸 이루는 것은 힘들다는 타당한 결론에 이르는 겁니다.

우리는 당신이 스스로 만든 시련의 중심에 무엇이 있는지 이해하도록 돕고자 하는 열망이 있습니다. 당신이 새로운 전제에서 출발해 모든 사물의 기저에 있는 법칙을 이해하면 좋겠습니다. 그럴 수 있도록 우리가 돕고 싶습니다. 우주의 법칙을 새롭게 이해하고 기꺼이 새로운 이야기를 하기 시작하면 새로운 결과를 얻게 될 것입니다. 그리고 새로운 결과를 통해 새로운 믿음이나 새로운 지식을 얻을 것입니다.

당신이 잘하고 있는지 평가할 수 있는 사람은 이 세상에서 오직 당신뿐입니다. 당신이 지금 서 있는 자리를 당신이 원하는 자리와 비교해 점수를 매길 능력은 누구에게도 없습니다. 또 당신이 있어야 할 자리를 결정할 수 있는 사람도 없습니다. 오직 당신만이 그렇게 할 수 있습니다.

누구나 복권 당첨을 꿈꾼다

질문: 많은 사람이 뜻밖의 횡재를 해 돈을 얻기를 바랍니다. 그런 돈이 생기면 빚을 갚을 수도 있고 돈 때문에 억지로 하던 일을 더는 하지 않아도 된다고 생각합니다. 복권에 당첨되고 싶다는 말을 정말 많이 들었습니다. 하지만 복권 당첨자는 다른 사람이 복권을 사느라 치른 비용으로 풍요로움을 얻는 겁니다.

대답: 무언가를 바라는 기대가 엄청나게 강력하면 그 일이 삶에서 펼쳐질 수 있습니다. 복권 당첨을 바라는 기대도 마찬가지입니다. 복권 당첨이 자신의 삶에서 펼쳐지게 할 정도로 기대가 강력하다면 그

것이 돈을 끌어당기는 한 가지 방법일 수 있습니다. 하지만 사람들은 대부분 당첨 확률을 알고 있습니다. 따라서 복권 당첨에 대한 그들의 기대는 그렇게 강력한 힘을 발휘하지 못합니다.

질문: 그러면 당첨을 바라는 것과 당첨을 기대하는 것은 어떤 관련이 있습니까?

대답: 바라는 것은 의심하는 것보다 더 좋은 결과를 줍니다. 그리고 기대하는 것은 바라는 것보다 훨씬 더 좋은 결과를 줍니다.

질문: 그러면 인생 경험에서 아직 나타나지 않은 것을 어떻게 기대하기 시작할 수 있습니까? 경험하지 않은 것을 어떻게 기대할 수 있을까요?

대답: 돈을 끌어당기기 위해 돈을 가지고 있어야 하는 건 아닙니다. 하지만 가난함을 느끼면서 돈을 끌어당길 수는 없습니다. 핵심은 이겁니다. 아직 상황이 달라지지 않았어도 지금 서 있는 자리에서 더 좋은 감정을 느끼는 방법을 찾아야 합니다. '잘못되는 상황에 관심을 줄이고 이미 가진 게 아니라 원하는 것에 무게 중심을 옮겨 이야기하기 시작하면 당신의 진동이 변하고, 끌어당김의 기준이 변합니다. 그러면 결과가 달라집니다. 짧은 시간에 당신이 얻는 결과가 달라지기 때

문에 당신은 풍요로움에 대한 믿음과 지식을 갖게 됩니다. 그러면 더욱 풍요로운 상황이 쉽게 이어집니다. 부자가 더 부유해지고 가난한 사람이 더 가난해지는 이유가 그래서입니다.

'기분이 좋아지는 이유를 찾으세요. 원하는 것을 확인하세요. 그리고 계속 기분이 좋아지는 생각을 하세요.'

풍요롭게 사는 것은 '기적'이 아니다

우리는 지금 우주의 풍요로움이라는 특성과 당신이 언제든 누릴 수 있는 잠재적 풍요로움을 설명하고 있습니다. 하지만 당신이 이 글을 읽는다고 해서 우리의 지식이 당신의 지식이 되지는 않는다는 걸 잘 알고 있습니다. 아무리 우리의 말을 믿으라고 해도, 또는 이해해보려고 노력하라고 해도 당신은 우리의 지식을 당신의 것으로 만들 수 없습니다. 왜냐하면 당신은 오직 스스로의 인생 경험을 통해서만 지식을 얻을 수 있기 때문입니다.

인생 경험을 통해 얻는 믿음은 매우 강력합니다. 살면서 당신은 좋은 믿음을 많이 길러야 합니다. 하지만 경험을 통해 얻은 믿음을 즉시 버리고 다른 믿음으로 바꿀 수 없다는 걸 우리는 알고 있습니다. 다행스럽게도 현재 당신의 믿음을 버리지 않고도 삶에 중대한 변화를 곧바로 일으킬 수 있습니다. '당신의 삶과 당신에게 중요한 일들에 관해 더욱 긍정적인 이야기, 그리고 기분이 좋아지는 이야기를 말하기 시

작하세요.'

장단점을 모두 저울질하며 사실을 나열한 다큐멘터리 같은 이야기는 말하지 마세요. 희망을 주는 기적 같은 이야기를 상상하며 경이로운 삶의 이야기를 말하세요. 그리고 어떤 일이 벌어지는지 지켜보세요. 기적 같다고 느낄 겁니다. 눈앞에서 인생이 달라지기 시작할 테니 말입니다. 하지만 기적이 아닙니다. 우주의 법칙이 작용한 결과이며 당신이 의도적으로 그 법칙과 조화를 이룬 덕분입니다.

자유와 돈의 교환

질문: 이 책은 '돈, 그리고 끌어당김의 법칙'에 관한 것입니다. 하지만 돈보다는 삶의 모든 영역에서 풍요로움을 끌어당기는 내용입니다. 미국에서 어린 시절을 보낸 우리는 범죄와의 치열한 전쟁을 목격했습니다. 그런데 그 시절보다 지금 범죄율이 훨씬 더 높습니다. 최근에 미국의 감옥 수감률이 다른 자유주의 국가보다 더 높다는 기사를 읽은 적이 있습니다.

우리는 질병과도 싸우고 있습니다. 하지만 전보다 병원과 아픈 사람은 더 많습니다. 이 세계의 물리적인 고통은 어느 때보다 심각합니다.

사람들은 세계 평화를 위해 전쟁에 반대해왔습니다. 베를린 장벽이 무너졌을 때 "마침내 평화를 이루었으니 얼마나 가슴 벅찬 일인가?"라고 외치며 모두가 열광하던 일이 바로 어제 일 같습니다. 그런데 얼마 지나지 않아 다시 전쟁의 소용돌이에 빠졌습니다. 지금 우리는 이 나라를 둘러싸는 거대한 장벽을 쌓아 올리고 있습니다.

또 나는 아동 학대와 사람들을 부당하게 대하는 일을 걱정하는 소리를 많이 듣습니다. 아동 학대에 반대하는 소리를 들으면 들을수록 아동 학대 소식도 더 많이 듣게 됩니다.

원하지 않는 것을 몰아내려는 우리의 모든 노력이 효과가 없는 것 같습니다. 하지만 이 나라가 풍요로움이라는 면에서는 계속 긍정적인 방향으로 가고 있는 것처럼 보입니다. 식량과 돈이 매우 풍족합니다. 그래서 넘치는 자원을 다른 나라에 제공할 수 있습니다. 이 나라 사람들은 과거 어느 때보다 많은 소유물을 가지고 있습니다. 이런 면에서는 어느 정도 긍정적인 발전을 한 것입니다. 하지만 재정적 풍요로움을 추구하는 많은 사람이 돈을 얻은 대가로 상당한 자유를 잃고 있는 것 같습니다. 자유로운 시간은 많지만 돈이 없어서 그 시간을 즐기지 못하는 사람이 있고, 돈은 있지만 돈을 쓸 시간이 없는 사람도 있는 것 같습니다. 충분한 돈과 시간, 이 둘을 모두 가진 사람을 찾기란 좀처럼 쉽지 않습니다. 이런 내 생각에 대한 당신의 관점을 말해주시겠습니까?

대답: 돈의 부족에 대해 초점을 맞추든 시간의 부족에 대해 초점을 맞추든 많은 사람은 여전히 원하는 것이 부족한 상황에 초점을 맞추고 있습니다. 그러면 진정으로 원하는 것을 밀어내고 있는 것입니다.

부정적인 감정이 생기는 게 시간이 부족하다고 느껴서든 돈이 부족하다고 느껴서든 어쨌든 부정적인 감정은 부정적인 감정입니다. 그러면 여전히 원하는 것을 저항하는 상태에 있게 됩니다. 이는 원하는 것을 계속 밀어내고 있다는 걸 의미합니다.

해야 하거나 하고 싶은 일을 모두 할 시간이 없다고 느낀다면 결핍에 부정적으로 주의를 기울이는 것입니다. 그러면 생각보다 훨씬 안 좋은 영향을 받습니다. '받아들이기만 하면 당신에게 도움이 될 아이디어, 만남, 조건, 다양한 협력이 많습니다. 하지만 시간이 없다는 압박감을 느낀다면 그 감정이 그러한 유익한 일들을 거부하고 있다는 신호입니다. 시간이 부족하다고 느끼고, 지나치게 많은 일정에 초점을 맞추고, 압박감을 느끼는 건 불편한 악순환입니다. 이러한 악순환 속에서는 더 나은 상황을 차단하는 진동을 내보내게 됩니다.'

따라서 새로운 이야기를 말하기 시작해야 합니다. 해야 할 일이 많다고 계속 불평할 때마다 당신은 도움을 밀어내는 것입니다. 당신 눈앞에는 당신이 상상할 수 있는 것보다 더 많은 방법으로 당신을 도울 수 있고 도울 준비가 되어 있는 협조적인 우주가 있습니다. 하지만 해야 할 일이 너무 많다고 계속 불평하면 우주의 도움을 스스로 걷어차는 것입니다.

돈이 충분하지 않다고 느낍니까? 돈이 부족한 상황에 주의를 기울이면 더 많은 돈을 벌 방법이 도망가고 맙니다. 원하는 것의 반대쪽을 바라보면서 원하는 것을 얻을 수는 없는 노릇입니다. 따라서 새로운 이야기를 말하기 시작해야 합니다. 풍요로움이 당신에게 오기 전에 풍요의 감정을 만들어내는 방법을 찾아야 합니다.

'시간과 돈을 더욱 자유롭게 소비한다고 느끼기 시작할 때 문이 열리고 사람들이 당신을 도우러 올 겁니다. 새로운 활력과 좋은 결과를 주는 아이디어가 당신 앞에 나타날 것입니다. 환경과 상황이 순조롭게 풀릴 것입니다. 느끼는 방식을 바꾸면 세상을 창조하는 에너지를 활용할 수 있습니다. 언제든 당신은 그 에너지를 사용할 수 있습니다.'

돈이나 암에 대한 부정적인 느낌

질문: 돈에 대해 부정적으로 느껴서 돈을 벌지 못하는 것과 '암에 걸리고 싶지 않아'라고 말하지만 암에 걸리는 것의 차이가 무엇입니까?

대답: 이러한 원리가 있습니다. 당신이 무엇을 생각하든 그 생각의 본질을 당신이 얻게 됩니다. 건강이 안 좋은 상황을 생각한다면 건강을 잃는 결과를 얻습니다. 돈이 부족한 상황을 생각한다면 돈이 부족한 상황을 얻습니다. 어떤 대상을 생각하면서 긍정적으로 끌어당기는지 아니면 부정적으로 끌어당기는지는 당신이 느끼는 방식으로 알 수 있습니다.

우주는 '안 돼'라는 말을 듣지 않습니다. 당신이 "안 돼. 나는 병에 걸리고 싶지 않아."라고 말할 때 병이라는 대상과 관련해 실제로 당신은 이렇게 말하고 있는 겁니다. "그래. 내게로 오너라. 내가 원하지 않는 것들아."

어떤 것에 주의를 기울이는 것은 곧 그 대상의 본질에 초대장을 보내는 것이나 마찬가지입니다. "돈을 벌고 싶은데 잘 안 될 거야."라고 말하는 건 돈이 부족한 상황에 주의를 기울이는 것이며 결국 이렇게 말하는 것입니다. "내게로 오너라. 내가 원하지 않는 돈이 부족한 상황아."

'돈이 당신에게 오는 방식으로 생각하면 항상 기분이 좋아집니다. 돈이 당신에게 오는 데 방해가 되는 방식으로 생각하면 항상 기분이 나빠집니다. 이렇게 감정의 차이로 당신이 무엇을 끌어당기는지 알 수 있습니다.'

"건강의 결핍에 초점을 맞춰서 암을 얻고, 돈의 부족에 초점을 맞춰서 돈을 얻을 수 없는 겁니까?"라는 질문을 할 수 있습니다. 원하는 돈을 버는 것은 원하는 건강을 얻는 것과 같습니다. 당신이 원하지 않는 암이 생기는 것은 당신이 원하지 않는 돈이 부족한 상황을 얻는 것과 같습니다.

무슨 생각을 하든 무슨 말을 하든 반드시 긍정적인 감정 상태에서 생각하고 말해야 합니다. 그러면 원하는 것을 끌어당길 준비가 된 것입니다. 부정적인 감정이 생기면 원하지 않는 것을 끌어당길 준비를 하고 있는 겁니다.

그는 힘겹게 노력하지 않았다

질문: 내 친구는 이혼하기 전에 약 10년 동안 남편 대신 생계를 책임졌습니다. 열심히 일했고 남편을 계속 돌보았습니다. 가족을 부양하기 위해 힘겹게 돈을 벌었습니다. 그러다가 돈을 벌 의지가 없는 남편에게 지칠 대로 지쳐 이혼했습니다. 아무리 봐도 친구의 남편은 돈을 중요하게 생각하지 않는 것 같았습니다. 그런데 지금은 100만 달러가 넘는 유산을 물려받았는데도 오랫동안 자신을 부양해온 전처(내 친구)와 나누려고 하지 않습니다.

친구는 돈에 관심을 기울이고 돈을 벌려고 열심히 일했는데 많은 돈을 벌지 못했습니다. 그런데 친구의 전남편은 일은 거의 하지 않고 돈에 관심이 없어 보였는데 100만 달러가 넘는 유산을 상속받았습니다. 어떻게 이렇게 불공평해 보이는 일이 일어날 수 있습니까?

대답: 끌어당김의 법칙을 이해하면 그 상황이 순리대로 전개된 것임을 알 수 있습니다. 그 여성은 열심히 일했지만 원망했습니다. 그리고 돈이 부족한 상황에 초점을 맞췄습니다. 우주는 그러한 감정과 정확하게 일치하는 방식으로 움직였습니다. 남편은 편안함을 느꼈고 죄책감을 느끼지 않았습니다. 상황이 순조롭게 풀리기를 기대했습니다. 이때도 우주가 그러한 감정과 정확하게 일치하는 방식으로 움직였습니다.

많은 사람이 열심히 일하고, 힘겹게 노력하고, 대가를 치르고, 고통을 느끼면 그에 대한 보상을 받을 거라고 믿습니다. 하지만 우주의 법칙은 그런 식으로 작동하지 않습니다. '불행한 여정에서는 행복한 결말을 찾을 수 없습니다. 그건 법칙에 어긋납니다.'

끌어당김의 법칙이 틀렸다는 증거는 이 세상에서 단 한 조각도 찾을 수 없습니다. 다음 두 사람의 태도와 그로 인한 결과를 보면서 교훈을 얻어야 합니다. 한 사람은 고군분투하며 아주 열심히 일했고 사회에서 배운 대로 합니다. 하지만 원하는 것을 얻지 못합니다. 또 한 사람은 힘겨운 노력을 거부하고 편안한 감정을 느끼겠다고 주장합니다. 그리고 풍부한 자원을 얻으며 편안하게 지냅니다.

많은 사람은 "그게 우주의 법칙과 맞을지는 모르겠지만 옳지는 않습니다."라고 말할 수 있습니다. 하지만 이 강력한 법칙대로 움직이는 사람은 그 법칙이 완벽하게 공정하다는 사실을 이해하게 됩니다. 이 사실을 당신이 반드시 알면 좋겠습니다.

당신에게는 당신의 진동을 통제할 권한이 있습니다. 그런데 당신이 내보내는 진동과 정확하게 일치하는 것을 우주가 당신에게 가져다주는 것보다 더 공정한 게 뭐가 있겠습니까? 강력한 끌어당김의 법칙은 진동의 파장을 내보내는 모든 사람에게 똑같은 방식으로 반응합니다. 이보다 더 공정한 게 뭐가 있겠습니까? 자신이 하는 생각을 통제하게 되면 불공평하다는 느낌이 줄어들 것입니다. 그리고 그 자리를 풍부한 생명력과 당신의 타고난 창조적 열정이 가득 채울 것입니다. '우주 만물이 그 사례입니다. 거기서 우주의 법칙이 작동하는

방식을 찾으세요.'

열심히 일해야만 돈을 벌 자격이 된다고 믿으면 열심히 일하지 않는한 돈은 당신에게 오지 않습니다. 하지만 물리적인 행동을 통해 얻는돈은 조화로운 생각을 통해 얻는 돈에 비해 매우 적습니다. 작은 보상을 얻기 위해 엄청난 행동을 하는 사람들과 행동은 거의 하지 않는 것처럼 보이는데 엄청난 보상을 얻는 사람들을 보면 불공평이 심하다는생각이 들 겁니다. 하지만 불공평하다는 생각이 드는 건 행동을 비교하기 때문입니다. 내면의 에너지만 놓고 보면 전혀 불공평하지 않습니다.

'재정적 성공이나 다른 성공은 많은 노력과 행동을 요구하지 않습니다. 요구하는 건 단 하나, 조화로운 생각입니다. 당신이 바라는 것에대해 부정적으로 생각하면 행동이나 노력으로 그 생각을 상쇄할 수없습니다. 생각의 방향을 조정하는 방법을 배울 때 조화로운 에너지의 진정한 유익을 발견할 것입니다.'

실패를 생각도 못 할 정도로 자신의 재정적 성공을 당연하게 기대하는 사람이 있습니다. 그래서 재정적 성공을 바라는 것을 스스로 허용합니다. 그런 사람은 재정적 성공에 스스로 바라는 것보다 훨씬 더 가까이 있습니다. 하지만 결핍 사고방식으로는 많은 돈을 버는 것을 바라는 것이나 기대하는 것을 스스로 허용하지 않습니다. 그래서 대부분의 경우 그저 그런 재정 형편으로 살아갑니다.

돈이 전부가 아니라는 생각은 맞습니다. 경험에서 기쁨을 찾는 데 돈이 꼭 필요한 건 아닙니다. 하지만 삶이 어떤 식으로든 돈과 연결된 사회에서는 대다수의 사람이 돈과 자유를 연관시킵니다. 자유는 인간이라는 존재의 기본 조건이기에 돈과 조화를 이루면 균형 잡힌 토대를 갖추는 데 도움이 됩니다. 이는 당신이 경험하는 모든 면에서 중요합니다.

돈을 쓰는 게 편안합니까?

돈을 바라보는 매우 일반적인 관점을 한 여성의 말을 통해 알 수 있었습니다. 그녀는 자신이 돈을 소비할 때 늘 불편함을 느낀다고 말했습니다. 시간이 흐르면서 그녀는 상당히 많은 돈을 모았습니다. 하지만 소비를 생각할 때마다 '얼어붙었고 돈을 많이 쓰게 될까 봐 두려움을 느꼈습니다.'

우리는 그녀에게 이렇게 설명했습니다. 당신이 특정 행동을 통해 돈을 벌게 된다고 믿고 그 행동을 계속할 수는 없을 거라고 믿어서 돈을 꼭 붙들고 아껴 쓰고 싶어 하는 건 충분히 이해할 수 있습니다. 하지만 돈이 부족하다는 느낌은 더 많은 돈이 당신의 삶으로 흘러들어오게 하는 속도를 더디게 만듭니다.

돈을 쓴다는 생각이 불편하게 느껴지면 돈을 소비하는 행동을 하지 않는 게 좋습니다. 부정적인 감정을 느끼면서 행동하는 건 절대 좋은 생각이 아닙니다. 하지만 당신이 불편함을 느끼는 이유는 돈을 소비하는 행동 탓이 아닙니다. 그런 감정은 그 당시 돈에 대한 당신의 생각이 당신의 소망과 진동의 조화를 이루지 않는다는 신호입니다. '부족하다고 믿으면 당신의 폭넓은 앎과 공명하지 않습니다. 폭넓은 앎에는 부족이 없기 때문입니다. 원하는 것이 부족한 상황에 주의를 기울이면 항상 내면에서 부정적인 감정이 생겨납니다. 당신이 풍요로움과 행복을 온전히 이해하는 길에서 벗어났음을 안내 시스템이 알려주기 때문입니다.'

불편함을 누그러뜨리고 그 감정을 희망, 더 나아가 긍정적인 기대로 바꾸는 방법을 찾으세요. 그러면 기분이 좋아진 안정적인 상태에서 '얼어붙는' 감정 대신 자신감과 열정이 생길 겁니다. 당신이라는 존재는 폭넓은 앎이라는 변치 않는 특성이 있습니다. 그런데 돈이 부족한 상황에 초점을 맞추거나 살아갈 날이 얼마 남지 않았다고 생각해 하루하루 죽을 날에 가까워지고 쇠퇴한다는 느낌이 든다면 그 특성을 거스르는 것입니다.

당신은 하루 또는 일주일, 일 년 치의 공기를 한 번에 들이마시는 불가능한 일을 시도할 필요가 없습니다. 쉽게 숨을 들이마시고 내뱉으면서 언제든 원하는 대로 공기를 얻기 때문입니다. 마찬가지로 당신이 영원한 풍요로움을 기대하면 돈도 그렇게 쉽게 당신의 삶으로 들어오고 나가며 흐를 수 있습니다.

당신은 돈을 원하는 만큼 얻을 수 있습니다. 돈을 당신 삶에 들어오게 허락하기만 하면 됩니다. 돈이 흘러들어오면 서서히 흘러나가게도

해야 합니다. 숨을 쉬는 것처럼 돈에도 지속적인 흐름이 존재하기 때문입니다. 돈을 숨겨두고 보호할 필요가 없습니다. (돈을 움켜쥐고 있는 것은 숨을 들이마신 다음 내뱉지 않는 것과 같습니다) 그러면 더 많은 돈이 흘러들어오지 않습니다. 돈을 흘러나가게 하면 더 많은 돈이 흘러들어옵니다.

때때로 사람들은 부족이나 결핍에 관해 이야기하면서 이의를 제기합니다. 자신이 경험하고 목격하고 들은 결핍의 '현실'을 지적하는 겁니다. 많은 사람이 자신이 바라는 게 부족한 상황을 경험합니다. 그런 사례가 많다는 걸 우리는 알고 있습니다. 하지만 풍요로움을 얻을 수 없어서가 아니라 그것을 스스로 허용하지 않아서 결핍을 경험한다는 사실을 이해해야 합니다.

결핍의 이야기를 계속 말하면 풍요로움을 원하는 당신의 소망을 계속 부정하게 됩니다. 그리고 두 가지를 다 놓칠 수 있습니다. 즉 원하지 않는 것에 집중하면 원하는 것을 얻을 수 없습니다. 또 돈에 관해 불편함을 느끼는 이야기만 말하면 재정적 편안함을 안겨주는 상황이 당신 경험에 들어오지 않습니다. 다른 결과를 원한다면 다른 이야기를 말하기 시작해야 합니다.

우리가 당신이라면 이렇게 말하기 시작하겠습니다. "나는 기분이 좋아지고 싶다. 나는 생산적이고 확장되는 느낌을 얻고 싶다. 내가 좋다고 생각하는 모든 것을 끌어당기는 건 내 생각이다. 내 생각은 안락하고 즐거운 삶을 누릴 수 있는 충분한 돈, 건강, 활력을 끌어당긴다. 또 함께 있으면 행복하고 신나는 사람들, 멋진 사람들도 내 생각으로 끌어당길 수 있다."

당신의 소망을 이야기로 말하기 시작하고 그다음 그러한 소망과 어울리는 긍정적인 면을 찾아 구체적으로 언급하세요. 그리고 '이렇게 되면 얼마나 좋을까?'라는 기분이 좋아지는 상상을 하며 긍정적인 기대를 덧붙이세요.

이런 식으로 말하세요. "좋은 것들만 내게로 온다. 모든 답을 몰라도, 모든 단계를 몰라도, 내게 열릴 모든 문을 확인할 수 없어도 이 시공간에서 앞으로 나아간다면 내 앞에 길이 명확하게 나타나리라는 것을 나는 안다. 그 길을 가다 보면 내게 무엇이 필요한지 알게 되리라는 것을 나는 안다." 기분이 더 좋아지는 이야기를 말할 때마다 당신의 기분은 더 좋아질 겁니다. 그리고 당신 삶의 경험 하나하나가 더 좋은 결과를 얻을 겁니다. 기분이 더 좋아질수록 더 좋은 것을 얻습니다.

끌어당김의 기준을 바꾸는 법

때때로 사람들은 너무 오랜 시간 동안 자신이 원하지 않는 이야기를 말해왔습니다. 그래서 이제는 돈이 부족한 상황에 초점을 맞췄던 세월을 만회할 시간이 없다며 걱정합니다. 하지만 걱정할 이유가 없습니다.

과거로 되돌아가 부정적인 생각을 모두 지울 수는 없습니다. 하지만 그게 가능하더라도 그렇게 할 필요가 없습니다. 당신의 모든 힘은 현재에 있기 때문입니다. 지금 기분이 좋아지는 생각을 찾으면 바로 지금 끌어당김의 기준이 바뀝니다! '수년 전에 했던 부정적인 생각이 현재 당신의 삶에 영향을 미치는 것처럼 보이는 이유는 단 하나입니다. 지금까지 부정적인 생각이나 믿음을 계속 간직해왔기 때문입니다. 믿음은 당신이 계속하는 생각일 뿐입니다. 믿음은 습관적인 생각에 불과합니다. 당신에게는 새로운 생각을 만들고, 새로운 이야기를 시작하고, 다른 진동의 파장을 내보내고, 끌어당김의 기준을 바꿀 능력이 있습니다. 조금만 노력하면 그렇게 할 수 있습니다.'

당신이 가지고 다니는 100달러로 하루에 얼마나 많은 물건을 살 수 있는지 알아내는 단순한 행동만으로 끌어당김의 재정적 기준을 극적으로 바꿀 수 있습니다. 그처럼 간단한 방법으로도 충분히 진동의 균형을 바꿀 수 있습니다. 그렇게 되면 돈을 끌어당기는 일에서 실제적인 결과가 나타날 것입니다. 정신적으로 돈을 소비하며 더 나아진 삶을 상상하세요. 많은 돈을 마음대로 쓰는 게 어떤 느낌일지 상상하며 의도적으로 자유로움을 느껴보세요.

당신도 알다시피 끌어당김의 법칙은 당신의 현실이 아니라 당신의 진동에 반응합니다. 만약 당신이 현재의 상황을 있는 그대로 진동으로 발산한다면 달라지는 건 아무것도 없습니다. '당신이 원하는 삶을 상상하고 그 상상에 계속 집중할 때 끌어당김의 기준을 쉽게 바꿀 수 있습니다. 마음이 편안해질 때까지 계속 상상하고 집중하세요. 편안한 마음은 진동의 상승이 일어났다는 신호입니다.'

내 기준은 내가 정한다

때때로 돈이 없다는 생각이 들면 눈에 보이는 모든 걸 갖고 싶어지기도 합니다. 일종의 통제할 수 없는 갈망이 내면에서 자라는 겁니다. 당신에게 쓸 돈이 없으면 그런 갈망이 자신을 괴롭힙니다. 갈망에 굴복해서 돈이 없는데도 많은 빚을 지며 소비를 계속하면 더욱 심각한 고통을 겪기까지 합니다. 빚을 져가면서까지 돈을 쓰고자 하는 갈망은 잘못된 신호입니다. 진정한 소망이 생겨서 그러한 물건을 소비하는 게 아니기 때문입니다. '물건을 하나 더 사서 집으로 가져온다고 해서 통제할 수 없는 갈망이 충족되지는 않습니다. 오히려 공허감을 느낍니다. 진동이 당신의 진정한 모습과 조화를 이뤄야만 공허감이 채워질 수 있습니다.'

당신은 현재 불안함을 느끼지만, 당신의 진정한 모습은 극도의 안정감을 느끼는 사람입니다. 당신은 현재 능력이 없다고 느끼는데 당신의 진정한 모습은 능력이 있는 사람입니다. 당신은 현재 부족함을 느끼는데 당신의 진정한 모습은 풍요로운 사람입니다. 이때 당신이 갈망하는 것은 진동의 변화이지 무언가를 구매할 능력은 아닙니다. 당신의 현재 모습과 진정한 모습을 잘 조화시켜 그 모습을 유지할 수 있다면 당신이 바라는 많은 돈이 삶으로 흘러들어올 것입니다. 그리고 원하는 물건을 사며 많은 돈을 쓸 수 있을 것입니다. 이때의 소비는 다른 느낌일 것입니다. 당신은 소비로 채우려고 했던 필요나 공허감을 느끼지 않습니다. 대신 무언가에 만족스러운 흥미를 느낍니다. 이러한 일이 당신의 경험으로 순조롭게 들어옵니다. 이 모든 과정, 즉 생각이 현실로 완전히 이루어지는 과정은 당신에게 만족감과 기쁨을 가져다줄 것입니다.

'당신이 돈을 얼마나 많이 가져야 하는지, 그 돈으로 무엇을 해야 하는지 그 기준을 다른 사람이 정하게 하지 마세요. 그것을 정확하게 정할 수 있는 사람은 오직 당신뿐입니다. 당신의 진정한 모습과 조화를 이루세요. 살아오면서 당신은 당신의 경험에 무엇을 흐르게 하고 싶은지 알게 되었습니다. 그러한 것들을 당신 삶에 허락하세요.'

꾸준한 저축은 효과가 있을까?

한 남성이 어느 교사에게 안정적인 삶을 위해 돈을 따로 모아두는 건 '재앙을 계획'하는 것과 같다는 말을 들었다고 했습니다. 실제로 안정감을 느끼려고 하는 행동이 더 큰 불안함으로 이어질 수 있습니다. 그 행동이 원하지 않는 재앙을 끌어당길 수 있기 때문입니다. 그 남성은 자신이 들은 철학이 우리가 가르치는 끌어당김의 법칙과 같은 맥락인지 알고 싶어 했습니다.

우리는 그에게 이렇게 말해주었습니다. 무언가에 주의를 기울이는 것은 그것의 본질을 끌어당긴다는 그 교사의 말이 맞습니다. 따라서 당신이 미래에 닥칠 수 있는 나쁜 일을 생각하며 그것에 초점을 맞춘다면, 그래서 원하지 않는 일을 생각하며 불편한 느낌을 얻는다면, 사실상 당신은 그것을 끌어당기는 과정에 있다고 볼 수 있습니다. 하지만 원하지 않는 일이 미래에 일어날 수 있다는 점을 잠깐 생각해보는 건 문제가 되지 않습니다. 만약 재정 형편을 생각하면서 불안함을 느낀다면 당신이 바라는 재정적 안정을 생각하면 됩니다. 그리고 거기에 초점을 맞춰 영감을 얻는 게 좋습니다. 그러면 안정적인 재정 상태를 만드는 행동을 하게 될 것입니다.

돈을 저축하거나 투자하는 행위 그 자체는 긍정적이지도 부정적이지도 않습니다. 하지만 불안한 발판에 서서 안전한 장소로 갈 수 없다는 그 교사의 말은 맞습니다. '당신의 마음이 지닌 힘을 활용하여 당신이 원하는 기분 좋아지는 안정감에 초점을 맞추세요. 기분 좋은 상태에서 영감을 얻어 긍정적인 행동을 하세요. 당신이 어떤 일에 기분이 좋아지든 그 일은 모두 당신이 원하는 일과 조화를 이룹니다. 당신에게 기분 나쁜 일은 그게 무엇이든 당신이 원하는 일과 조화롭지 않습니다. 매우 간단합니다.'

돈에 대한 소망은 영적인 열망이 아니라 물질적인 열망입니다. 그러므로 돈을 전혀 원해서는 안 된다고 말하는 사람이 있습니다. 하지만 당신은 물질화된 세계에 있다는 사실을 기억하면 좋겠습니다. 당신은 물리적인 행성에서 물리적인 몸을 입고 태어났습니다. 이곳에는 물질적이 아닌 것과 물질적인 것이 섞여 있습니다. '당신은 영적인 면과 분리될 수 없습니다. 또 물리적인 몸을 지니고 이곳에 머무는 동안 물리적인 것이나 물질적인 것과도 분리될 수 없습니다. 주변에서 흔히 볼

수 있는 물리적인 특성이 있는 모든 장엄한 사물은 사실상 영적인 존재입니다.'

충분한 돈에 관해 새롭게 말하기

끌어당김의 법칙은 당신이 속한 현실에 반응하지 않습니다. 당신의 생각이 내보내는 진동에 반응합니다. 따라서 돈과 관련된 당신의 진실한 이야기를 현재 생활 방식에서 나오는 관점이 아니라 당신이 바라는 관점으로 말하기 시작하면 생각하는 방식이 달라지고, 끌어당김의 기준도 달라집니다.

'지금 있는 그대로의 이야기를 끊임없이 반복하지만 않는다면 현재 상태는 앞으로 다가올 상태에 영향을 미치지 않습니다. 삶이 어떤 모습이 되기를 진심으로 원하는지 더 많이 생각하고, 더 많이 말하세요. 그러면 지금 있는 자리를 도약대로 삼아 훨씬 더 높은 곳으로 뛰어오를 수 있습니다. 하지만 현재를 있는 그대로 이야기하면 뛰어올라도 다시 원래 자리로 되돌아올 것입니다.'

다음 질문을 보면서 물 흐르는 대로 자연스럽게 대답을 떠올려보세요. 그다음 돈과 관련된 새로운 이야기가 어떻게 들리는지 몇 가지 예를 읽어보세요. 여기까지 했다면 재정적 그림에 관한 새롭고 발전된 이야기를 말하기 시작하세요. 새로운 이야기를 하면서부터 주변 환경과 사건이 얼마나 빠르고 확실하게 움직이기 시작하는지, 그 새로운 이야기가 어떻게 현실로 나타나는지 지켜보세요.

- 현재 당신의 삶에 원하는 만큼 돈이 있습니까?
- 우주에는 풍요로움이 있습니까?
- 많은 돈을 가질 수 있는 선택지가 있습니까?
- 평생 벌을 돈의 양이 태어나기 전에 이미 정해졌습니까?
- 지금 당신은 생각의 힘을 통해 앞으로 당신 삶에서 흐를 돈의 양을 늘리고 있습니까?
- 당신은 자신의 재정 상태를 바꿀 능력이 있습니까?
- 당신은 자신의 재정 상황을 통제합니까?
- 더 많은 돈을 원합니까?
- 지금 당신이 배운 것을 알게 되면 재정적 풍요가 보장됩니까?

돈에 관한 나의 '오래된' 이야기의 예

'나는 갖고 싶은 게 너무 많아서 그것을 다 살 수가 없어. 예전보다 더 많은 돈을 벌고 있지만 늘 돈에 쪼들리지. 아무래도 나는 성공할 수 없을 것 같아.'

'나는 평생 돈 걱정을 하며 사는 것 같아. 나의 부모님은 열심히 일했지. 하지만 어머니는 끊임없이 돈에 대해 걱정했어. 내가 그 모든 걸 물려받았을 거야. 내가 물려받고 싶었던 건 그런 종류의 유산이 아니야. 이 세상에는 돈 걱정을 할 필요가 없는 부자가 많다는 걸 알고 있어. 하지만 내 주변에는 그런 사람이 없어. 지금 내가 알고 있는 사람들은 모두 내일 일을 걱정하며 하루하루 힘겹게 살아가고 있어.'

이 이야기에서 처음부터 주의를 기울이고 있는 내용은 현재 자신이 원하지 않는 상태에 있다는 점입니다. 그다음에는 자신의 상황을 정당화했습니다. 자신이 지금 겪는 문제를 더 강조하려고 과거를 돌아봤습니다. 이는 분노를 증폭시켰습니다. 그러고 나서 자신의 삶이 많은 것이 결핍된 상태라고 생각했습니다. '부정적인 이야기를 말하기 시작할 때 끌어당김의 법칙에 따라 현재만이 아니라 과거, 심지어 미래에 대한 부정적인 이야기를 끌어당기게 됩니다. 이때 무언가 부족하다는 생각에서 나오는 진동은 달라지지 않습니다. 불평하는 태도로 무언가가 부족한 상황에 초점을 맞추면, 그게 과거이든 현재이든, 미래이든 간에 더 많은 불평을 떠올리게 하는 끌어당김의 기준을 만드는 것입니다.'

새로운 이야기를 말하려고 의도적으로 노력하면 끌어당김의 기준을 바꿀 수 있습니다. 새로운 이야기는 새로운 사고 패턴을 만들어 당신의 과거와 현재, 미래와 관련해 끌어당김의 새로운 기준을 세웁니다. 지금 서 있는 자리에서 긍정적인 면을 찾으려고 노력만 하면 새로운 진동이 생깁니다. 이 새로운 진동은 당신의 감정에 바로 영향을 줄 뿐 아니라 당신을 기쁘게 해주는 생각, 사람, 환경, 사물을 즉시 끌어당기기 시작할 것입니다.

돈에 관한 나의 '새로운' 이야기의 예

'내가 숨 쉬는 공기처럼 돈을 쓸 수 있다는 생각이 마음에 들어. 더 많은 돈을 들이마시고 내뱉는다는 생각이 좋아. 내게로 많은 돈이 흐른다는 걸 상상하니 재미있어. 돈에 관한 내 느낌이 내 삶에 들어오는 돈에 어떻게 영향을 미치는지 알 수 있어. 연습하면 돈이나 다른 것들에 관한 내 태도를 통제할 수 있다는 걸 알게 되어 행복해. 풍요로움에 관한 이야기를 많이 말할수록 기분이 좋아지는 걸 알게 됐어.

나는 내 현실의 창조자이며 내 삶에 흘러들어오는 돈이 내 생각과 직접 연결된다는 걸 알게 됐어. 내 생각을 조정하면 내가 얻는 돈의 양도 조정할 수 있다는 걸 알게 되어 기뻐.

나는 창조 공식을 이해했어. 내가 생각하는 것의 본질을 얻게 된다는 걸 이해했지. 가장 중요한 것으로 내 감정을 통해 내가 풍부한 돈에 초점을 맞추는지 돈의 부족함에 초점을 맞추는지 알 수 있다는 걸 이해했어. 그렇기에 이제 나는 내 생각이 풍요로움과 조화를 이루도록 하겠어. 그러면 돈이 내 삶으로 힘차게 흘러들어올 거라 확신해.

내 주변 사람들은 돈, 부, 소비, 저축, 자선 활동, 기부, 돈을 받는 일, 돈을 버는 일에 대해 매우 다양한 관점을 지니고 있어. 내가 그들의 의견이나 경험을 반드시 이해할 필요가 없다는 사실을 알게 됐지.

내가 그 모든 것을 이해할 필요가 없다는 걸 알게 되니 마음이 편해. 나는 돈에 관한 내 생각을 돈에 대한 내 바람과 조화롭게 만들기만 하면 돼. 기분이 좋아질 때마다 나는 그러한 조화로움을 찾아내지. 이런 것을 알게 되어 매우 좋아.

돈에 관해 가끔 부정적인 감정을 느껴도 괜찮다는 것을 알게 되어 감사한 마음이 들어. 하지만 내 생각을 기분이 좋아지는 방향으로 신속하게 바꾸는 것이 내 목적이야. 생각하면서 기분이 좋아지면 그 생각이 긍정적인 결과를 가져다주는 게 논리적이기 때문이지.

내가 생각을 바꾼다고 돈이 즉시 내 삶에 나타나는 게 아니라는 건 알고 있어. 하지만 기분이 좋아지는 생각을 하려고 의도적으로 노력하면 결과적으로 상황이 꾸준하게 좋아질 거야. 내가 돈과 조화를 이루는 걸 볼 수 있는 첫 번째 증거는 나의 좋은 기분이야. 나의 기분과 분위기, 태도가 더 나아지고, 곧 재정 상태의 실질적 변화가 뒤따르겠지. 나는 그렇게 되리라 확신해.

돈에 대해 내가 어떻게 생각하고 느끼는지에 따라 내 삶에서 벌어지는 일이 달라지지. 끌어당김의 법칙이 내 생각에 항상 정확하게 반응한다는 증거를 볼 수 있어. 그래서 내 생각을 발전시켜 끌어당김의 법칙이 그 생각에 반응하는 더 많은 증거를 간절히 보고 싶어.

더욱 의도적으로 생각할 때 에너지를 강력하게 활용하고 있다는 느낌을 받아. 나는 전부터 이 사실을 어떤 식으로든 알고 있었을 거야. 나의 힘과 가치, 훌륭함에 관한 핵심 믿음을 되새기는 건 기분 좋은 일이야.

나는 매우 풍요롭게 살고 있어. 인생 경험에서 내가 무엇을 바라든 그 모든 것을 이룰 수 있다는 사실을 알게 되어 몹시 기분이 좋아. 내게 한계가 없다는 것을 알게 되어 기뻐.

돈이나 물건이 내 앞에 나타나야 기분이 좋아지는 게 아니라는 걸 깨닫고 놀라운 안도감을 느껴. 기분이 좋을 때 내가 원하는 물건, 경험, 돈이 반드시 내게 온다는 것을 이해하게 됐어.

공기가 내 몸에 쉽게 들어오고 나가는 것처럼 돈도 그렇지. 내 소망은 돈이 흘러들어오게 하고 편안한 생각은 돈이 흘러나가게 해. 돈은 흘러들어오고 흘러나가면서 끊임없이 흐르지. 항상 수월하게 흐르고 있어. 무엇을 원하든 언제 원하든 내가 원하는 대로 흘러들어오고 흘러나가지.'

새로운 이야기를 말하는 것에 좋고 나쁜 방법은 없습니다. 그 이야기는 과거나 현재, 미래에 관한 이야기일 수도 있습니다. 중요한 기준은 의식적인 목적을 갖고 더 기분 좋은 이야기, 더 나아진 버전의 이야기를 말하는 것입니다. 하루를 보내면서 기분 좋은 이야기를 짧게 여러 번 말하면 끌어당김의 기준이 변할 것입니다. 당신이 말하는 이야기가 당신의 삶의 토대라는 사실을 기억하세요. 즉 당신이 이루고 싶어하는 삶의 이야기를 말해야 합니다!

03

건강한 삶
누리기

생각이 몸의 경험을 창조한다

많은 이들에게 '성공'이라는 개념은 돈이나 소유물의 획득과 주로 관련이 있습니다. 그런데 우리는 기쁨을 느끼는 상태를 가장 탁월한 성공이라 설명합니다. 기쁨을 더 크게 만들기 위해 돈이나 소유물이 당연히 도움이 될 수 있습니다. 하지만 지속적인 기쁨을 유지하는 데 가장 중요한 요소는 바로 건강한 신체를 소유하는 것입니다.

살아가면서 당신이 경험하는 모든 일은 당신의 신체를 통해 이루어집니다. 기분이 좋으면 눈앞에 있는 모든 게 좋아 보입니다. 신체의 한 부분이 쇠약해져도 좋은 태도를 유지하는 건 가능합니다. 하지만 좋은 태도를 계속 유지하게 해주는 강력한 토대는 건강한 신체입니다. 건강한 상태는 생각과 태도에 영향을 미치고, 생각과 태도는 끌어당김의 기준에 영향을 미치고, 끌어당김의 기준은 인생에서 벌어지는 일들에 영향을 미칩니다. 따라서 '건강한 신체를 얻는 것보다 더 가치

있는 일은 없습니다.'

건강한 신체가 긍정적인 생각을 일으키고, 긍정적인 생각이 건강한 신체를 이끈다는 점은 매우 흥미롭습니다. 건강 상태가 완벽할 때만 감정이 편안한 건 아니라는 뜻입니다. 다쳤거나 아플 때도 어떻게든 편안함을 찾을 수 있다면 몸 상태가 한층 좋아집니다. 생각이 현실을 창조하기 때문이지요.

불평을 불평하는 일도 불평이다

많은 이들이 젊고 건강하면 긍정적으로 생각할 수 있지만 늙고 병들면 그러기 어렵다고 불평합니다. 하지만 나이나 나빠진 건강 상태 때문에 생각에 제약을 가해서는 안 됩니다. 그러면 상황이 나아지거나 병이 회복되는 데 장애물이 생깁니다.

'사람들은 대부분 생각이 얼마나 강력한 힘을 지녔는지 모릅니다. 불평할 일을 계속 찾으면 건강이 멀어진다는 점도 깨닫지 못합니다. 아픈 몸이나 만성 질환을 불평하기 전에 그들은 이미 다른 많은 일을 불평하고 있었습니다. 그걸 몰랐던 것이지요. 무엇을 불평하든 그건 중요하지 않습니다. 보기만 해도 화가 나는 사람, 나를 배신한 사람, 잘못된 행동을 한다고 느껴지는 사람, 내 몸에 생긴 문제 등등 무엇을 불평해도 불평은 불평입니다. 그리고 불평은 회복을 허락하지 않습니다.'

따라서 건강한 신체를 유지할 방법을 찾든, 회복을 바라든, 방법은 하나입니다. '생각을 기분 좋은 방향으로 조정하는 방법을 배우세요. 그리고 근원과 진동이 조화를 이룰 때 나오는 힘을 발견하세요.'

이 책을 계속 읽으면서 당신은 태어나기 오래전부터 알고 있던 것들을 기억하게 될 것입니다. 그리고 책에서 알려주는 법칙과 방법에 깊이 공감하게 될 것입니다. 그러면서 권한과 힘을 받았다는 느낌을 얻을 것입니다. 건강한 신체를 얻고 싶다면 이것만 하면 됩니다. 기분 좋아지는 생각과 감정, 진정한 소망에 의도적으로 주의를 기울이세요!

나도 건강해질 수 있다

기분이 좋지 않거나 당신이 바라는 방향으로 보지 못하면 그건 당신 인생에서 다른 측면에도 영향을 미칩니다. 이러한 이유로 우리는 신체를 편안하고 건강하게 만드는 일의 가치를 강조하고 싶은 겁니다. 이 우주에서 당신의 신체보다 더 빨리 당신의 생각에 반응하는 건 아무것도 없습니다. 조화로운 생각은 신체에 신속하게 영향을 미쳐 확실한 변화를 가져다줍니다.

신체의 건강은 당신이 확실하게 통제할 수 있는 가장 쉬운 대상입니다. 자신을 스스로 통제하는 일이기 때문입니다. 우리는 몸의 상태라는 렌즈를 통해 세상 모든 것을 해석하기 때문에 신체 균형이 깨지면 신체뿐 아니라 인생 전반에 부정적인 영향이 생길 수 있습니다.

건강해지고 싶고, 기분이 좋아지고 싶다고 가장 확실하게 느낄 때는 바로 몸이 아프고 기분이 나쁠 때입니다. 몸이 아픈 경험은 건강을 요구하게 되는 강력한 방아쇠입니다. 질병으로 인해 건강을 요구하게 되는 그 순간에 건강이라는 생각에 레이저 같은 초점을 맞출 수 있다면 즉시 건강해질 것입니다. 하지만 대부분의 경우 지금 건강이 안 좋으면 거기에 초점을 맞춥니다. '아플 때 현재 상태에 주목하는 건 당연합니다. 그런데 계속 아픈 상태에 주의를 기울이면 아픈 상태만 이어집니다. 병에 걸리게 된 건 건강 악화에 주의를 기울였기 때문이 아닙니다. 당신이 바라는 많은 것이 부족하다는 생각에 주의를 기울였기 때문입니다.'

원하지 않는 상황에 습관적으로 주의를 기울이면 건강에 해롭습니다. '만약 당신이 건강 악화 때문에 고민하는 그 에너지로 건강을 누린다는 생각에 집중할 수 있다면 당신의 건강은 빠르게 회복할 것입니다. 그뿐 아니라 신체적 균형을 유지하는 일도 쉬워질 것입니다.'

설명보다 경험으로

'아무리 완벽한 설명을 들어도 진리를 제대로 이해하긴 힘듭니다. 설명을 듣고 거기에 조화로운 인생 경험이 합해질 때 진리를 비로소 이해할 수 있지요. 이 책의 가르침을 새기며 인생을 살다 보면 언젠가 삶에서 벌어지는 모든 일을 온전히 이해할 수 있을 거라고 우리는 기대합니다. 그러면 당신은 삶의 모든 면에서, 특히 신체와 관련된 면에서 완전한 통제권을 확보하게 될 것입니다.

어쩌면 지금 당신의 신체는 당신이 바라던 상태와 정확하게 일치할지 모릅니다. 만약 그렇다면 지금 그대로의 신체에 계속 초점을 맞추고 당신을 기쁘게 하는 것들에 감사함을 느끼세요. 계속 좋은 상태를 유지할 수 있을 겁니다. 하지만 외모나 체력, 건강 등에 변화를 만들고 싶다면 새로운 이야기를 말해야 합니다. 당신의 신체뿐 아니라 당신을 괴롭히는 모든 문제에 대해 새로운 이야기를 하는 건 아주 중요합니다. 긍정적으로 초점을 맞추기 시작하면 당신이 열정을 느끼는 다양한 주제에 대해 기분이 좋아집니다. 그러면 우주의 힘, 즉 세상을 창조한 힘이 당신을 관통해 흐르는 것을 느끼게 될 겁니다.

'당신의 경험을 창조하는 사람은 오직 당신뿐입니다. 다른 누가 대신 창조해주지 않습니다. 당신 삶에 들어오는 모든 일은 당신의 생각이 끌어당기는 것입니다.'

오랫동안 열정을 다해 초점을 맞출 때 더 강력한 힘을 활용하여 더 위대한 결과를 이루어냅니다. 물론 열정을 느끼지 못하는 생각도 중요하고 그런 생각에도 잠재적인 창의성은 있습니다. 하지만 그런 생각은 당신이 이미 이룬 것을 유지하는 역할만 합니다. 그래서 많은 이들이 강력하지도 않고 강렬한 감정을 수반하지도 않는 생각을 계속하다가 원하지 않는 물리적인 상태를 유지하지요. 다시 말해 그들은 불공정해 보이는 일이나 원하지 않은 일에 관한 이야기를 반복적으로 말합니다. 그렇게 하면서 원하지 않는 상태를 유지합니다. '당신이 초점을 맞추는 모든 일에 대해 더 좋은 이야기를 말하겠다는 단순한 의지만 있다면 당신의 신체적 건강은 놀랍도록 좋아질 것입니다. 하지만 그것을 말로는 가르쳐줄 수 없기에 우리가 제안하는 바는 이렇습니다. 새로운 이야기를 말하려고 노력해보세요. 그리고 무슨 일이 벌어지는지 직접 지켜보세요.

끌어당김의 법칙은 생각을 확장한다

끌어당김의 법칙에 따르면 비슷한 것끼리 서로 끌어당깁니다. 다시 말해 당신의 생각은 어느 순간에라도 그와 비슷한 다른 생각을 끌어당깁니다. 불쾌한 일을 생각하면 어김없이 그 문제와 관련되어 더 불쾌한 생각이 순식간에 떠오릅니다. 그게 전부가 아닙니다. 그 진동과 어울리는 정보를 찾기 위해 과거까지 뒤적이게 됩니다. 끌어당김의 법칙에 따라 부정적인 감정도 함께 커집니다.

그리고 그 불쾌한 일을 다른 사람과 이야기하게 됩니다. 사람들은 자신의 과거까지 뒤적이며 불쾌한 사건을 더 찾아내어 덧붙입니다. '결국 아주 짧은 시간 안에 당신이 오래 간직해온 부정적인 생각을 뒷받침할 충분한 정보를 끌어당기게 되지요'

원하지 않는 것을 알면 자연스럽게 자신이 원하는 바를 뚜렷이 알게 됩니다. 해결책을 찾기 전에 문제를 확인하는 건 잘못된 게 아닙니다.

하지만 많은 이들이 해결책을 찾기보다 문제에 함몰되어갑니다. 문제를 분석하고 설명하면서 문제를 오히려 지속시키는 것이지요.

다시 한번 말하지만 새로운 이야기를 말하는 건 대단히 중요합니다. 문제 지향적인 이야기가 아니라 해결 지향적인 이야기를 하세요. '만약 당신이 병에 걸리고 나서야 긍정적으로 초점을 맞추려 한다면, 건강했을 때 건강에 관한 이야기를 하는 것보다 훨씬 어려울 것입니다. 어쨌든 새로운 이야기는 시간이 흐르면서 새로운 결과를 가져다줍니다. 비슷한 것끼리 서로 끌어당기기 때문입니다. 그러니 당신이 원하는 삶의 이야기를 말하세요. 그러면 마침내 그렇게 살게 될 것입니다.'

이런 걱정을 하는 사람도 있습니다. 이미 병에 걸려서 자신은 그 병에 주의를 기울일 수밖에 없고 그렇게 병에 주의를 기울이면 병이 깊어지니 이제는 건강해질 수 없다고 생각하는 겁니다. 맞는 말입니다. 만약 현재 그대로의 모습에 초점을 맞추는 능력밖에 없다면 그럴 겁니다. 하지만 지금 일어나고 있는 일 말고 다른 상황을 생각할 수 있다면 바꾸는 게 가능합니다. 눈앞의 문제에만 초점을 맞춰서는 변화를 가져올 수 없습니다. 다른 결과를 얻으려면 당신이 원하는 긍정적인 결과에 초점을 맞춰야 합니다.

'끌어당김의 법칙은 당신의 현실이 아니라 당신의 생각에 반응합니다. 생각을 바꿀 때 현실은 반드시 생각대로 됩니다.' 지금 하는 일이 잘 풀리고 있다면 거기에 초점을 맞추세요. 그러면 행복한 상태가 이어질 것입니다. 지금 일어나고 있는 일이 마음에 들지 않는다면 다른 곳으로 반드시 주의를 돌려야 합니다.

당신에겐 당신 자신, 당신의 신체, 당신에게 중요한 것에 관해 더 나은 쪽으로 초점을 맞출 능력이 있습니다. 앞으로 있을 일을 상상하고 예전에 있었던 일을 기억할 능력도 있습니다. 기분이 좋아지는 것을 찾아 의도적으로 그것을 말하고 생각할 때 사고 패턴이 신속하게 바뀝니다. 그러면 진동을 바꾸고, 마침내 당신의 인생도 바꾸게 될 것입니다.

15분 동안 의도적으로 건강하기

발가락이 고통스럽게 욱신거리면 건강한 발을 상상하기 쉽지 않습니다. 하지만 욱신거리는 발가락에서 주의를 다른 데로 돌리기 위해 할 수 있는 모든 일을 하는 것은 대단히 중요합니다. 사실 신체적으로 극심한 고통을 느낄 때는 건강을 상상하기 힘듭니다. 기분이 가장 좋을 때가 그런 상상을 할 수 있는 최적의 시간입니다. 오전에 몸 상태가 가장 좋다면 그 시간을 선택해 새로운 이야기를 상상해보세요. 따뜻한 욕조에 한동안 몸을 담근 후에 기분이 가장 좋아진다면 그 시간을 선택해 상상하세요.

딱 15분 정도만 투자하세요. 먼저 방해받지 않는 조용한 장소를 찾으세요. 두 눈을 감고 최대한 현재 상황을 인식하지 마세요. 그리고 자신이 신체적으로 건강한 상태에 있다고 상상하세요. 활기차게 걷는 모습, 깊이 숨을 들이마시며 공기의 신선함을 느끼는 모습을 상상하세요. 낮은 언덕을 가볍게 걸어가는 모습을 상상하고, 활력 넘치는 신체에 감사해 하며 미소를 지으세요. 몸을 구부렸다 폈다 하며 유연성을 즐기는 모습을 상상하세요.

건강한 신체를 즐기겠다는 단 하나의 목표만 가지고 시간을 내어 즐거운 시나리오를 상상하세요. 상상 속에서 신체의 건강함, 체력, 유연성, 아름다움에 감사하는 마음을 나타내세요. '어떤 병을 고치겠다고 생각하기보다 기쁨을 생생하게 상상할 때 당신의 생각은 부정적인 요소는 조금도 없는 순수함으로 더욱 강력해집니다. 하지만 병을 극복하겠다고 상상하면 당신의 생각은 결핍이라는 측면으로 무게 중심이 옮겨져 힘이 약해집니다.'

때때로 사람들은 자신이 오랫동안 품어온 소망이 있지만 실현되지 않았다고 말합니다. 그들은 끌어당김의 법칙이 자신에게는 적용되지 않는다고 주장합니다. 하지만 그것은 마음 깊숙한 곳에 자신이 바라는 것이 부족하다는 강렬한 인식이 있는 상태에서 더 나은 상황을 요구해왔기 때문입니다. 당신이 몹시 원하는 삶에 초점을 맞추기 위해 생각의 방향을 조정하려면 시간이 걸립니다. 하지만 계속 연습하다 보면 원하는 것에 초점을 맞추는 일이 아주 자연스러워질 겁니다. 마침내 새로운 이야기를 하기가 쉬워지지요.

'시간을 내어 당신의 신체에 대해 긍정적으로 상상해보세요. 그러면 기분 좋은 생각이 당신의 정신에서 지배적인 생각이 될 것입니다. 그리고 당신의 신체는 틀림없이 그러한 생각을 순순히 따라갑니다. 하지만 지금 존재하는 모습 그대로에 초점을 맞춘다면 변하는 건 아무것도 없을 것입니다.'

새로운 이야기를 상상하고, 그 이미지를 머릿속에 생생하게 그리고, 말로 표현하세요. 그러면 시간이 흐르면서 당신은 새로운 이야기를 믿게 됩니다. 그러한 믿음이 생길 때 상상이 현실이 되는 증거가 당신 삶에 빠르게 흘러들어옵니다. 믿음은 당신이 지속적으로 하는 생각입니다. 믿음과 소망이 조화로워지면 그 소망은 반드시 현실이 됩니다.

'당신의 현재 건강 상태와 당신이 바라는 건강 상태의 일치를 방해하는 유일한 장애물은 당신의 생각입니다. 몸이 얼마나 쇠약하든, 몸 상태가 어떻든 더 나은 건강을 얻을 수 있습니다. 당신의 사고 패턴에 가장 빠르게 반응하는 것은 바로 당신의 몸입니다.'

나는 구속받지 않는다

'잠시만 노력해서 올바른 방향에 초점을 맞추면 당신은 놀라운 결과를 얻게 됩니다. 그리고 곧 당신은 초점을 맞추고 진동의 조화를 수 있다는 사실을 기억하게 될 것입니다.'

당신은 비물리적인 관점으로 존재하다가 물리적인 몸을 입고 물질 세계로 왔습니다. 당신이 이곳에 온 목적은 매우 분명했습니다. 이곳에 오기 전에 어떤 경험을 하겠다고 구체적으로 정하지는 않았지만, 인생 경험을 창조하면서 활력 있는 신체를 갖겠다는 의도를 분명히 밝혔습니다. 당신은 이곳에 존재하는 것에 엄청난 열정을 느꼈습니다.

작은 아기의 몸으로 처음 이곳에 도착했을 때 당신은 물질세계보다 내면세계에 더 익숙했습니다. 행복과 힘의 감각이 매우 강했습니다. 하지만 시간이 흐르고 물질세계에 더 집중하면서 당신은 행복과의 연결고리가 끊어진 다른 사람들을 관찰하기 시작했습니다. 그러면서 행복에 대한 당신의 감각도 서서히 약해져 갔지요.

물질세계에 태어나도 당신의 진정한 모습에, 그리고 완벽한 행복에 계속 연결되어 있을 수 있습니다. 하지만 이 시공간에 초점을 맞추게 되면서 그러한 연결이 끊어지지요. 행복에 대한 자각이 희미해지는 주된 이유는 주변 사람들이 그들을 기쁘게 하는 방법을 찾으라고 요란하게 요구하기 때문입니다. '비록 선의를 가졌지만, 부모님이나 선생님은 당신이 스스로 만족스러운 길을 찾기보다는 그들을 기쁘게 할 방법을 찾게 만드는 데 더 관심이 있습니다. 그렇게 사회화되는 과정에서 거의 모든 사람이 자신의 길을 잃고 맙니다. 주변 사람들이 안내 시스템에서 벗어나라고 어르기도 하고 협박하기도 하기 때문입니다.'

대부분의 사회가 행동을 최우선순위로 삼으라고 요구합니다. 진동과 조화를 이루라거나 내면세계와 연결성을 생각하라고 장려하는 경우는 거의 없습니다. 결국, 우리는 주변 사람들의 인정을 받고 싶어서 또는 거부당하고 싶지 않아서 그들의 요구대로 행동하게 됩니다. 그렇게 구경꾼들이 좋아하는 행동을 하는 데 초점을 잘못 맞춘 나머지 진동과의 조화를 잃고 맙니다. 그리고 삶에서의 찬란한 경험이 줄어듭니다.

놀라운 다양성이 펼쳐지는 이 물질세계에 태어나는 것은 당신이 간절히 바라던 일이었습니다. 물질세계에는 당신이 원하는 일과 원하지 않는 일이 존재합니다. 그런 상황에서 경험을 쌓아가는 게 얼마나 가치 있는 일인지 당신은 잘 알고 있었습니다. 다양한 선택지를 활용하면서 당신이 무엇을 선호하는지 경험을 통해 이해할 것을 알았습니다.

원하지 않는 것을 알게 될 때마다 자신이 무엇을 원하는지 더욱 분명히 이해할 수 있습니다. 많은 이들이 자신이 원하지 않는 것을 확인하는 첫 단계를 거칩니다. 그다음 단계는 원하는 것으로 주의를 돌려 그것과 진동의 조화를 이루는 일입니다. 하지만 사람들은 이 단계를 밟지 않습니다. 그 대신 원하지 않는 것을 계속 말합니다. 그러면 태어나면서 갖고 있던 생명력이 시들고 맙니다.

나에겐 충분한 시간이 있다

생각이 지닌 힘을 이해하지 못한다면, 그래서 시간을 내어 생각을 조정해 그 힘을 활용하지 못한다면, 당신은 자신이 가진 힘에서 멀어진 채 행동만 가지고 무언가를 창조하려고 하게 됩니다. 그러면 많은 것을 이루지 못하지요. 열심히 했는데도 그 일을 이루지 못하면 쉽게 좌절하게 됩니다. 어떤 사람은 살 날이 얼마 남지 않은 탓에 자신이 꿈꿔온 모습이 될 수 없고, 원하는 행동을 할 수 없고, 갖고 싶던 것을 가질 수 없다고 느낍니다. 하지만 당신이 시간을 내어 세상을 창조하는 에너지와 의도적으로 조화를 이루면 강력한 생각의 힘을 활용해 전에는 불가능해 보였던 일을 신속하게 이룰 방법을 찾게 됩니다.

'필요한 조화를 이루면 당신은 무엇이든 될 수 있고, 할 수 있고, 가질 수 있습니다. 그렇게 되면 당신이 진동과 조화를 이룬 증거를 삶에서 보게 될 것입니다.' 원하는 일이 실제로 나타나기 전이라도 기분이 좋아집니다. 이것이 당신이 진동과 조화를 이루었다는 증거입니다. 이를 이해한다면 꾸준하게 당신의 길을 갈 수 있습니다. 그러면 바라는 일이 당신에게 올 것입니다. '비슷한 것은 서로 끌어당깁니다. 당신이 어떤 존재든, 어떤 감정을 느끼든, 당신의 생각과 비슷한 것을 더 많이 끌어당기고 있습니다.'

무언가를 원하고 바라는 건 항상 기분 좋은 일입니다. 그것을 이룰 수 있다고 믿을 때 그렇습니다. 하지만 그러한 소망에 의심이 숨어있으면 매우 기분이 안 좋습니다. 무언가를 원하면서 그것을 이룰 수 있다고 믿는 것은 진동과 조화로운 상태입니다. 반면에 무언가를 원하는데 그것을 이룰 수 있을지 의심하면 진동과 조화롭지 못한 상태입니다. 이 점을 당신이 이해하면 좋겠습니다.

원하면서 믿으면 진동과 조화를 이룹니다.

원하면서 기대하면 진동과 조화를 이룹니다.

원하지 않는 것을 기대하면 진동과 조화를 이루지 못합니다.

진동과 조화로운지 그렇지 않은지 당신은 느낄 수 있습니다.

어째서 완벽한 몸 상태를 원하는가?

이상하게 들릴지도 모르지만, 우리는 당신의 물리적인 몸을 말할 때마다 당신의 비물리적 뿌리를 말할 수밖에 없습니다. 또 그 뿌리와 당신의 영원한 연결성도 빼놓을 수 없습니다. 왜냐하면, 물리적인 몸을 가진 당신은 내면 존재가 확장된 모습이기 때문입니다. 간단하게 말해보겠습니다. 건강과 행복을 최대한 누리는 상태에 있으려면 당신의 내면 존재와 진동이 조화로워야 합니다. 그리고 이를 위해서는 당신의 감정이나 느낌을 자각해야 합니다.

신체적으로 건강한 상태는 진동의 조화와 직접적인 연관이 있습니다. 당신의 모든 생각은 내면 존재와의 연결성에 긍정적으로든 부정적으로든 영향을 줍니다. 감정을 예리하게 자각하고, 기분 좋은 주제로 생각의 방향을 돌리겠다고 결심하지 않으면 건강한 신체를 유지하는 게 불가능합니다.

'기분이 좋은 상태가 자연스러운 상태라는 걸 기억하고 당신이 생각하고 있는 일들에서 긍정적인 면을 찾으려고 노력하세요. 그러면 당신의 생각을 훈련해 내면 존재의 생각과 일치시킬 수 있습니다. 이는

당신의 신체에 엄청난 유익을 줍니다. 습관적으로 기분 좋은 생각을 하면 점점 더 건강해집니다.'

물론 감정의 폭은 상당히 넓습니다. 아주 기분이 나쁜 상태도 있고 매우 기분이 좋은 상태도 있습니다. 하지만 특정한 순간에 당신이 어디에 초점을 맞추든 실제로 선택할 수 있는 감정은 단 두 가지입니다. 기분이 더 좋아지는 감정, 아니면 기분이 더 나빠지는 감정. 이 중 하나만 선택할 수 있습니다. 정확히 말하면 이 세상에는 단 두 종류의 감정만 존재합니다. 둘 중 기분 좋은 감정을 의도적으로 선택할 때 안내 시스템을 효과적으로 활용할 수 있습니다. 그러면 당신의 진동 주파수를 내면 존재의 주파수에 정확히 맞출 수 있습니다. 그렇게 진동을 일치시키면 더욱 건강해질 것입니다.

영원한 내면 존재

내면 존재는 당신의 근원이며, 살면서 경험하는 수천 가지의 경험을 통해 계속 성장합니다. 당신 안에 있는 근원은 경험을 하나하나 분류하면서 그 안에서 가장 좋은 감정을 선택합니다. 이는 내면 존재가 사랑과 기쁨, 좋은 것에 영원히 자신을 맞춘다는 의미입니다. 다른 사람이나 자신에게서 잘못을 찾지 않고 그 존재들을 사랑하기로 할 때 기분이 좋아지는 것도 그래서입니다. 좋은 기분은 당신이 근원과 조화를 이룬다는 증거입니다. 근원과 조화롭지 않은 생각을 하면 두려움이나 분노, 질투 등의 감정이 생깁니다. 이러한 감정은 당신이 근원의 진동과 멀어져 있다는 신호입니다.

근원이 당신에게서 멀어지는 법은 없습니다. 근원은 행복의 진동을 꾸준히 발산합니다. 그런데 당신이 부정적인 감정을 느끼면 근원의 진동과 조화로워지기 어렵습니다. 행복의 흐름에 올라타는 데에도 장애물이 생깁니다. 기분 좋은 상태에서 당신의 몸, 삶, 일, 사람에 관한 이야기를 하면 당신에게 끊임없이 흐르고 있는 행복의 흐름과 꾸준하게 연결됩니다. 그리고 당신이 바라는 일에 초점을 맞추면서 긍정적인 감정을 느끼면 세상을 창조한 힘이 당신이 주의를 기울이는 대상을 향해 흘러가게 됩니다.

트라우마를 겪을 때

질문: 트라우마는 질병이 생기는 것과 똑같은 방식으로 생깁니까? 트라우마도 생각으로 극복할 수 있습니까? 오랫동안 해온 생각이 트라우마로 이어지는 게 아니라 순간적인 사건 때문에 무언가가 파손되는 것처럼 트라우마가 생기는 겁니까?

대답: 트라우마가 갑작스러운 사고로 생겼든 아니면 암과 같은 질병으로 생겼든 당신의 생각을 통해 지금의 상황을 만든 겁니다. 그리고 트라우마에서 벗어나는 것도 당신의 생각을 통해 가능합니다.

편안한 생각을 습관적으로 하면 건강이 증진됩니다. 하지만 스트레스, 분노, 증오, 두려움을 습관적으로 생각하면 질병이 생깁니다. 그러면 넘어져서 뼈가 부러지는 것처럼 갑자기 나타나든 암처럼 서서히 나타나든 문제는 생기게 되어 있습니다. 당신의 삶은 어김없이 당신이 주로 하는 생각과 일치합니다.

뼈가 부러지든, 아니면 질병을 얻든, 건강이 쇠약해지는 경험을 하고 있으면 내면 존재의 생각과 일치하는 기분 좋은 생각을 단번에 찾아내기가 힘들어집니다. 그러니까 사고나 질병이 생기기 전에 조화로운 생각을 하고 있지 않았다면 불안이나 고통, 심각한 진단이 눈앞에 있는 지금, 그러한 생각을 갑자기 찾아낼 수 없다는 말입니다.

'건강이 나쁜 상태에서 건강해지는 것보다는 어느 정도 보통의 몸상태에서 건강해지는 게 훨씬 쉽습니다. 당신이 지금 어떻든 원하는 상태에 이를 수 있습니다. 원하지 않는 것에서 다른 곳으로 주의를 돌려 더 큰 기쁨을 주는 것에 초점을 맞추세요.'

때로는 의사의 심각한 진단이나 트라우마가 기분이 좋아지는 일에 주의를 집중하게 만드는 강력한 기폭제 역할을 하기도 합니다. 실제로 '의도적인 창조' 수업에서 가장 뛰어난 학생들은 의사에게 시한부 선고를 받은 사람들이었습니다. 그들은 치료할 수 있는 게 아무것도 없다는 소리를 들었습니다. 다른 선택지가 없기에 그들은 의도적으로 자기 생각에 초점을 맞추지요.

행동과 관련된 다른 선택지가 다 사라져야 비로소 자신에게 도움이 되는 생각을 하게 된다는 게 우리로서는 흥미롭습니다. 하지만 사람들이 행동 지향적인 세계에 순응하며 살아왔으니 그럴 수 있다고 생각합니다. 많은 이들에겐 행동이 첫 번째 선택지가 되는 것 같습니다. '당신에게 행동하지 말라고 하는 게 아닙니다. 다만 기분 좋아지는 생각을 먼저 찾으라고 촉구하는 겁니다. 그런 다음 영감을 얻어 행동하세요.'

선천적 질병과 진동

질문: 태어날 때부터 지녔던 선천적 질병도 생각으로 극복할 수 있나요?

대답: 그렇습니다. 당신이 지금 어떤 상황에 있든 원하는 상황에 이를 수 있습니다. 당신의 현재가 다가올 미래를 위한 도약대라는 점을 이해하면 지금 아무리 마음에 안 드는 상황에 있더라도 만족스러운 상황으로 빠르게 이동할 수 있습니다.

'인생 경험을 통해 당신이 어떤 소망을 갖게 되었다면 그 소망을 이룰 수단도 당신에게 있습니다. 하지만 지금 상황이 아니라 원하는 상황에 초점을 맞춰야 합니다. 그렇게 하지 않으면 소망을 향해 나아갈 수 없습니다. 믿지 않는 것을 창조할 수는 없는 노릇입니다.'

질병이 생기는 이유

질문: 내가 어렸을 때 많은 사람이 결핵이나 소아마비 같은 심각한 병에 걸렸습니다. 하지만 지금은 그런 병에 걸렸다는 소리를 거의 듣지 못합니다. 그렇다고 질병이 없는 것도 아닙니다. 지금은 심장 질환이나 암 같은 질병이 많습니다. 과거에는 거의 없던 질병입니다. 예전에는 매독이나 임질이 뉴스에 계속 등장했습니다. 지금은 그런 병에 대한 소식은 거의 듣지 못하고 대신 에이즈와 대상포진 같은 병이 뉴스를 장식합니다. 어째서 끊임없이 새로운 질병이 등장하는 겁니까? 치료법은 계속 생기는데 어째서 질병에서 완전히 벗어나지 못하는 겁니까?

대답: 결핍에 주의를 기울이기 때문입니다. 무력하고 취약하다고 느끼면 더 큰 무력감과 취약함이 생깁니다. 질병을 정복하는 데 초점을 맞추면 질병에 주의를 기울일 수밖에 없습니다. 다음의 내용을 이해하는 게 매우 중요합니다. 질병의 치료법을 찾으면 설령 찾아내더라도 그 효과는 짧습니다. 장기적으로는 효과적이지 않습니다. 당신이 말한 대로 새로운 질병이 끊임없이 생기기 때문입니다. 따라서 '치료법을 찾기보다 질병의 진동 원인을 찾고 이해하기 시작해야 합니다. 그러면 많은 질병을 사라지게 할 수 있습니다. 편안한 감정을 의도적으로 느끼고 그에 따른 진동의 조화를 이룰 때 질병으로부터 자유로워질 수 있습니다.'

사람들은 대부분 현재 누리는 건강을 감사하는 데 거의 시간을 내지 않습니다. 병에 걸리고 나서야 회복과 건강에 주의를 돌립니다. 기분 좋은 생각은 신체를 건강하게 하고 그 건강을 유지하게 해줍니다. 당신은 매우 바쁜 나날을 보내고 있으며 긴장할 일도 많고 걱정할 일도 많습니다. 자연히 진동의 조화에서 벗어나게 되지요. 그 결과가 병입니다. 질병에 초점을 맞추면 계속 건강이 나빠질 뿐입니다. 하지만 언제라도 그 상태를 깰 수 있습니다. 당신이 아는 모든 사람이 이 사실을 깨달을 때까지 기다릴 필요는 없습니다. 당장이라도 당신은 놀라운 건강을 얻을 수 있습니다. '당신의 자연스러운 상태는 건강한 상태입니다.'

스스로 치유되는 몸

질문: 어렸을 때 나는 내 몸이 빠르게 치유되는 걸 알게 됐습니다. 몸이 베이거나 긁혀도 상처가 바로 낫는 걸 목격할 수 있었습니다. 5분 안에 회복이 시작되는 걸 볼 수 있었습니다. 그리고 금방 상처가 깨끗이 아물었습니다.

대답: 당신의 몸을 이루는 세포들은 지능을 갖고 있습니다. 세포들은 언제나 스스로 균형을 찾아갑니다. 당신의 기분이 좋으면 좋을수록 세포는 쉽게 균형을 찾아갑니다. 하지만 괴로운 일에 초점을 맞추

면 세포들이 균형을 찾는 과정을 방해하게 됩니다. 어떤 병에 걸렸다는 진단을 받고 그 병에 주의를 기울이면 세포가 균형을 찾아가는 과정은 더 심한 방해를 받습니다.

우리 몸을 구성하는 세포는 균형을 이루기 위해서 어떻게 해야 하는지 알고 있습니다. 그래서 당신이 기분 좋은 생각에 초점을 맞추는 방법을 찾으면 세포가 하는 일에 부정적으로 개입하는 일을 중단하게 됩니다. 그러면서 몸이 회복되지요. 모든 질병은 진동의 불화 또는 저항으로 생깁니다. 예외는 없습니다. 사람들은 대부분 자신이 병에 걸리기 전에 진동과 조화롭지 않은 생각을 했다는 사실을 알지 못합니다. 그리고 기분 좋아지는 생각을 연습하기 위한 노력도 거의 하지 않지요. 그래서 병에 걸리고 나면 순수하고 긍정적인 생각을 찾기가 대단히 어렵습니다.

생각이 건강을 방해하는 저항을 만들어낸다는 사실을 이해해야 합니다. 그리고 더욱 긍정적인 방향으로 생각의 방향을 돌려야 합니다. 그러면 매우 빠르게 회복될 수 있습니다. 무슨 질병이든, 병이 얼마나 진행되었든 당신이 해야 할 질문은 이렇습니다. '나의 몸 상태와 상관없이 생각을 긍정적인 방향으로 돌릴 수 있을까?'

대개 이 지점에서 이런 질문이 생깁니다. "태어나면서부터 아픈 아이들은요?" 아이가 아직 말을 못 한다고 해서 생각도 하지 않고 진동도 내보내지 않는다고 추정해서는 안 됩니다. 아무리 아이라도 어머니의 자궁에 있을 때 또는 태어날 때 얻는 건강과 질병에 엄청난 영향력을 행사할 수 있습니다.

건강을 유지하려면

질문: 내 몸의 치유 과정을 확실히 보았기 때문에 나는 내 몸이 치유될 것을 기대할 수 있습니다. 하지만 어떻게 해야 몸의 모든 곳이 치유될 거라는 사실을 알 수 있습니까? 사람들은 보이지 않는 곳에 대해 몹시 걱정하는 것 같습니다. 몸 안에 있는 보이지 않는 장기들이 상하지는 않았을까 하는 두려움을 갖는 겁니다.

대답: 당신의 생각이 이뤄낸 결과를 명확하고 분명한 방식으로 보는 건 놀라운 일입니다. 상처나 질병은 조화롭지 않은 생각의 증거이고 치유나 건강은 조화로운 생각의 증거입니다. '건강에 관한 생각은 질병에 관한 생각보다 훨씬 더 강력합니다. 그래서 부정적인 생각을 조금 하더라도 대부분 건강을 유지하는 것입니다.'

상처가 치유될 것이라는 기대를 했다면 그러한 기대는 치유 과정에 놀라운 도움이 됩니다. 하지만 병의 원인을 모른다고 해서 의료 장비를 사용해 병의 원인을 밝히려는 의사에게 의존한다면 당신은 무력감과 두려움을 느끼기 쉽습니다. 그러면 치료가 더딜 뿐 아니라 병을 더 크게 키웁니다. 많은 이들이 몸에서 보이지 않는 부분과 관련해서는 자신이 할 수 있는 게 없다고 느낍니다. 스스로 취약하다는 느낌은 병을 영속시키는 매우 강력한 기폭제입니다.

사람들은 대부분 아프면 병원에 가서 무엇이 잘못됐는지 묻습니다. 잘못된 것을 찾으면 그것을 발견하게 됩니다. '끌어당김의 법칙이 주장하는 게 바로 그것입니다. 당신의 몸에서 잘못된 것을 계속 찾으면 결국 당신의 몸은 잘못된 것이 있다는 증거를 내놓습니다. 잘못된 것이 당신의 몸에 도사리고 있었고 당신이 오랫동안 조사하다가 그것을 발견하게 된 게 아닙니다. 반복적인 생각이 결국 그 생각과 일치한 것을 만들어낸 것입니다.'

병원에 가야겠다는 생각이 들 때

우리의 관점에 이의를 제기하는 사람이 많습니다. 그들은 우리가 무책임하다고 주장합니다. 정기적인 건강 검진을 해야 몸에 생긴 문제를 확인하고 나빠질 수 있는 상황에 대비할 수 있는데 우리가 그걸 권장하지 않으니 말입니다. 만약 우리가 당신의 생각이 얼마나 강력한지 몰랐다면 "병원에 가는 게 안심된다면 얼마든지 가세요."라고 말했을 겁니다.

솔직히 무언가 잘못됐다고 생각해서 이것저것 검사를 했는데 문제가 없다는 걸 알게 되면 기분이 좋습니다. 하지만 대개의 경우 잘못된 것을 반복적으로 찾으면 시간이 흐르면서 그것을 만들어내게 됩니다. 아주 간단합니다. 약을 먹는 게 나쁘다거나 의사의 진료가 전혀 도움이 안 된다고 말하는 게 아닙니다. 약이나 의사, 병원은 대개 그 자체로는 좋다 나쁘다 할 수 없습니다. 약, 의사, 병원의 가치는 당신의 진동이 그러한 것을 얼마나 허용하는지에 따라 달라집니다.

'우리가 촉구하는 바는 이것입니다. 감정적 균형에 주의를 기울이세요. 최대한 기분이 좋아지는 생각을 찾으려고 의도적으로 노력하세요. 그리고 그 생각이 습관이 될 때까지 연습하세요. 그렇게 할 때 진동의 조화를 이루게 될 것입니다. 그다음 어떤 행동을 하고 싶다는 영감이 떠오르면 그 행동을 하세요.' 의사를 찾아가든 무엇을 하든 기쁨이나 사랑, 좋은 기분이 수반된 상태에서 하면 그 행동은 매우 유익합니다. 하지만 두려움이나 취약함이 동기가 되거나 기분이 나쁜 상태에서 행동하면 그 행동은 아무런 가치가 없습니다.

다른 모든 것과 마찬가지로 신체적 건강도 당신의 고수하는 믿음에 큰 영향을 받습니다. 일반적으로 젊을 때는 건강에 대한 믿음이 강합니다. 하지만 나이가 들면서 많은 사람은 자신 주변의 나이 든 사람을 관찰하면서 그들에게 있는 쇠약함을 그대로 따라갑니다. 그들이 관찰한 게 틀린 건 아닙니다. '흔히 나이 든 사람은 질병에 더 많이 걸리고 기력이 떨어지기 때문입니다. 하지만 나이가 들면서 쇠약해지는 이유는 그들의 신체가 시간이 흐르면서 약해지게 프로그램되어서가 아닙니다. 그들이 사는 날이 길어지면서 긴장하고 걱정할 일이 많아지기 때문입니다. 긴장과 걱정은 행복의 자연스러운 흐름을 막습니다. 질병은 그러한 저항 때문에 생기지 나이가 들어서 생기는 게 아닙니다.'

사자에게 물려도 희열을 느낄까?

질문: 리빙스턴 박사라는 유명한 사람의 이야기를 들었습니다. 아프리카에서 그는 사자의 이빨에 물려 끌려갔다고 합니다. 그런데 그는 희열에 휩싸였고 아무런 고통을 느끼지 않았다고 말했습니다. 나는 포식자에게 잡힌 동물이 고통스럽게 저항하지 않고 축 늘어져 있는 광경을 본 적이 있습니다. 다 포기하고 더는 몸부림치지 않는 것 같았습니다. 하지만 내가 궁금한 건 고통을 느끼지 못했다는 그의 말입니다. 그가 말한 희열이 정신적 상태입니까, 신체적 상태입니까? 그런 희열은 잡아먹히거나 죽임을 당하기 직전 같은 극한의 상황에서만 생기는 겁니까? 아니면 고통스러운 상황에서 고통을 느끼지 않기 위해 누구나 꺼내 쓸 수 있는 감정입니까?

대답: 일단 이렇게 이야기하겠습니다. 당신의 고차원, 즉 내면 존재에서 나오는 정신과 육체를 정확하게 분리하는 건 불가능합니다. 즉 당신은 물리적인 것에 초점을 맞추는 존재이자 생각을 하는 정신적 존재입니다. 하지만 내면에서 나오는 생명력이나 에너지는 광범위한 관점에서 나옵니다. 벗어날 수 없을 것 같은 상황에서, 이를테면 사자(곧 승자가 될 존재)에게 물린 상황에서, 당신의 내면 존재가 개입해 에너지를 흐르게 합니다. 그러한 에너지가 일종의 희열을 느끼게 합니다.

그렇게 극한의 상황이 올 때까지 기다려야 근원에서 나오는 행복의 흐름에 올라탈 수 있는 건 아닙니다. 하지만 안타깝게도 대다수의 사람은 다른 선택지가 없어져야 그런 상황을 허락합니다. 다 포기한 것 같다는 당신의 표현은 정확합니다. 그럴 때 행복의 흐름이 힘차게 흐를 수 있습니다. 하지만 포식자에게 물린 상태에서 실제로 포기하는 건 몸부림치는 저항임을 이해하길 바랍니다. 물리적인 몸으로 계속 살려는 소망을 포기하지는 않습니다. 이 모든 걸 고려해서 구체적인 상황을 판단해야 합니다. 삶의 열정이나 의지가 없는 사람은 사자에게 물렸을 때 다른 결과를 맞게 될 수 있습니다. 그런 사람은 사자에게 잡아먹혀 죽임을 당할 수 있습니다. '당신이 하는 모든 경험은 당신의 소망과 믿음 사이에서 생각이 어떻게 균형을 이루는지에 따라 달라집니다.'

'허용'의 상태는 사자의 공격을 받았을 때가 아니라 평범한 일상에서 훈련해야 합니다. 하지만 극한 상황에 처하더라도 강력한 의지가 있다면 좋은 결과를 얻을 수 있습니다. 기분 좋은 생각을 계속하는 것, 이 연습이야말로 고통에서 벗어나는 길입니다. 고통은 저항이 존재한다는 강력한 신호일 뿐입니다. 처음에 부정적인 감정이 생기면 거기에 더 부정적인 감정이 더해집니다. 그다음 더더욱 부정적인 감정이 생깁니다. 부정적인 감정이 쌓여(이러한 감정을 쌓는 일에는 당신에게 엄청난 재량권이 있습니다) 마침내 고통이 생깁니다.

물리적인 몸을 가진 모든 이에게 전합니다. 부정적인 감정이 있다면 그 감정은 저항을 알려주는 신호입니다. 이를 깨닫지 못해 생각을 바로잡기 위한 일을 하지 않는다면 끌어당김의 법칙에 따라 저항은 더 강력한 저항으로 자랍니다. 기분이 좋아지는 생각을 하기 위해 노력하지 않는다면 저항은 계속 강력해져서 마침내 고통과 질병을 경험하게 되며, 저항의 신호들이 계속 나타날 것입니다.

고통과 초점의 관계

질문: 좋습니다. 당신은 우리가 스스로를 치유하려면 문제에서 벗어나 원하는 것을 생각해야 한다고 말했습니다. 하지만 고통스러운 상황에 있을 때 그 고통을 느끼지 않는 방법은 무엇입니까? 어떻게 하면 고통에서 다른 데로 주의를 돌려 원하는 것에 집중할 수 있을까요?

대답: 사실 '욱신거리는 발가락'에서 주의를 돌리는 건 매우 어렵습니다. 사람들은 대부분 원하지 않는 삶을 살게 되기 전에는 자신이 원하는 것을 명확하게 생각하지 않습니다. 그들은 하루를 그럭저럭 보내며 여기저기서 실수를 합니다. 그리고 의도적인 생각을 하지 않습니다. 생각의 힘이 얼마나 강력한지 이해하지 못하기 때문에 의도적인 생각을 하지 않는 것입니다. 그러다가 원하지 않는 상황을 만나게 됩니다. 원하지 않는 상황에 부딪히면 전력을 다해 그 상황에 맞서며 그곳에서 벗어나는 데 집중합니다. 그러면 끌어당김의 법칙에 따라 상황은 더욱 나빠질 뿐입니다. 이렇게 해보길 권합니다. 강렬한 고통을 느끼지 않는 시간을 단 몇 분이라도 찾으세요. 그때 행복과 건강에

초점을 맞추세요.

지금 일어나고 있는 일과 그 일에 대한 감정적 반응을 분리하는 방법을 찾아야 합니다. 몸에 고통이 있는 상태라면 두려움을 느낄 수 있습니다. 하지만 그 상태에서 희망을 느낄 수도 있습니다. 당신의 태도나 생각이 고통의 명령을 받아서는 안 됩니다. 고통이 있더라도 고통 말고 다른 걸 생각하는 게 가능합니다. 그렇게 할 수 있다면 시간이 흐르면서 고통은 가라앉을 것입니다. 하지만 고통이 생겨서 거기에 온 신경을 쓰면 당신이 원하지 않는 고통을 지속시킬 뿐입니다.

여러 가지 일들에 부정적으로 초점을 맞춰 고통을 느끼는 사람이라면 긍정적인 생각에 초점을 맞춰야 합니다. 당신도 알다시피 습관적으로 하는 부정적인 생각이 질병을 가져옵니다. 하지만 건강을 얻기 위해 긍정적인 생각으로 갑자기 방향을 돌리는 것은 쉽게 할 수 있는 게 아닙니다. 이미 긍정적인 생각과 다툼을 벌이는 고통이나 질병이 생겼기 때문입니다. '예방이 치료보다 훨씬 더 쉽습니다. 하지만 어떤 경우든 기분이 더 좋아지는 생각, 즉 더욱더 편안한 생각이 핵심입니다.'

극심한 고통이 있는 상황이라도 고통이 더 심할 때가 있고 좀 줄어들 때가 있습니다. 고통을 느끼는 상황이라도 그나마 기분이 좋은 시간을 선택해 긍정적인 면을 찾고 기분이 더 좋아지는 생각을 하세요. 더욱 편안한 느낌을 주는 생각을 하게 되면서 긍정적인 생각으로 무게 중심이 옮겨져 마침내 건강을 회복할 것입니다. 언제든, 예외 없이 그렇게 될 것입니다.

건강함은 자연스러운 상태

당신이라는 존재의 핵심은 건강과 행복입니다. 그런데 만약 그러한 것을 누리지 못한다면 진동에 저항이 있는 것입니다. 저항은 원하는 것이 부족한 상황에 초점을 맞출 때 생깁니다. 허용은 원하는 것에 초점을 맞출 때 생기지요. 근원의 관점과 어울리지 않는 생각을 할 때 저항이 생기며 근원의 관점과 조화로운 생각을 할 때 허용이 생깁니다.

'당신에게 자연스러운 상태는 건강한 상태입니다. 완전한 건강과 완벽한 신체 상태는 당신에게 당연한 것입니다. 그런데 그러한 건강을 누리지 못한다면 그 이유는 오직 당신의 생각이 잘못된 방향으로 향하기 때문입니다. 원하는 것이 아닌 원하는 것이 부족한 상황에 주의를 기울이는 탓입니다.'

애초에 병을 일으키는 건 당신의 저항입니다. 그 병에서 벗어나지 못하는 건 당신이 병에 저항하기 때문입니다. 당신 삶에서 원하지 않는 일들을 만들어내는 건 그 일들에 당신이 주의를 기울이기 때문입니다. 따라서 당신이 원하는 일에 주의를 기울이는 게 맞습니다.

당신은 건강을 생각하고 있다고 생각하지만 실제로는 병에 걸릴까 봐 두려워하고 있습니다. 그러한 진동의 차이를 확인하는 유일한 방법은 건강을 생각하면서 어떤 느낌이 드는지 주의를 기울이는 것입니다. '애써 건강하다고 생각하기보다 기분 좋은 상태에서 건강을 생각하는 게 훨씬 더 쉽습니다.'

기분이 좋아지겠다고 다짐하세요. 그다음 그 느낌에 맞게 생각을 조정하세요. 그러면 당신도 모르는 사이에 분노나 무가치한 느낌, 무력감을 품어왔다는 것을 알게 될 겁니다. 하지만 당신은 이제 자신의 감정에 주의를 기울이겠다고 결심했습니다. 따라서 저항과 질병을 유발하는 생각을 바로 알아차릴 수 있습니다. 병이 든 모습은 당신에게 어울리지 않습니다. 당신이 부정적인 감정을 품는다는 건 자연스러운 일이 아닙니다. 당신이라는 존재의 핵심은 내면 존재입니다. '당신은 건강한 존재입니다. 당신의 기분은 매우 좋습니다.'

아기도 생각으로 질병을 끌어당길까?

질문: 아직 의식적인 자각이 없는 갓난아기도 질병을 끌어당길 수 있을까요?

대답: 우선 확실하게 말해두고 싶은 게 있습니다. 당신 말고는 누구도 당신의 현실을 창조할 수 없다는 겁니다. 하지만 당신이 알고 있는 '당신'은 당신의 어머니에게서 태어난 작은 아기로 시작된 게 아니라는 사실을 깨닫는 게 중요합니다. 당신은 영원한 존재입니다. 많은 경험을 하며 살아오다가 오랜 창조의 경험을 뒤로하고 물리적인 몸으로 이곳에 왔습니다.

흔히 사람들은 새로 태어나는 모든 아기가 '완벽한' 몸으로 태어나면 훨씬 더 좋은 세상이 될 거라고 생각합니다. 하지만 그건 물리적인 몸으로 이곳에 오는 모든 존재의 생각은 아닙니다. '평범함'과 다르게 태어나겠다는 의도를 가진 존재가 많이 있습니다. 서로 다름은 흥미로운 가치를 창조하기 때문입니다. 다양한 방식의 삶에도 가치가 있다는 것이 증명되는 것입니다. 따라서 아기가 어딘가 다르게 태어났을 때 무언가 잘못됐다고 추정해서는 안 됩니다.

테니스에 매우 뛰어난 선수를 상상해보겠습니다. 경기를 지켜보는 관중들은 그 선수가 실력이 떨어지는 선수와 시합해 쉽게 이길 수 있을 때 가장 행복할 거라고 생각할지 모릅니다. 하지만 그 선수가 행복한 순간은 그와 정반대일 수 있습니다. 그 선수는 최고의 선수와 시합하는 것을 선호할 수 있습니다. 자신에게서 이전과는 다른 집중력과 정확성을 끌어내 주는 상대와 시합할 때 행복할 수 있습니다. 이와 비슷하게 '물리적인 창조에서도 최고의 기량이 있는 많은 존재는 삶을 다르게 볼 기회를 원할 수 있습니다. 새로운 선택지와 색다른 경험을 원할 수 있습니다. 그리고 이런 존재들은 자신이 평범하지 않은 모습으로 존재할 때 가까이 있는 사람이 엄청난 유익을 얻게 된다는 걸 알고 있습니다.'

사람들이 잘못 생각하는 게 있습니다. 아기는 말할 수 없기 때문에 자신만의 현실을 창조하지 못한다고 생각하는 것입니다. 하지만 그렇지 않습니다. 말을 하는 존재도 자신의 현실을 말로 창조하지 않습니다. 생각으로 창조합니다. 아기는 태어나는 순간부터 생각하고 있었으며 태어나기 전에도 진동으로 자각하고 있었습니다. 아기의 진동

주파수는 태어날 때 주변에 있는 사람들의 진동에 즉각 영향을 받습니다. 그렇다고 걱정할 필요는 없습니다. 당신처럼 아기도 안내 시스템을 갖고 태어납니다. 안내 시스템의 도움으로 유익한 생각과 해로운 생각의 차이를 구별할 수 있습니다.

질병을 갖고 태어나는 이유

질문: 우리가 태어나기 전에도 생각의 균형이 필요한가요? 생각의 불균형 때문에 누군가는 신체적 장애를 안고 태어나는 걸까요?

대답: 현재 당신의 생각이 어디에 무게 중심을 맞추는지에 따라 당신의 삶이 펼쳐집니다. 마찬가지로 태어나기 전에 생각의 무게 중심을 어디에 두었느냐에 따라 현재의 삶이 펼쳐진 것입니다. 하지만 신체적 '장애'를 의도적으로 원해서 그렇게 태어난 사람이 있다는 걸 이해해야 합니다. 그들은 그런 모습으로 살 때 어떤 유익이 있는지 알았고 그걸 원했기 때문입니다. 그들은 자신의 관점에 새로운 균형이 더해지기를 원했습니다.

물리적인 몸을 입고 이곳에 오기 전에 당신은 어떤 상황에서 출발하든 당신이 원하는 것과 관련해 새로운 결정을 할 수 있다는 것을 알고 있었습니다. 어떤 신체 조건에서 삶을 시작하든 걱정하지 않았습니다. 특정한 신체 조건이 무언가 다른 소망을 불어넣어 주면 그 소망을 이룰 수 있다는 것을 알았기 때문입니다. 성공과는 극도로 거리가 먼 것처럼 보이는 상태로 태어났지만, 삶의 많은 영역에서 놀라운 성공을 이룬 사람이 많습니다. 어설프고 형편없는 모습으로 출발한 게 그들에게는 큰 도움이 되었습니다. 그들은 가난한 가정에서 태어나거나 장애를 안고 태어나면서 강렬한 소망을 갖게 되었습니다. 그 소망이 요청의 시작이었습니다. 성공이 삶에 흐르기 시작하려면 그 전에 그러한 요청이 꼭 필요합니다.

물리적인 몸을 입고 이곳에 오는 모든 존재는 자신이 입을 몸을 온전히 이해했습니다. 그들이 이곳에 왔고, 이곳에서 살아간다면 그것은 그 비물리적인 존재의 의도라는 걸 믿어도 좋습니다. 현재 처한 상황으로 인해 당신은 자신이 바라는 것을 새롭게 정할 수도 있습니다. 그때 초점을 제대로 맞추기만 하면 창조하려는 것의 본질을 만들어낼 능력이 당신에게 있습니다.

건강보다 못한 걸 끌어당기는 사람은 무의식적으로 그렇게 하는 것입니다. 당연히 그들도 건강을 바랄 것입니다. 하지만 그들의 생각은 건강을 지지하지 않는 주제들로 가득 차 있습니다. '자신의 관점에서 다른 사람의 삶이 적절한지 평가하려고 하는 건 좋은 생각이 아닙니다. 당신은 다른 사람의 삶을 잘 알 수 없기 때문입니다. 하지만 당신이 원하는 삶과 현재 당신의 상황이 어떻게 다른지는 잘 압니다. 당신이 무슨 생각을 하고 있는지 주의를 기울이고 내면의 감정을 통해 생각을 이끌어 갈 수 있다면 자신을 궁극적으로 기쁘게 해주는 방향으

로 생각을 조종할 수 있을 것입니다.'

불치병이란 무엇일까?

질문: 최근 불치병이라고 할 만한 것은 에이즈라는 병입니다. 그런데 에이즈에 걸려 살날이 얼마 안 남았다는 말을 들었지만 그 이상 생존하는 사람들이 생기기 시작했습니다. 당신은 에이즈에 걸려 도움을 원하는 사람에게 어떤 제안을 하겠습니까?

대답: '신체 기관은 그 기능이 얼마나 악화됐든 완벽한 건강을 되찾을 수 있습니다.' 당신이 믿는 대로 당신의 경험이 되지요. 만약 당신이 어떤 병은 치명적인 불치병이라고 믿고 있다고 해봅시다. 그런데 그 병에 걸렸다는 말을 듣습니다. 그러면 당신은 살아남지 못한다고 믿을 겁니다. 그리고 그렇게 됩니다.

당신이 죽고 사는 일은 질병과는 아무 관련이 없습니다. 그건 당신의 생각이 결정합니다. 따라서 스스로에게 이렇게 말하세요. "다른 사람에게는 불치병일 수 있지만 내게는 그렇지 않아. 나는 내 경험의 창조자니까. 나는 죽음이 아니라 회복을 선택하겠어." 그러면 당신은 회복할 수 있습니다.

우리는 계속 그렇게 말해도 창조의 힘을 믿지 않는 사람들이 쉽게 받아들 수 있는 말은 아닙니다. 당신이 주로 무슨 생각을 하는지는 고스란히 당신의 경험으로 나타납니다. '경험은 생각을 명확하게 보여줍니다. 생각을 바꿀 때 반드시 경험도 바뀝니다. 그게 법칙입니다.'

건강을 되찾으려면

질문: 노먼 커즌스는 불치병에 걸린 작가였습니다. 그 병에서 회복된 사람을 본 적이 없지만 그는 완치됐습니다. 그는 자신이 재미있는 텔레비전 방송을 많이 봐서 나을 수 있었다고 말했습니다. 나는 그가 재미있는 방송을 보면서 많이 웃었고, 그래서 병이 사라졌다고 이해하고 있습니다. 그가 완치된 배경에 대해서 해줄 말씀이 있습니까?

대답: 그는 행복과 진동의 조화를 이루었기 때문에 회복할 수 있었습니다. 그가 찾아낸 진동의 조화에는 두 가지 중요한 점이 있습니다. 첫째, '병에 걸리면서 건강에 대한 그의 소망이 극적으로 커졌습니다.' 둘째, '텔레비전 방송을 본 덕분에 그는 질병에서 다른 곳으로 주의를 돌렸습니다. 재미있는 방송을 보고 웃으면서 느낀 즐거움은 행복을 계속 허용하겠다는 신호였습니다.' 어떤 경험을 창조하든 거기에는 소망과 허용, 이 두 가지가 필요합니다.

대개 사람들은 문제에 초점을 맞춥니다. 건강을 허용하지 않을 정도로 오랜 시간 그런 행동을 반복합니다. 그리고 심각한 병에 걸리고 맙니다. 그러면 그 병에 다시 온 신경을 쏟게 되고, 결국 건강은 더욱 나빠집니다. 때로는 의사의 도움으로 건강에 대한 믿음을 키울 수 있습니다. 의사가 당신의 병을 낫게 할 치료법이 있다고 믿을 때 그렇습니다. 이 경우에는 질병 때문에 건강에 대한 소망이 커지고, 의사가 제안한 치료법 때문에 믿음이 커집니다. 하지만 불치병이든 치료할 수 있는 병이든 치료 과정에서 필요한 건 오직 두 가지, 즉 소망과 믿음입니다.

건강해질 거라고 기대하는 사람은 어떤 상황에서도 건강을 다시 얻을 수 있습니다. 건강을 기대하는 게 그 비법입니다. 또는 당신이 말한 작가처럼 그저 건강을 잃는 문제에서 다른 데로 주의를 돌리고 즐거움을 찾으면 건강을 회복할 수 있습니다.

병에 신경 쓰지 않으면

질문: 어른이 된 후에는 그날 하기로 한 일을 하지 못할 정도로 아파본 적이 없습니다. 그러니까 내가 해야 할 일이 매우 중요해서 그걸 하지 않는 건 생각도 할 수 없었습니다. 물론 나도 아플 때가 있습니다. 그런데 몸이 안 좋다는 느낌이 들기 시작하면, 예를 들어 감기나 독감 초기 단계라는 느낌이 들면 나는 내가 해야 할 일에 집중합니다. 그러면 감기 증상이 사라집니다. 내가 원하는 것에 초점을 맞춰서 그런 걸까요?

대답: 당신은 일하겠다는 강한 목적이 있었고 그 일을 즐겼습니다. 그래서 건강에 대한 강력한 동력을 얻어 그 유익을 누린 겁니다. 원하지 않는 일에 주의를 기울인 탓에 건강에서 멀어지는 것을 느꼈을 때 당신은 원래의 목적에 다시 초점을 맞췄습니다. 그래서 빠르게 원래대로 돌아온 겁니다. 몸이 아픈 증상이 사라진 것이지요.

종종 사람들은 많은 행동을 해서 무언가를 이루려고 합니다. 하지만 그렇게 하면 피로감이나 압박감을 느낍니다. 그리고 그러한 감정은 하던 일을 멈추고 쉬어야 할 시간이라는 신호입니다. 그런데도 쉬면서 새로운 에너지를 얻기보다 자신을 몰아붙이며 더 많은 행동을 하는 경우가 많습니다. 몸이 아픈 증상이 나타나는 건 주로 그 이유 때문입니다.

사람들은 대부분 어딘가 아픈 느낌이 들면 그 증상에 주의를 기울이기 시작합니다. 그러면 보통 더 심한 증상을 느끼게 되면서 조화로움을 잃습니다. 그러한 상태를 빨리 파악하는 게 핵심입니다. 다시 말해 부정적인 감정을 느끼는 건 진동의 균형을 개선하기 위해 다른 생각을 찾는 신호입니다. 빨리 생각을 돌려 진동의 균형을 이루지 않으면 그 신호는 더욱 강해집니다. 그러다가 결국 몸이 아프게 됩니다. 하지만 그런 경우라도 당신이 말한 것처럼 당신이 바라는 일에 다시 초점을 맞출 수 있습니다. 균형에서 벗어나는 생각에서 다른 데로 주의를 돌리는 겁니다. 그러면 다시 조화로워지며 아픈 증상은 사라집니다. '아무리 몸 상태가 좋지 않아도 나을 수 있습니다. 하지만 증상이 가벼

운 초기에 그 상태를 파악하면 회복하기 훨씬 더 쉽습니다.'

때때로 질병은 당신이 하고 싶지 않은 일을 하지 않아도 되는 탈출구 역할을 하기도 합니다. 그래서 무언가를 하지 않으려는 구실로 아픈 걸 허용하는 일이 많습니다. 하지만 당신이 그런 게임을 시작하는 건 더 심각하고 큰 병에 문을 활짝 열어주는 것입니다.

백신의 효과는 어떨까?

질문: 생각을 통해 질병을 만들어낸다면, 소아마비 백신 같은 예방약이 특정한 질병을 거의 종식시키는 것처럼 보이는 이유는 무엇일까요?

대답: 질병은 건강에 대한 소망을 키우고, 백신은 병이 나을 거라는 믿음을 키웁니다. 따라서 사람들은 창조 과정에서 소망, 허용, 믿음의 섬세한 균형을 이루었습니다. '원하고 허용하고 믿어서 그렇게 된 겁니다.'

치료의 효과란?

질문: 그러면 다음 질문이 생깁니다. 의사, 신앙 요법사, 주술사 같은 사람들은 자신의 환자 중 누군가를 고쳐서 명성을 얻거나 또 누군가를 고치지 못해 명성에 해를 입습니다. 우리의 생각을 조정하는 면

에서, 또는 건강을 회복하는 면에서 그들은 어떤 역할을 하는 걸까요?

대답: 그들의 중요한 공통점은 환자들에게 믿음을 키워준다는 것입니다. 환자들은 병에 걸려 건강에 대한 소망을 키웠기에 창조의 첫 번째 단계는 이루어졌습니다. 그런 다음 믿음이나 기대가 생기면 긍정적인 결과가 생깁니다. 의학과 과학은 치료법을 찾는 일을 그만두고 진동적 원인, 즉 진동의 균형을 잃은 원인을 찾기 시작해야 합니다. 그러면 더 많은 환차를 치료할 수 있을 겁니다.

의사가 당신의 회복을 믿지 못하면 당신이 그 의사에게 진료받는 일은 극도로 해롭습니다. 의사가 나쁜 의도를 가지고 그러지는 않겠지만 당신의 회복이 어렵다는 확률을 들먹이며 자신의 의문을 정당화할 수 있습니다. 그러면서 그 확률에서 당신이 예외일 수는 없다고 말합니다. 의학과 과학이 제시하는 사실이나 증거가 의사의 논리를 뒷받침하더라도 문제는 그게 당신과는 아무런 관련이 없다는 것입니다. 당신의 회복에는 단 두 가지 요소만 관련 있습니다. 소망과 믿음이 그것입니다. 의사의 부정적인 진단은 당신의 믿음을 약하게 만듭니다.

회복에 대한 강한 소망이 있는데 의사가 희망을 주지 않는다면 당연히 다른 대안을 찾아야 합니다. 희망을 허용할 뿐 아니라 희망을 품으라고 응원하는 곳을 향해야 합니다. 소위 불치병이라는 질병에 걸렸지만 완치될 수 있다는 걸 보여주는 증거가 많기 때문입니다.

의사는 건강을 위한 한 가지 수단

현대 의학을 비난해서는 안 됩니다. 사회 구성원들의 생각, 소망, 믿음 덕분에 현대 의학이 생긴 겁니다. 바라는 건 무엇이든 이룰 힘이 당신에게 있다는 걸 알았으면 합니다. 하지만 그렇게 하려는 허락을 외부에서 찾으려고 하지 마세요. 그 허락은 당신 내면에서 감정의 형태로 얻게 됩니다.

'먼저 진동의 조화를 이루세요. 그다음 영감에 따른 행동을 하세요. 병원을 통해 회복에 도움을 받으세요. 하지만 의사들에게 불가능한 일을 해달라고 하지는 마세요. 그들에게 에너지의 부조화를 치료해달라고 할 수는 없습니다.'

요청하지 않으면 응답도 없습니다. 문제에 주의를 기울이는 것은 해법을 알려달라고 요청하는 것입니다. 따라서 의사가 신체를 검사하면서 문제를 찾는 건 이상한 일이 아닙니다. 문제를 찾으면 치료법을 내놓을 수 있을지 모릅니다. 하지만 문제를 찾는 것 그 문제를 끌어당길 수 있는 강력한 기폭제입니다. 그래서 좋은 의도를 가진 의사가 치료법을 찾지 못하고 병을 악화시키는 역할을 하기도 합니다. '의사가 당신을 돕고 싶어 하지 않는다는 말이 아닙니다. 그들의 주요 목적이 무엇인지 지적하는 겁니다. 환자를 진찰하면서 무언가 잘못된 증거를 찾아내는 게 의사의 주요 목적입니다. 그래서 그들은 무언가 잘못된 걸 끌어당깁니다.'

그들은 오랜 기간 환자를 진찰하며 문제를 찾다가 인간의 몸이 얼마나 망가지기 쉬운지 믿기 시작합니다. 그러면서 건강한 부분보다 건강하지 않은 부분을 더 많이 보기 시작합니다. 바로 이 점이 많은 의사가 질병을 끌어당기기 시작하는 이유입니다.

질문: 그래서 많은 의사가 스스로를 치료하지 못하는 걸까요?

대답: 그렇습니다. 다른 사람의 부정적인 반응에 초점을 맞추면 자연스럽게 자신 내면에서 부정적인 감정을 느끼게 됩니다. 질병이 존재하는 건 부정적인 생각을 허용하기 때문입니다. '부정적인 생각을 전혀 하지 않는 사람은 아프지 않을 겁니다.'

사람들을 도와줄 방법

질문: 신체적 문제가 있는 사람들을 개인적으로 도울 수 있는 가장 좋은 방법은 무엇일까요?

대답: '사람들의 불만을 들어주는 사람이 되면 결코 그들을 도울 수 없습니다. 그들이 원하는 모습으로 그들을 바라보는 것, 그것이 그들을 위해 해줄 수 있는 가장 가치 있는 일입니다.' 때로는 당신이 그들 주변에서 사라지는 게 좋을 수 있습니다. 그들 곁에 있으면서 불평을 듣지 않기란 어렵기 때문입니다. 그들에게 이렇게 말해줘도 좋습니

다. "나는 내 집중력과 생각이 얼마나 강력한 힘이 있는지 알게 됐습니다. 당신은 당신이 원하지 않는 걸 말하고 있습니다. 이제 나는 다른 데로 가야겠습니다. 당신이 잘못된 것을 창조하는 일에 이바지하고 싶지 않으니까요." 그들이 불만을 더는 생각하지 못하게 도와주세요. 긍정적인 면에 초점을 맞출 수 있도록 해주세요. 최선을 다해 그들이 회복된 모습을 상상하세요.

'누군가를 생각하면서 기분이 좋아질 수 있다면 그 사람을 돕게 된다는 사실을 당신은 알게 될 것입니다. 아무런 염려 없이 누군가를 사랑할 때 그 사람을 돕는 겁니다. 누군가와 즐거운 시간을 보내면 그 사람을 돕는 겁니다. 누군가의 성공을 기대하면 그 사람을 돕는 겁니다. 다시 말해 당신의 내면 존재가 바라보는 대로 그들을 바라봐야만 그들에게 도움이 됩니다.'

누군가가 혼수상태에 빠졌을 때

질문: 가끔 이렇게 말하는 사람이 있습니다. "친구가 혼수상태야." "어머니가 혼수상태에 빠지셨어." 이처럼 사랑하는 사람이 의식이 없을 때 어떻게 해줄 수 있을까요?

대답: 당신은 주변 사람들과 말보다 진동으로 더 많이 소통하고 있습니다. 따라서 사랑하는 사람이 의식이 없는 것처럼 보이더라도 당

신이 보내는 메시지가 전달되지 않는다고 생각하지 말아야 합니다. '당신은 심지어 물리적인 변화를 한 사람, 즉 소위 죽음으로 이동한 사람들과도 소통할 수 있습니다. 그러니 의식이 없는 상태처럼 보인다고 해서 그 상태가 소통을 가로막는다고 생각하지 마세요.'

사람들이 혼수상태나 의식이 없는 상태에 머무는 주된 이유는 자신을 방해해왔던 결핍 사고에서 벗어나 새로운 에너지를 얻기 위한 것입니다. 다시 말해 의식이 없는 동안 그들은 내면 존재와 진동으로 대화를 나누고 있는 겁니다. 이는 새로운 활력을 얻는 기회입니다. 또 비물질 세계로 돌아갈 것인지 아니면 물리적인 몸으로 다시 깨어날 것인지 결정하는 시간일 수 있습니다. 다시 의식을 찾는 일은 여러 가지 면에서 처음 물리적인 몸을 입고 태어나는 것과 크게 다르지 않습니다.

그런 사람들을 대하는 가장 좋은 태도는 이렇습니다. "나는 당신이 가장 중요하게 생각하는 일을 했으면 좋겠습니다. 당신이 어떤 결정을 하든 나는 따르겠습니다. 나는 당신을 조건 없이 사랑합니다. 당신이 살아있으면 나는 기쁨에 넘칠 것입니다. 그리고 당신이 숨을 거두어도 나는 기쁨에 넘칠 것입니다. 당신에게 가장 좋은 결정을 하세요." 이런 태도가 혼수상태에 빠진 사람을 위해 당신이 할 수 있는 최상의 행동입니다.

질문: 오랜 세월 그런 상태로 있는 사람들이 있습니다. 그들도 자신

이 원하는 대로 하고 있는 걸까요?

대답: 그렇게 시간이 길어진 경우라면 대부분 그들이 오래전에 육체로 되돌아가지 않겠다고 결정한 것입니다. 물리적인 몸을 가진 누군가가 그들의 결정을 무시하고 기계에 의존에 생명을 연장시키고 있는 겁니다. 하지만 그들의 의식은 오래전에 떠났고 육체로 돌아오지 않습니다.

질병도 유전될까?

질문: 이런 말을 들어본 적이 있습니다. "어머니가 편두통을 앓아서 나도 편두통이 있어." "어머니가 과체중이야. 할머니도 과체중이고, 내 아이들도 과체중이야." 신체적 문제는 유전될까요?

대답: 유전되는 경향이 나타나는 이유는 대개 끌어당김의 법칙이 반응하기 때문입니다. 부모에게 배운 생각을 끌어당기는 겁니다. 하지만 당신의 몸을 구성하는 세포도 생각을 합니다. 그래서 당신처럼 주변으로부터 진동을 배울 수 있습니다. 하지만 당신이 자신의 소망을 알아내고 기분 좋은 생각을 찾으면, 그러니까 내면 존재나 근원과 진동의 조화를 이루면 당신의 세포는 긍정적인 생각이 만들어낸 건강한 상태의 진동과 빠르게 조화를 이룰 겁니다. 당신이 근원과 조화를 이

루고 있을 때는 세포들이 질병으로 이어지는 부정적인 경향을 키울 수 없습니다. 당신이 조화로움에서 벗어났을 때만 세포들도 거기서 벗어나 질병을 끌어당깁니다.

'당신의 생각이 확장된 게 바로 당신의 몸입니다. 전염되거나 유전되는 부정적인 증상은 부정적인 생각 때문에 생깁니다. 부모가 어떤 질병을 앓았든 당신이 습관적으로 긍정적인 생각을 한다면 당신에게는 그 병이 생길 수 없습니다.'

질문: 만약에 어머니가 편두통을 앓았다는 소리를 듣고 내가 그 말을 인정한다면 내게도 편두통이 시작될 수 있을까요?

대답: '그런 말을 어머니에게서 듣든 아니면 다른 사람에게서 듣든 당신이 원하지 않는 상황에 주의를 기울인다면 시간이 지나면서 그 상황의 본질을 끌어당기게 될 것입니다.' 두통은 건강에 저항하는 하나의 증상입니다. 내면 존재가 생각하는 건강과 진동의 조화를 이루지 못할 때 그런 증상이 나타납니다. 예를 들어 직장 일을 걱정하거나 정부 정책에 분노를 느낄 때 신체적 증상이 나타날 수 있습니다. '두통에 초점을 맞춰야 두통이 생기는 건 아닙니다.'

질문: 두통 때문에 어머니가 불평하는 것을 듣고 그걸 의식적으로 거부하며 '어머니는 두통 때문에 힘들었을지 몰라도 나는 그렇지 않

아'라고 말하면 내가 보호받을 수 있을까요?

대답: 원하는 것을 말하는 건 언제나 도움이 됩니다. 하지만 어머니의 두통에 주의를 기울이면 당신의 진정한 모습과 조화를 이룰 수 없습니다. 그 둘을 동시에 하는 건 불가능합니다. '원하는 것을 말하면서 원하지 않는 상황을 바라보면 당신은 원하는 것과 조화를 이룰 수 없습니다. 끌어당기고 싶지 않은 것에 주의를 기울이지 마세요. 그리고 끌어당기고 싶은 것에 초점을 맞추세요.' 어머니를 생각하면 기분이 좋아지는 것에 초점을 맞추세요. 또는 어머니 말고 당신의 기분을 좋아지게 하는 다른 것에 초점을 맞추세요.

전염병에 관한 미디어의 역할

질문: 최근에 나는 독감 예방 접종을 무료로 해준다는 소식을 미디어를 통해 들었습니다. 그런 뉴스가 독감 바이러스 전파에 영향을 줄까요?

대답: 그렇습니다. 그건 독감 바이러스 전파에 큰 영향을 미칩니다. 미디어는 생각보다 우리에게 부정적인 영향을 더 많이 줍니다. 물론 다른 모든 경우처럼 방송에도 당신에게 좋은 것과 그렇지 않은 게 있습니다. 그리고 미디어에서 좋은 것에 집중해 유익을 얻을 수 있는 능

력이 당신에게 있습니다. 하지만 대개 미디어는 무시무시할 정도로 왜곡되고 균형이 깨진 시각을 제시합니다. 미디어는 세상에서 벌어지는 문제들만 찾아다닙니다. 그리고 그 문제들을 집중적으로 조명하고 과장합니다. 극적인 배경 음악으로 문제를 더욱 심각하게 만들기도 합니다. 그리고 그런 문제들을 한곳에 모아 당신의 눈앞에 보냅니다. 그러면 당신은 이 행성에서 일어나는 문제들에 대해 굉장히 왜곡된 시각을 갖게 될 수 있습니다. 행복과 건강과는 반대되는 시각을 갖게 되는 겁니다.

의료계에서 쏟아내는 끊임없는 집중 공세는 부정적인 영향을 주는 강력한 근원입니다. 그들은 이렇게 설명합니다. "다섯 명 중 한 명에게 이 병이 발현될 위험이 있습니다. 어쩌면 당신이 그 한 명일 수 있습니다." 그들은 당신의 생각에 영향을 미칩니다. 그리고 이렇게 말합니다. "의사를 찾아가세요." 그리고 당신이 의사를 찾아가면(의사의 목적이 문제를 찾는 것임을 기억하세요) 당신의 부정적인 기대가 심해지거나 아니면 새로 나타납니다. 그렇게 충분한 영향을 받은 당신의 몸은 당신의 정신을 지배한 생각이 무엇인지 그 증거를 보여주기 시작합니다. 물론 현대 의학은 과거보다 많이 발전했습니다. 하지만 아픈 사람은 더 많아졌습니다.

기억하세요. 무언가를 창조하려면 그것만을 생각하고 기대해야 합니다. 그래야 그것이 창조됩니다. 미디어는 통계를 보여주며 무서운 이야기를 하고 당신의 생각을 자극합니다. 그래서 그런 무서운 병에 당신도 걸릴 수 있다는 생각까지 할 수 있고 그 생각은 두려움과 공포 같은 감정을 낳습니다. '나는 그런 병을 원하지 않아!'라는 생각을 하면 이제 공식의 절반이 완성된 것입니다. 미디어는 검진을 받거나 예방 접종을 받으라고 권합니다. "지금은 분명히 전염병이 유행하고 있습니다. 그렇지 않으면 무료 예방 접종을 권할 이유가 없습니다." 이제 기대와 허용까지 완성됩니다. 당신은 독감을 받아들일 완벽한 자리에 있습니다. 또는 미디어가 말하는 것의 본질을 받아들일 준비가 되었습니다.

'원하든 원하지 않든 당신은 당신이 생각하는 것을 얻습니다. 따라서 당신의 행복과 건강에 관해 자신만의 이야기를 연습하기 시작해야 합니다. 이건 대단히 중요합니다. 그렇게 자신만의 이야기를 말하면 미디어가 무서운 이야기(당신이 원하지 않는 삶의 이야기)를 쏟아내도 그 이야기를 들으면서 공포가 아니라 재미를 느낄 수 있습니다.'

불편한 감정을 미리 알아차리자

당신이 건강을 허용하지 않는다는 첫 번째 신호는 부정적인 감정이 생기는 겁니다. 부정적인 감정을 느낀다고 해서 몸에 문제가 바로 생기는 건 아닙니다. 하지만 부정적인 감정을 지속시키는 문제에 초점을 맞추면 결국 병이 생기고 맙니다.

진동의 부조화는 당신이 요청하는 건강을 방해합니다. 부정적인 감정은 그러한 진동의 부조화를 알려줍니다. 따라서 부정적인 감정을 자각하지 못하면 많은 이들처럼 당신도 부정적인 감정을 그대로 받아들이고 그 감정을 다스려야 할 필요성을 느끼지 못할 수 있습니다. 많은 사람이 스트레스와 불안 같은 부정적인 감정을 어떻게 처리해야 하는지 모릅니다. 자신이 통제할 수 없는 외적 상황이나 환경으로 인해 그런 감정이 생긴다고 믿기 때문입니다. 유쾌하지 않은 상황을 통제할 수 없다고 생각하기에 자신의 감정을 바꿀 수 없다고 생각하며 무력감을 느끼는 것입니다.

당신이 이 점을 이해하면 좋겠습니다. 당신이 초점을 맞추는 일이 당신의 감정을 좌우한다는 사실입니다. 어떤 상황에서도 당신은 조금 더 기분이 좋아지거나, 또는 조금 더 나빠지는 생각을 찾을 힘이 있습니다. 따라서 조금이라도 기분이 좋아지는 생각을 계속 선택하면 끌어당김의 법칙은 당신에게 더 좋은 경험을 꾸준하게 가져다줍니다. '신체적 건강을 얻고 유지하는 비결은 진동의 불화를 알려주는 신호를 초기에 알아차리는 겁니다. 끌어당김의 법칙이 부정적인 사고 패턴에 반응해 더욱 부정적인 결과를 끌어당기기 전에 생각의 초점을 바꾸는 게 훨씬 더 쉽습니다. 부정적인 힘이 비교적 약한 초기에 반드시 생각의 초점을 바꿔야 합니다.'

부정적인 감정이 당신 내면에서 지속하는 걸 허용하지 않겠다고 결심하세요. 다른 사람이 당신을 위해 무언가를 해주거나 환경이 달라져야만 기분이 좋아지는 게 아닙니다. 더 나은 기분을 느끼기 위해 생각의 초점을 바꾸는 건 오직 당신만 할 수 있다는 사실을 인식하세요. 그렇게 한다면 당신은 건강뿐 아니라 기쁨도 얻을 수 있습니다. '기쁨, 감사, 사랑, 건강은 모두 같은 말입니다. 또 분노, 질투, 우울, 화, 아픔도 모두 같은 말입니다.'

회복이 힘든 병을 앓는다면

질문: 관절염을 앓아 관절이 뒤틀어지고 울퉁불퉁해진 사람이 있습니다. 또 알츠하이머병에 걸려 기억은 잊은 사람도 있습니다. 이들이 나이와 상관없이 그러한 질병에서 회복할 수 있을까요?

대답: 몸의 상태는 생각이 어느 방향을 향하는지 보여주는 진동의 신호입니다. 따라서 생각을 바꾸면 그 신호도 반드시 바뀝니다. 일부 질병이 치료할 수 없는 불치병처럼 보이는 이유는 오로지 생각이 바뀌지 않았기 때문입니다.

사람들은 대부분 자신이 목격하거나 다른 사람에게서 배운 '진실' 때문에 부정적인 결과로 이어지는 사고 패턴을 배웁니다. 그리고 자신에게 전혀 도움이 안 되는 그러한 사고 패턴을 고집스럽게 밀고 나갑니다. 그러면서 생각의 결과를 몸소 경험하게 됩니다. 원하지 않는 일을 생각하는 지점에서 악순환이 일어납니다. 끌어당김의 법칙에 따라 부정적인 생각은 그들이 원하는 일이 생기는 걸 막고 원하지 않는 일이 일어나게 합니다. 그러면 사람들은 눈앞에 생긴 원하지 않는 일에 더 초점을 맞추고 뒤이어 원하지 않는 일이 더 많이 생깁니다.

'당신은 당신의 모든 경험을 바꿀 수 있습니다. 하지만 그러려면 이 세계를 다른 관점으로 보기 시작해야 합니다. 당신의 이야기를 있는 그대로가 아니라 원하는 방식으로 말하기 시작하세요.' 어떤 상황을 생각하거나 말하면서 기분 좋아지는 방식으로 생각하고 이야기하겠다고 선택하면 의도적으로 조화로운 진동의 파장을 내보낼 수 있습니다. 당신이 알고 있든 그렇지 않든 당신은 진동하는 존재입니다. 그리고 끌어당김의 법칙은 당신이 발산하는 진동에 영원히 반응합니다.

질문: 알코올이나 니코틴, 코카인 같은 화학 물질이 몸에 부정적인 영향을 줄 수 있을까요?

대답: '몸에 무엇을 주입하느냐보다 진동이 균형을 이루는지가 신체 건강에 훨씬 더 많은 영향을 줍니다. 더욱 중요한 점으로 진동이 조화를 이루고 있으면 그 조화를 방해하는 물질을 찾으려는 생각은 아예 하지 않게 됩니다.' 그런 물질을 찾는 이유는 거의 예외 없이 진동의 조화를 이루지 않기 때문입니다. '사실 그런 물질을 사용하고 싶다는 충동이 생기는 건 진동의 불균형에서 생기는 공허감을 채우고 싶다는 욕망 때문입니다.'

운동과 음식과 건강

질문: 음식을 잘 먹어 영양 상태가 좋아지고 운동도 열심히 하면 건강이 좋아질까요?

대답: 음식과 운동에 신경 쓰는 사람이 건강해 보이는 걸 본 적이 있을 겁니다. 하지만 영양가 높은 음식을 먹고 꾸준하게 운동하며 건강을 얻기 위해 수년 동안 힘겨운 노력을 하는 데도 건강을 유지하지 못하는 사람도 있습니다. 행동은 그다지 중요하지 않습니다. 생각, 느낌, 진동의 균형, 당신의 이야기가 훨씬 더 중요합니다.

'시간을 내어 진동의 균형을 찾을 때 당신이 쏟는 노력은 훌륭한 결과를 만들 것입니다. 하지만 진동의 균형을 먼저 찾지 않으면 어떤 행동을 해도 조화롭지 않은 에너지를 상쇄할 수 없습니다. 진동과 불균형한 상태에 있으면 건강에 해로운 행동이 떠올라 그 행동을 하게 됩니다. 마찬가지로 균형을 이룬 상태에 있어야 건강에 이로운 행동을 하고 싶다는 생각이 듭니다.'

질문: 2차 세계 대전 중 영국 총리였던 윈스턴 처칠이 기억납니다. 그는 이렇게 말했습니다. "걸어도 되면 나는 절대 뛰지 않습니다. 서 있을 수 있으면 절대 걷지 않지요. 앉아 있어도 되면 절대 서 있지 않습니다. 그리고 누워있어도 괜찮으면 절대 앉지 않습니다." 그는 언제나 커다란 시가를 물고 있었습니다. 그런데 90살이 넘도록 살았습니

다. 내가 알기론 그는 건강했습니다. 그의 생활방식은 오늘날 우리가 생각하는 건강한 습관과는 분명히 거리가 멀었습니다. 그렇다면 믿음이 건강의 중요한 요인이었던 걸까요?

대답: 그가 그렇게 이른 나이에 사망했다고요? (웃음) 어떤 행동이 건강에 좋은 습관인지 많은 사람이 혼란스러워합니다. 그 이유는 행동만 중요하게 생각하기 때문입니다. 생각하는 방식, 느낌, 말하는 이야기가 건강에 가장 중요한데 그 부분을 놓치고 있지요.

건강한 사람이 피곤을 느낀다면

질문: 건강해 보이는데 늘 피곤함을 느끼거나 무기력한 사람이 있습니다. 그런 사람에게 어떤 제안을 해주시겠습니까?

대답: 흔히 사람들은 피곤하거나 무기력한 상태를 에너지가 낮은 상태라고 말합니다. 아주 제대로 표현한 겁니다. 당신이 에너지 근원과 단절될 수는 없습니다. 하지만 그 근원과 반대되는 생각을 하면 그 결과 저항이 생긴다거나 에너지가 낮아진 느낌이 듭니다. '에너지 근원과 조화로운지 그렇지 않은지에 따라 감정이 좌우됩니다. 여기에 예외는 없습니다.'

당신이 원하는 이야기, 즉 내면의 근원이 원하는 이야기를 말하세요. 그러면 행복해지고 활력이 생깁니다. 확장된 당신, 즉 에너지 근원이 하는 이야기와 다른 이야기를 말하면 그 결과 에너지가 낮아진 느낌이 듭니다. 삶의 긍정적인 면에 초점을 맞춘 이야기를 말하면 에너지를 얻고, 부정적인 면에 초점을 맞춘 이야기를 말하면 에너지가 떨어집니다. 원하는 게 부족한 상황에 초점을 맞추면 부정적인 감정이 떠오릅니다. 더 나아진 상황을 상상하면 긍정적인 감정을 느낍니다. '어떤 감정을 느끼는지는 당신이 진정으로 바라는 것에 초점을 맞추는지 그렇지 않은지에 달려있습니다. 원하는 일에 생각을 쏟으면 당신이 찾는 활력을 얻을 것입니다.'

질병의 주요 원인은 무엇일까?

질문: 그렇다면 질병의 주요 원인을 무엇일까요?

대답: 질병은 원하지 않는 일에 부정적인 감정을 느끼는데도 거기에 계속 주의를 기울여서 생기는 겁니다. 부정적인 감정이 일어나는 걸 무시하고 계속 원하지 않는 일에 초점을 맞추면 부정적인 감정이 더욱 커집니다. 그런데도 그 상황을 가볍게 여기고 원하지 않는 일에 초점을 유지합니다. 그러다가 결국 끌어당김의 법칙이 더욱 부정적인 생각과 경험을 끌어당깁니다. '부조화의 미묘한 초기 신호, 즉 부정적인 감정을 무시할 때 질병이 생깁니다.'

부정적인 감정을 느끼는데도 그러한 불편함을 없애기 위해 생각을 바꾸지 않는다면 그 감정은 더욱 커집니다. 그러다가 마침내 부정적인 감정이 신체 감각으로 나타납니다. 건강이 상하는 겁니다. '하지만 질병은 당신의 진동을 알려주는 신호일 뿐입니다. 당신이 내보내는 진동을 바꾸면 새로운 진동에 맞게 몸에 나타나는 신호도 달라집니다. 질병은 에너지의 불균형을 신체에 알려주는 신호에 불과합니다.'

병을 앓고 있는 많은 사람이 생각이 병을 끌어당겼다는 우리의 설명에 동의하지 않습니다. 그들은 질병과 관련된 생각을 전혀 하지 않았다며 이의를 제기합니다. 하지만 해당 질병을 생각했기 때문에 그 병이 생기는 건 아닙니다. '질병은 부정적인 생각이 커져서 나타난 신호입니다. 처음에는 부정적인 감정으로 미묘하게 시작되었다가 그 감정이 부정적인 생각으로 점점 커지고 지속됩니다. 어떤 주제든 부정적인 생각은 저항입니다. 이것이 새로운 질병이 계속 생기는 이유입니다. 질병의 진짜 원인이 해결되기 전에는 완벽한 치료법을 찾지 못할 것입니다.

지금 당장이라도 당신 몸에는 어떤 병이든 생길 수 있습니다. 또 지금 당장이라도 당신은 완벽한 건강을 얻을 수 있습니다. 당신이 어떤 생각을 하느냐에 따라 병을 끌어당길 수도, 건강을 끌어당길 수도 있습니다. 또는 질병과 건강이 혼합된 상태를 끌어당길 수도 있습니다.'

질문: 당신의 가르침에 따르면 신체적 원인 때문에 질병이 생기는

게 아닙니다. 모든 병은 생각 때문에 생기는 걸까요?

대답: 어떤 행동 때문에 병이 생겼다고 설명하고 싶은 마음은 이해합니다. 주방에서 사용하는 물이 어디서 흘러나오는지 설명할 때 물이 나오는 곳으로 수도꼭지를 지적하면 정확할 것입니다. 하지만 물이 나오는 근원을 설명하려면 수도꼭지 말고도 더 많은 게 관련되어 있습니다. 마찬가지로 건강이나 질병의 근원과 관련된 이야기에는 훨씬 더 많은 것이 연관되어 있습니다. '건강이나 질병은 생각이 어느 쪽으로 기울어져 있는지를 보여줍니다. 물이 아래로 흐르는 것처럼 생각은 저항이 적은 쪽으로 기울게 됩니다.'

건강에 관한 '오래된' 이야기의 예

'내 몸에 걱정스러운 증상이 생겼어. 나이가 들어가면서 체력이 떨어지고 안정감이 약해졌지. 건강을 잃는다는 느낌이 들어 불안해. 어떻게 해야 건강을 지킬 수 있을지 걱정이 커. 잘 먹고 잘 자려고 노력했지만 크게 도움이 되는 것 같지는 않아. 세월이 흐르면서 건강이 나빠지는 게 당연한 일 같아. 부모님도 그랬으니까. 내 건강이 정말 걱정돼.'

건강에 관한 '새로운' 이야기의 예

'내가 내 몸을 어떻게 생각하느냐와 그밖에 문제를 어떻게 바라보느냐에 따라 건강이 좌우되지. 기분 좋은 생각을 할수록 나는 건강을 내 삶에 허용하는 거야.

습관적인 생각과 감정이 직접적인 관계가 있다는 것을 알게 되어 기뻐. 그런 느낌이 더 기분 좋은 생각을 선택하게 돕는다는 사실을 알게 되어 다행이야. 기분 좋은 생각은 기분 좋은 진동의 파장을 내보내고 그러한 진동은 건강한 몸을 만들어준다는 걸 알게 되어 다행이야. 내 몸은 내 생각에 반응하지. 이 사실을 알게 되어 참 좋아.

나는 생각을 선택하는 일에 점점 능숙해지고 있어. 어떤 상황에 있더라도 나는 내 생각을 바꿀 힘이 있어. 내 신체적 건강 상태는 습관적인 생각이 무엇인지 보여주는 신호야. 나는 건강과 생각, 이 둘을 통제하고 있어.

인간의 신체는 경이로워. 조그마한 태아 세포가 인간의 몸으로 변하는 건 놀라운 일이야. 나는 인간 몸의 안정성과 세포의 지성에 감명받았어. 내가 의식적으로 관여하지 않아도 신체가 매우 중요한 기능을 수행하도록 만들어졌지.

의식적으로 노력하지 않아도 정맥에 피가 흐르고 폐에 공기가 통한다는 사실이 좋아. 내 몸은 그 방법을 알고 있고 그 일을 매우 잘 수행한다는 게 행복해. 한 마디로 인간의 신체는 경탄스러워. 지성, 유연성, 지구력, 회복성, 시각, 청각, 후각, 미각, 촉각 같은 놀라운 기능을 지니고 있지.

내 몸은 나를 매우 잘 도와주고 있어. 나는 내 몸을 써 즐거운 탐험을 하며 살아가고 있어. 나는 활기가 넘치고 유연한 몸을 마음껏 누리지. 나는 내 몸으로 삶을 살아가는 걸 좋아해.

내 눈으로 이 세상을 바라볼 수 있다는 게 기뻐. 지금 서 있는 자리에서 나는 먼 곳도 볼 수 있고 가까운 곳도 볼 수 있어. 사물의 모양과 색, 거리와 깊이를 생생하게 구별할 수 있지. 듣고 냄새 맡고 맛보고 느끼는 내 몸의 능력을 마음껏 누리고 있어. 내 감각으로 느낄 수 있는 이 행성의 온갖 사물을 사랑해. 놀라운 몸을 입고 살아가는 내 삶을 사랑해.

나는 상처에 새로운 살이 돋는 걸 보았어. 또 부상이 회복되는 것도 보았지. 이렇게 내 몸이 스스로 치유하는 능력에 경외감과 감사함이 생겨.

내가 어떤 행동을 하려고 하면 내 근육은 즉각 반응하지. 내 몸의 유연성과 내 손가락의 날렵함을 나는 잘 알고 있어.

내 몸은 건강해지는 방법을 알고 있어. 그리고 항상 건강함을 향해 움직이지. 부정적인 생각으로 내 몸의 활동을 방해하지 않으면 틀림없이 건강한 신체를 얻게 돼. 이 사실을 알게 되어 기뻐.

내 감정이 어떤 역할을 하는지 알게 되어 감사해. 내게는 신체적 건강을 얻고 유지할 능력이 있다는 걸 알게 되었어. 행복해지는 생각을 찾아내 계속 그 생각을 할 능력이 내게 있기 때문이야.

이 세상에 살면서 어느 날 내 몸의 어떤 부분이 최상의 상태로 작동하지 않을 수 있어. 하지만 그런 일이 생겨도 훨씬 더 많은 기관이 자신의 역할을 충실히 해낼 거라는 걸 나는 알아. 그렇게 나는 건강을 유지할 거야.

무엇보다 내 관심과 의도에 내 몸이 빠르게 반응하는 게 좋아. 마음과 몸, 영혼의 연결성을 잘 알게 되어 감사해. 그 셋을 의도적으로 조화롭게 할 때 얼마나 강력한 결과가 생기는지 알기에 기뻐.

나는 내 몸으로 살아가는 삶을 사랑해.

나는 그러한 삶에 감사함을 느껴.

나는 기분이 좋아.'

더 나은 이야기를 말하는 데 옳거나 그른 방식은 없습니다. 과거나 현재, 미래에 대한 이야기를 해도 좋습니다. 중요한 건 단 하나입니다. 기분이 더 좋아지는 이야기, 그리고 더 나은 상황의 이야기를 말하겠다는 목적입니다. 하루를 보내며 기분 좋아지는 이야기를 짧게라도 여러 번 말하면 끌어당김의 기준이 바뀝니다. 당신이 말하는 이야기가 당신 삶의 토대가 된다는 사실을 기억하세요. 이루어지기를 바라는 삶의 모습을 말하세요.

MONEY
RULE

04

몸과 마음을
제대로 바라보려면

건강한 신체 갖기

신체를 진동과 조화롭게 만드는 일은 다음 두 가지 이유에서 놀라운 가치가 있습니다.

첫째, 사람들이 가장 많이 생각하는 대상은 자기 몸입니다. 어디를 가든 자신의 몸과 동행하니 그럴 수밖에 없습니다.

둘째, 당신의 시각이나 생각은 물리적인 몸이라는 렌즈를 통해 나타납니다. 따라서 모든 사물을 대하는 자세는 스스로 몸에 대해 어떻게 느끼는지에 영향을 받습니다.

과학과 의학은 몸과 마음, 생각과 결과, 태도와 성과의 연관성을 속 시원히 인정하지 않습니다. 신체와 관련해 앞뒤가 맞지 않는 지침이 너무 많아서 사람들은 혼란스러워합니다. '몸과 마음의 연관성을 이해하지 못하면 아무리 명약을 찾아서 치료해도 효과가 꾸준하지 않습니다. 믿음, 소망, 기대, 과거 및 현재 사건 등의 요소가 사람마다 달라서 에너지의 조화로움도 각각 다릅니다. 언제 어디서든 누구에게나 효과 있는 치료법이 없는 것도 그래서 당연하지요. 또한, 대다수가 자신의 몸을 제대로 모르는 것도 이상하지 않습니다.'

사람들은 현재 자신이 에너지와 조화로운지 그렇지 않은지 알기 위해 다른 사람의 몸에서 일어나는 정보를 활용하려고 합니다. 하지만 그것은 이 나라를 여행할 때 다른 나라의 지도를 보는 것과 마찬가지입니다. 그런 정보는 당신과 아무 관련이 없습니다. 현재 상황에서 아무 쓸모가 없는 정보라는 말입니다.

사람들은 우리가 알고 있는 것(우주의 법칙)과 모순되는 정보를 너무 많이 접합니다. 그래서 우리는 보다 큰 그림에서 당신과 당신의 몸에 관해 이야기하려 합니다. 이런 이야기를 할 수 있어서 매우 행복합니다. 우리는 당신이 건강한 사람이 되는 방법을 명확하게 이해하도록 돕고 싶습니다. 물리적으로 건강하고, 마음이든 영혼이든 몸이든 당신이 바라는 모습이 되도록 도우려 합니다. 당신이 마음을 잘 활용해 내면 존재와 조화로운 생각에 의도적으로 초점을 맞추면 그 조화로움의 증거가 물리적인 몸으로 나타나게 될 것입니다.

소망과 경험의 균형 이루기

신체의 물리적인 측면만 생각한다면 아무리 열심히 운동한다 한들 완벽한 건강을 얻는 건 불가능합니다. 물리적인 몸과 비물리적인 내면의 진동이 어떤 연관성이 있는지 이해하지 못하면 건강을 이해할 수도, 통제할 수도 없습니다. 건강하고 튼튼해 보이는 신체가 식이조절과 운동이라는 행동의 결과라고 생각할지 모르지만, 사실은 물리적인 몸과 비물리적인 내면이 진동의 조화를 이루는 게 훨씬 더 중요하게 작용합니다.

당신의 존재를 종합적으로 이해하고 진동의 조화를 우선순위에 둔다면 당신이 바라는 신체를 성공적으로 만들고 유지할 수 있습니다. 하지만 다른 사람의 몸 상태나 경험, 의견을 당신의 건강을 위한 기준으로 삼는다면 당신의 몸 상태를 통제할 수 없습니다. 당신의 몸과 내면의 조화를 추구하지 않고 다른 사람의 경험과 비교해 건강의 기준을 찾으면 자신의 몸을 통제할 열쇠를 영영 발견하지 못할 겁니다.

다른 이의 몸과 비교하지 않기

이 점을 이해해야 합니다. 올바른 건강 상태가 한 가지만 있는 건 아니라는 사실입니다. 아무리 많은 사람이 특정한 몸 상태를 원하더라도 사람들이 물리적인 몸을 입고 이곳에 오면서 의도했던 몸 상태는 매우 다양합니다. 만약 동일한 모습으로 살아가는 게 그들의 의도였다면 대부분 같은 모습으로 존재했을 겁니다. 하지만 그렇지 않지요. 키, 생김새, 유연성, 재주 등 무엇 하나 똑같은 사람이 없습니다. 어떤 사람은 힘이 세고, 어떤 사람은 민첩합니다. 사람들은 엄청난 다양성을 입고 이곳에 와서 온갖 종류의 다양함을 발휘합니다. 이는 전체에 놀라운 유익을 주지요. 사람들은 이 시공간의 균형을 이루기 위해 매우 다양한 모습으로 이곳에 왔습니다.

당신이 이렇게 하면 좋겠습니다. 대다수가 하는 것처럼 자신에게 부족한 특성을 찾으며 그런 상황을 받아들이지 마세요. 그 대신 당신이 지닌 강점을 찾으세요. 당신의 신체를 평가하거나 분석할 때 당신만이 아니라 모두의 균형에 도움이 되는 이점을 찾는 데 많은 시간을 투자하세요.

질문: 서커스에서 공중그네를 타던 때가 생각납니다. 나는 너무 무거워서 '날으는 사람'이 될 수 없었습니다. '잡아주는 사람'이 되기에는 또 너무 가벼웠습니다. 둘이 함께 호흡을 맞추는 공중그네는 내게 맞지 않았지요. 그래도 나는 공연을 했습니다. 혼자 타는 공중그네로 곡예를 했지요. 누군가가 나를 잡아줄 필요도, 내가 다른 사람을 잡을 필요도 없었습니다. 내 몸무게가 더 나가야 한다거나 덜 나가야 한다고 생각하지도 않았습니다. 내가 부족한 사람이란 생각이 전혀 들지 않았지요. 나는 하고 싶은 일을 찾아서 했습니다. 그 일을 하면서 곡예사로서의 정체성을 마음껏 누렸습니다.

대답: 좋습니다. 정말 훌륭해요.

스스로 완벽하다 여기면

질문: 내가 몸무게와 관련해 부족한 게 없다고 생각한 것처럼 사람들이 자신의 몸무게와 정신력, 재능에 대해서도 그렇게 생각할 수 있을까요? 우리는 각자 자신이 완벽하다고 생각할 수 있는 것일까요?

대답: 당신의 현재 상태가 어떻든 그 모습이 완벽하다고 주장하라는 말이 아닙니다. 사람들은 현재 상황보다 더 나은 상황을 끊임없이 추구하기 때문이지요. 하지만 주의를 기울일 때 기분이 좋아지는 경험을 찾으면 내면 존재의 시각과 조화를 이루게 됩니다. 내면 존재의 초점은 항상 당신의 행복에 맞춰져 있습니다. '우리가 권하는 건 이렇습니다. 당신은 몸과 관련해 당신의 생각과 당신 내면의 생각이 조화가 이루어지는 것을 느껴야 합니다. 주변 사람들의 생각에 부합하는 몸을 만들려고 하지 마세요.'

원하지 않는 걸 밀어내면

창조는 행동이 아니라 생각을 통해 이루어짐을 당신은 이해했습니다. 따라서 노력을 적게 하고도 더 많은 소망을 이룰 수 있습니다. 힘겨운 노력을 하지 않으면 당신은 훨씬 더 즐거울 것입니다. 사람들은 깨어 있는 모든 순간에 생각을 합니다. 따라서 긍정적이고 기분 좋은 생각을 하는 태도를 기르면 극적인 도움을 받게 될 것입니다.

당신이 물리적인 몸을 입고 온 이 사회는 당신에게 원하지 않는 일에 맞서라고, 그 일을 경계하라고 경고했습니다. 시간이 흐르면서 사람들은 대부분 경계 태세를 취했습니다. 사람들은 '마약과의 전쟁', '에이즈와의 전쟁', '암과의 전쟁'을 치릅니다. 사람들은 원하는 것을 얻으려면 원하지 않는 것을 물리쳐야 한다고 믿습니다. 그래서 원하지 않는 것을 밀어내는 데 엄청난 초점을 맞춥니다. 하지만 우리처럼 당신도 끌어당김의 법칙을 이해한다면, 그리고 강력한 생각의 힘을 안다면 얼마나 많은 이들이 퇴보하며 살아가는지 알게 될 겁니다.

"나는 아파. 하지만 아픈 걸 바라지 않아. 따라서 나는 이 병을 이겨내겠어. 이런 행동을 취하면 병을 이길 수 있을 거야."라고 말한다면 사실상 그 병을 붙잡고 있는 겁니다. 조심스럽고 방어적이며 부정적인 감정에서 벗어나지 못하기 때문입니다.

결핍에 주의를 기울이면

모든 대상은 두 가지 측면이 있습니다. 바로 당신이 '원하는 것'과 '원하는 것의 결핍'입니다. 몸과 관련해서 당신의 생각은 물리적인 몸의 렌즈를 통해 이루어집니다. 만약 당신의 몸이 당신이 원하는 상태가 아니거나 바라는 외모가 아니라면 결핍의 방향으로 생각이 기울어지는 건 당연합니다.

하지만 결핍의 관점에서 상황을 바라보면 더 많은 결핍을 끌어당길 뿐입니다. 다이어트가 대부분 실패하는 이유도 그래서입니다. 다이어트를 하는 사람은 자신의 몸이 뚱뚱하다고 생각합니다. 즉 보고 싶지 않은 식으로 자신의 몸을 보는 겁니다. 뚱뚱한 몸이 참을 수 없을 정도로 싫어지거나 다른 사람이 한심하게 쳐다보면 이렇게 말합니다. "더는 이렇게 지긋지긋하게 살 수 없어. 다이어트를 시작하겠어. 꼴 보기 싫은 이 지방 덩어리를 다 없애버리겠어." 이때 초점은 꼴 보기 싫은 지방 덩어리에 맞춰집니다. 그러면 그것을 붙잡는 것입니다. '원하는 목표에 다가서려면 원하는 것에 모든 주의를 기울여야 합니다. 원하지 않는 것에 주의를 기울여서는 안 됩니다.'

두려움의 씨앗을 심으면

질문: 제 친구가 임상시험에 자원했습니다. 그는 매우 건강했지만 다른 사람에게 도움이 되는 일을 하기 위해 기꺼이 자원했다고 했습니다. 그의 지역에서 그와 비슷한 나이의 남성들이 특정한 질병으로 많이 사망했기 때문입니다. 몇 주 지나지 않은 것 같았는데 그에게서 연락이 왔습니다. 자신도 그 병을 진단받았다고 말했습니다. 그는 사망하고 말았습니다. 하지만 그가 그 질병을 두려워했던 것 같지는 않

습니다. 그가 단순히 병에 초점을 맞춰서 그의 몸에 병이 생긴 걸까요?

대답: 그렇습니다. 병에 주의를 기울였기 때문입니다. 다시 말해 다른 사람을 돕겠다고 병에 초점을 맞춰서지요. 그는 연구자들이 자신을 검사하고 주사를 놓고 관찰하도록 허용했습니다. 그러는 과정에서 자신을 실험하는 연구자들의 생각에 영향을 받아 그 병이 생길 가능성을 인식했습니다. 그저 가능성을 인식한 게 아니라 병이 생길 확률을 인식하게 되었습니다. '연구자들은 그에게 확률의 씨앗을 심어주었습니다. 그리고 그를 검사하고 주사를 놓고 관찰하는 과정에서 그의 몸은 그가 생각하는 쪽으로 반응하게 된 것입니다.'

당신 친구의 이야기는 놀라운 예입니다. 병에 주의를 기울이기 전에는 그에게 그 병이 없었습니다. 그 병에 주의를 기울이면서 그의 몸은 생각에 반응했습니다.

'건강과 질병의 씨앗은 늘 당신 안에 있습니다. 당신이 선택하는 생각이 어떤 경험을 어느 정도까지 할지 결정합니다.'

질병에 주의를 기울이면

질문: 질병을 그냥 한번 생각해보는 건 괜찮을까요? 예를 들어 어떤 사람이 방송을 보다가 무료 건강 검진에 관한 소식을 알게 되었습니다. 그래서 이렇게 생각할지 모릅니다. '음, 건강 검진을 받아봐야겠

어. 물론 나는 건강하지만 뭐 어때? 공짜잖아.' 이런 경우 당신이 말하는 결과로 이어질 가능성이 있을까요? 건강 이상을 생각하며 검진을 받는 것으로 건강 이상이라는 원하지 않는 결과가 생길 수 있나요?

대답: 거의 100퍼센트 그럴 가능성이 있습니다. 이 사회에서는 질병에 주의를 기울이기 때문에 그 질병이 널리 퍼지게 됩니다. 의료 기술이 발전하고 다양한 장비와 치료법이 개발되었는데도 오늘날 심각하게 아픈 사람은 그 어느 때보다 많습니다. 심각한 질병이 널리 퍼지는 이유는 주로 그 질병에 주의를 기울이기 때문입니다.

질병을 그냥 한번 생각해보는 건 괜찮냐는 질문에 이렇게 말하겠습니다. 사람들은 무엇을 먹을지, 무엇을 입을지, 어떤 차를 운전할지에는 까다롭게 굽니다. 그런데 어떤 생각을 할지에 관해서는 한없이 관대합니다. '어떤 생각을 할 것인가에 까다롭게 굴어야 합니다. 당신이 원하는 것과 조화로운 쪽으로 생각을 유지해야 합니다. 건강을 생각하세요. 건강을 잃는 생각은 하지 마세요. 지금은 원하는 모습이 아니더라도 원하는 모습이 된 상황을 생각하세요.'

질병은 단지 질병에 대한 부정적인 생각 때문에 생기고 지속되는 게 아닙니다. 스스로 취약하다고 느끼며 경계심을 품을 때 병이 생긴다는 걸 기억하세요. 건강만이 아니라 모든 주제에 관한 생각이 당신이 바라는 방향으로 향하도록 연습하세요. 감정적으로 더 나은 상태에 이르면 신체적 건강이 보장됩니다.

건강에 초점을 맞추면

질문: 얼마 전에 친구가 자신의 집에 방을 하나 더 만들었습니다. 건강이 많이 안 좋아진 시어머니를 모시고 살려고 그렇게 했습니다. 그녀의 시어머니가 끊임없이 말하는 게 있습니다. 자신의 기분이 얼마나 나쁜지 아느냐, 건강이 너무 쇠약해졌다, 자신의 삶이 몹시 불행하다, 이 수술은 이래서 나쁘고 저 수술은 저래서 안 좋다, 그런 말을 쉬지 않고 쏟아냅니다.

친구의 친정어머니가 지난 연휴에 친구를 찾아왔다고 합니다. 85세인 친정어머니는 평생 병원에 입원한 적이 없습니다. 그런데 일주일간 끊임없이 아프다고 말하는 시어머니와 한집에 머물면서 건강이 급격히 나빠졌습니다. 병원에 입원했고 퇴원 후에는 요양원에 들어가게 됐습니다. 단 며칠간 부정적인 영향을 받았다고 해서 건강이 그렇게 갑자기 나빠질 수 있을까요?

대답: '질병과 건강의 씨앗은 누구에게나 있습니다. 질병이든 건강이든 한 가지에 주의를 기울이면 내면에서 씨앗이 커지기 시작해 그 생각의 본질이 발현됩니다. 생각은 매우 강력합니다.'

꼭 그런 건 아니지만 85세 이상인 사람들은 대부분 신체에 부정적인 영향을 이미 받고 있습니다. 건강이 나빠진다는 생각이 쉴새 없이 자신을 공격하는 겁니다. 그래서 의료 보험이나 상조회에 가입해야 하고, 죽음에 대비해 유언장을 작성해야 한다고 생각합니다. 따라서 친정어머니는 건강에 대한 부정적인 영향을 한집에 있는 시어머니에게서 처음 받은 건 아니었습니다.

친구의 친정어머니는 얼마나 더 오래 살 수 있을까 하는 불안함이 어느 정도 있었습니다. 건강에 대한 부정적인 생각으로 휘청거리고 있던 겁니다. 그러던 중에 불안에 휩싸인 다른 여성과의 대화와 주변 사람들이 자신을 대하는 태도가 불안에 불을 지폈다고 볼 수 있습니다. 생각이 건강 악화 쪽으로 기울자 부정적인 증상이 즉시 발현된 겁니다. 그다음에는 친정어머니가 눈에 보이는 부정적인 증상에 주의를 기울이게 되었고, 건강에 대한 염려가 극심한 환경에서 그러한 증상들은 더욱 빠르게 심각해졌습니다.

누군가가 당신의 경험에 개입해 당신의 생각을 자극할 수 있습니다. 그래서 건강보다는 질병을, 행복보다는 행복을 잃은 상황을 주로 생각할 수 있습니다. 그러면 자신이 취약한 존재라는 느낌이 들며 방어적인 태도가 생기고 심지어 화가 납니다. 그때 당신의 몸을 구성하는 세포들은 그러한 생각에 반응하기 시작합니다. 그렇습니다. 몇 주나 며칠, 심지어 몇 시간 만에도 그러한 부정적인 과정이 시작될 수 있습니다. '당신 삶에 나타나는 모든 일은 생각의 결과입니다. 거기에 예외는 없습니다.'

주변 사람이 아프다면

주변 사람들의 건강 문제를 보면서 병에 걸린 게 생각의 결과라고 생각하기는 쉽지 않습니다. 사람들은 아픈 사람을 보면서 그저 그게 현실이라고 생각합니다. 그들은 우리에게 이렇게 말합니다. "이건 진짜 현실이에요. 생각이 아니라고요." 그들은 현실과 생각이 별개인 것처럼 말합니다. 기억하세요. 우주는 진짜 현실과 상상하는 현실을 구별하지 않습니다. 우주와 끌어당김의 법칙은 단순히 당신의 생각에 반응합니다. 진짜 현실이든, 상상하는 현실이든, 현재든, 과거든 상관없습니다. '주변 사람에게서 어떤 신체적 증상을 보게 되든 그건 그 사람의 생각을 보여주는 것에 불과합니다. 다른 사람이 자신의 생각으로 만들어내고 있는 신체 증상 때문에 당신이 두려움을 갖거나 스스로 취약한 존재라고 생각할 필요가 없습니다.'

세상에 바꿀 수 없는 상황은 없습니다. 얼마나 나빠졌든 간에 다시 건강해질 수 없는 신체 상황도 없습니다. 하지만 더 나은 건강을 얻으려면 끌어당김의 법칙을 이해해야 합니다. 감정이 이끄는 안내를 받아야 하며, 기분 좋게 해주는 것에만 의도적으로 초점을 맞추겠다고 결심해야 합니다. 신체는 생각에 반응한다는 사실을 이해하고, 원하는 방향으로 생각을 유지할 수 있다면 모두가 건강해질 것입니다.

완벽한 건강을 유지하려면

질문: 완벽한 건강을 유지하거나 되찾는 최상의 방법은 무엇일까요? 주변 사람들이 완벽한 건강을 얻도록 어떻게 도울 수 있지요?

대답: 건강을 되찾고 유지하는 방법은 하나입니다. '기분 좋은 일에 더욱 초점을 맞추는 것입니다.' 건강을 되찾는 것과 유지하는 것에 차이가 하나 있다면 건강을 유지하는 게 건강을 되찾기보다 훨씬 더 쉽다는 겁니다. 기분이 나쁠 때보다 좋을 때 기분 좋은 생각을 하기 쉬운 것처럼 말입니다. '다른 사람이 건강하게 살도록 돕는 최상의 방법은 당신이 건강하게 사는 겁니다. 다른 사람이 아프게 살도록 만드는 최상의 방법은 뭘까요? 바로 당신이 아프게 사는 겁니다.'

현재 원하지 않는 삶을 사는 사람에게는 기분 좋은 생각을 찾으라는 말이 허무맹랑하게 들릴 수도 있습니다. 하지만 우리는 보장합니다. 기분 좋은 생각을 의도적으로 선택해 더 좋은 감정을 느끼겠다고 결심하면 당신을 괴롭히는 상황들이 즉시 개선되는 것을 보게 될 겁니다.

긴장을 풀고 행복하게 잠들면

당신이 머물러야 할 자연스러운 상태는 완벽하게 행복한 상태입니다. 질병에 맞서 싸울 필요가 더는 없습니다. 그저 긴장을 풀고 건강한 상태로 들어가세요. 오늘 밤 침대에 누워 잠을 청할 때 당신이 누워있는 침대가 얼마나 크고 편안한지 느껴보세요. 베고 있는 베개와 살갗에 닿는 이불의 감촉을 느껴보세요. 기분이 좋아지는 것에 주의를 기울이세요. 기분이 좋아지는 것을 생각하는 순간순간 당신은 질병에 연료를 주는 일을 중단하고 있는 겁니다. '기분 좋은 일을 생각하는 순간은 질병의 진행을 막는 순간입니다. 질병을 생각하고 있는 동안에는 질병에 불을 지피는 연료를 더 붓고 있는 것이라고 할 수 있습니다.'

5초 동안 기분이 좋아지는 것에 주의를 기울일 수 있다면 그 5초 동안 질병에 먹이를 주지 않는 겁니다. 10초 동안 그렇게 할 수 있다면 그 시간 동안 질병에 먹이를 안 주는 겁니다. 바로 지금 기분이 얼마나 좋은지 생각하고 건강한 게 당연하다고 생각하세요. 그러면 건강에 연료를 공급하기 시작하는 겁니다.

부정적인 감정이 올라오면

질병을 생각할 때 부정적인 감정이 드는 이유는 무엇일까요? 그 생각이 내면 존재의 생각과 조화를 이루지 않아 당신의 진정한 모습으로 진동하지 않기 때문입니다. 질병 때문에 걱정하거나 분노하고 두려워하는 부정적인 감정은 당신과 당신의 진정한 모습 사이에 흐르는 에너지를 강력하게 막고 있다는 신호입니다.

내면 존재에서 나오는 비물리적인 에너지가 막힘 없이 흐르도록 당신이 허용할 때 건강해집니다. 그러니 '나는 건강해', '나는 건강해지고 있어', '내 건강은 완벽해', '나의 자연스러운 상태는 건강한 상태야'라고 생각하세요. 그러면 그 생각은 내면 존재의 생각과 조화로운 진동의 파장을 내보냅니다. 그리고 내면 존재가 내보내는 생각 에너지 덕분에 당신은 건강해집니다.

'모든 생각은 진동합니다. 기분이 좋아지는 생각에 초점을 맞추세요. 그러면 기분 좋은 생각을 끌어당기고, 그 생각은 또 다른 기분 좋은 생각을 꼬리에 꼬리를 물고 끌어당깁니다. 마침내 진동이 상승해 내면 존재가 당신을 감싸 안을 수 있습니다. 장담하는데 이때 당신은 행복한 상태에 있게 되고 건강도 그 수준으로 빠르게 좋아집니다. 건강이 극적으로 회복되는 물리적인 증거를 목격하기 시작할 겁니다. 이건 법칙이기 때문입니다.'

내 몸을 통제할 수 있게 되면

질문: 이 장의 주제는 '건강을 바라보는 시각'입니다. 즉 건강한 상태에 어떻게 도달할 수 있는지, 건강을 어떻게 유지할 수 있는지에 관한 이야기입니다. 자신의 몸무게나 신체 및 정신 건강을 걱정하는 사람들이 엄청나게 많습니다. 나는 신체적 건강이 악화되는 문제에 많은 관심이 있었기에 그들이 왜 그렇게 걱정하는지 잘 알고 있습니다.

어릴 때 나는 운 좋게도 내 몸을 내가 통제한다는 사실을 깨달았습니다. 9살 때 지역 축제에 갔던 일이 생각납니다. 한쪽에서 프로 권투 선수 두 명이 대결을 신청하는 사람들과 시합을 했습니다. 이를테면 농부들이 참가비를 내고 링에 올라가 권투선수와 대결을 해서 이기면 돈을 받는 시합이었습니다. 하지만 농부들은 언제나 흠씬 두들겨 맞았습니다.

그때 가스 등불로 불을 밝힌 텐트 안에 권투선수가 서 있던 모습이 기억납니다. 꺼질 듯이 깜박이는 불빛이 그의 등에 흐르는 땀을 비추고 있었습니다. 그의 등을 따라 내려오는 두 개의 멋진 근육 사이에 숨어있는 등뼈가 나를 사로잡았습니다. 그 모습과는 대조적으로 나의 등뼈는 초라하기 그지없었습니다. 내 등뼈는 둥그렇게 말려 있었고 주변에는 근육이 전혀 없었습니다. 권투선수의 등뼈는 근육 속에 아름답게 자리를 잡았는데 말입니다. 그렇게 아름다운 등 근육을 관찰한 건 즐거운 경험이었습니다. 그날 본 광경이 매우 인상적이어서 8년 만에 나도 그런 등을 갖게 되었습니다. 그 경험을 통해 나의 물리적인 몸을 내가 창조할 수 있다는 사실을 깨달았습니다.

또 다른 경험이 있습니다. 어렸을 때 나는 심하게 아팠습니다. 그 결과 내 건강을 어느 정도 통제할 수 있다는 걸 알게 되었습니다. 몇 차례 의사의 진찰을 받았지만 그들의 진단과 치료법이 다들 달랐습니다. 얼마 지나지 않아 의사를 찾지 않는 게 더 낫겠다는 생각이 들었습니다. 믿을 수 있는 의사를 찾을 수 없었기 때문입니다. 나를 진찰할 때 그들은 번번이 잘못된 진단을 내놓았습니다. 나는 내 몸을 스스로 관리해 보는 게 낫겠다고 마음먹었습니다.

지금도 나는 내 몸이 어떻게 건강을 유지할지, 앞으로 몸 상태는 어떻게 될지 조금 고민합니다. 체중, 건강, 마음의 완벽한 상태를 유지할 수 있을까? 지금은 그러고 있다고 생각합니다. 하지만 때때로 궁금해지는 순간이 있습니다. '항상 이 상태로 있을 수 있을까?' 이 문제에 대한 당신의 생각을 듣고 싶습니다.

대답: 몸과 마음을 연결해 질문해주어 감사합니다. '몸은 계속 생각에 반응하고 있습니다. 사실 몸은 생각 말고는 어느 것에도 반응하지 않습니다. 당신의 몸은 당신이 무엇을 생각하는지 완벽하게 보여줍니다. 몸에 영향을 주는 건 생각 외에는 아무것도 없습니다.' 사람들이 어린 시절 자신의 몸을 어느 정도 통제해본 경험이 있으면 좋습니다.

생각과 경험이 직접적인 관련이 있다는 사실을 의식적으로 받아들이면 어떤 환경에 처하더라도 자신의 경험을 통제할 수 있습니다. 원하지 않는 게 아니라 원하는 것만 얻으려면 당신이 추구하는 통제력을 이미 확보했다는 사실을 인식해야 합니다. 그다음 경험하고 싶은 일들만 의도적으로 생각하면 됩니다.

쇠약해진다고 생각하면 당연히 기분이 나쁩니다. 쇠약해지는 걸 원하지 않기 때문입니다. 따라서 감정이 알려주는 안내 시스템을 활용해 기분이 좋아지는 생각을 선택해야 합니다. 그러면 세월이 가는 것에 대해 걱정할 필요가 없습니다. 결정만 하면 되는 단순한 일입니다. '나는 신체 기관을 완벽하게 통제하며 오직 나만 내 몸을 통제한다는 사실을 받아들이고 싶다. 내 모습은 내가 하는 생각의 결과임을 받아들인다.'라는 결정만 하면 됩니다.

이곳에 태어나던 날 당신은 자신에 대한 깊은 이해가 있었습니다. 절대적인 자유와 기쁨을 그저 희망하거나 소망한 게 아닙니다. 그러한 자유와 기쁨을 당신이 누릴 것임을 잘 알고 있었습니다. 절대적인 자유를 누리고 기쁨을 추구하며 인생 경험을 통해 성장하게 되어 있다는 사실을 알고 있었습니다. 당신은 완벽하며 더 나은 완벽함을 위해 계속 전진하고 있다는 사실도 알고 있었습니다.

우리의 뼈와 의도적인 생각

질문: 젊은 시절 나는 의식적이고 의도적으로 내 몸에 근육이 자라게 했습니다. 내가 그걸 원했기 때문이지요. 그런데 뼈에도 의식적으로 영향력을 행사할 수 있을까요?

대답: 네, 그럴 수 있습니다. 똑같은 방식으로 뼈도 자라게 할 수 있습니다. 차이는 있습니다. 현재 근육에 대한 믿음은 있지만 뼈에 대한 믿음은 없다는 것입니다.

질문: 맞습니다. 나는 근육을 놀라울 정도로 발달시킨 남자를 보았고 나도 그렇게 되고 싶었습니다. 많은 사람이 단단한 근육을 발달시켰기에 나도 할 수 있다고 믿었습니다. 하지만 다 성장한 사람의 뼈가 자라는 건 본 적이 없습니다.

대답: 더 많은 일이 더 빠르게 변하지 않는 이유는 대다수의 사람이 주로 현재 그대로의 상태에 주의를 기울이고 있기 때문입니다. 변화를 일으키려면 지금 그대로의 상태 너머를 보아야 합니다.

'증거를 눈으로 봐야만 믿을 수 있다면 당신의 창조 속도는 엄청나게 더딜 것입니다. 무언가를 믿으려면 다른 누군가가 그것을 창조할 때까지 기다려야 하기 때문입니다. 하지만 우주와 끌어당김의 법칙이 현실에 빠르게 반응하는 것처럼 상상에도 빠르게 반응한다는 걸 이해해야 합니다. 그러면 당신이 원하는 것을 누군가가 먼저 만들어주기를 기다릴 필요 없이 새로운 현실을 빠르게 창조할 수 있습니다.'

질문: 그러면 우리가 해야 할 일은 먼저 나서는 사람, 즉 '선구자'가 되는 것이군요.

대답: 창조의 첨단에 서려면 비전과 긍정적인 기대가 있어야 합니다. 바로 여기에 가장 강력한 유쾌함이 있습니다. 무언가를 바라면서 그 일의 성취에 의문을 품지 않는 상태가 사람들이 경험할 수 있는 가

장 만족스러운 상태입니다. 무언가를 원하지만 자신의 능력으로 그걸 얻을 수 없다고 생각하면 기분이 나쁩니다. 의심과 불신을 모두 제거하고 오직 바라는 것만 생각할 때 우주는 그 소망에 반응해 그것을 빨리 이루게 해줍니다. 그러면 곧 당신은 의도적인 생각이 얼마나 강력한 힘을 갖는지 느끼기 시작할 것입니다. 하지만 그렇게 의심과 불신이 제거된 '순수한' 생각을 하려면 연습이 필요합니다. 있는 그대로의 현재는 덜 관찰해야 합니다. 그리고 경험하고 싶은 상황은 더 많이 상상해야 합니다. 당신의 물리적인 경험에 관한 이야기를 새롭고 더 좋게 말하려면 당신이 원하는 삶이 어떤 삶인지 더 많은 시간을 내어 생각하고 말해야 합니다.

'그 어떤 행동보다 강력한 효과를 주는 행동이 있습니다. 당신이 할 수 있는 행동 중 가장 강력한 행동은 날마다 시간을 투자해 당신이 원하는 삶을 상상하는 것입니다. 날마다 조용하고 방해받지 않는 장소를 찾으세요. 그곳에서 15분 동안 눈을 감고 상상하세요. 당신을 기쁘게 하는 몸 상태, 환경, 인간관계, 삶을 머릿속에서 생생하게 그려보세요.

현재의 일은 미래와 아무런 관련이 없습니다. 다른 사람의 경험도 당신의 경험과 아무런 관련이 없습니다. 과거와 다른 사람의 경험에서 당신을 분리할 방법을 찾아야 합니다. 당신이 원하는 모습이 되려면 꼭 그렇게 해야 합니다.'

소망이 믿음을 이긴다

질문: 수천 년 동안 인류는 달리기를 해왔습니다. 하지만 누구도 1마일을 4분 안에 돌파할 수 없었습니다. 그런데 로저 베니스터라는 선수가 그 일을 해냈습니다. 그가 마의 4분 벽을 깨자 지금은 많은 선수가 1마일을 4분 안에 돌파하고 있습니다.

대답: 다른 사람이 무언가를 해내지 못했다고 해서 자신도 못 할 거라는 생각을 스스로 허용하지 마세요. 그래야 인류에 엄청난 기여를 하게 됩니다. 마의 벽을 깨뜨리고 새로운 현실을 창조하면 다른 사람들이 그것을 관찰하고 머지않아 자신도 그 일을 할 수 있다고 믿으며 기대감을 품습니다. 당신이 성취한 모든 일은 사회에 귀중한 자산이 됩니다.

진보하는 삶을 향한 인류의 시도는 계속 확장되고 있습니다. 그래서 모두의 삶이 점점 더 나아지고 있습니다. 하지만 당신이 무언가를 눈으로 보지 않고도 믿을 수 있기를 바랍니다. 믿으면 보일 것입니다. 이 점을 당신이 이해하면 좋겠습니다. 마음속으로 계속 그려서 그것이 당연한 것으로 느껴지기 시작하면 그 일은 반드시 물리적인 결실을 얻게 됩니다. 끌어당김의 법칙이 보장합니다.

누군가가 어떤 일을 먼저 해내야 그 일이 가능함이 입증되는 게 아닙니다. 또 누군가가 먼저 해야만 당신이 할 수 있는 것도 아닙니다. 이 사실을 깨달으면 당신은 엄청난 해방감을 맛보게 될 것입니다. 새로운 사고 패턴을 연습하고 더 나은 감정을 느끼면 우주가 제공하는 증거를 보게 될 것입니다. 그러면 자신이 지닌 진정한 힘을 알게 됩니다. 불치병에 걸렸다는 소리를 들어도 당신은 자신 있게 말할 수 있습니다. "얼마나 살지는 내가 결정합니다. 내 경험의 창조자는 바로 나니까요." 소망이 매우 강력하면 부정적인 감정을 잠재울 수 있습니다. 그러면 건강은 회복되기 시작합니다.

이러한 이야기와 비슷합니다. 한 어머니가 자신의 아기가 무거운 물체에 깔린 것을 보았습니다. 물체의 무게는 어머니가 들 수 있는 무게의 몇 배, 몇십 배에 달했지요. 하지만 어머니는 아기를 구하겠다는 강력한 소망으로 그 물체를 들어 올립니다. 평범한 상황이라면 꿈도 꾸지 못했을 것입니다. 하지만 소망이 얼마나 강력했던지 그 무게를 들 수 없다는 평소의 믿음은 일시적으로 아무런 영향력을 행사하지 못했습니다. 그녀에게 "그 물체를 들 수 있을 거라고 믿었습니까?"라고 묻는다면 이렇게 답할 것입니다. "당연히 믿을 수 없었습니다. 여행 가방에 물건이 가득 차면 그것도 못 드는데요." 하지만 아기가 무거운 물체에 깔렸을 때 믿음은 아무 역할을 하지 못했습니다. 아이는 죽어가고 있었고, 아이를 구하는 게 어머니의 소망이었습니다. 그래서 어머니는 평소라면 들 수 없다고 믿고 있던 무게를 들어 올린 겁니다.

위험한 균을 믿으면

질문: 나는 진심으로 건강해지고 싶습니다. 그런데 가끔 병에 걸릴 수도 있겠다는 생각도 듭니다. 병원에 있는 환자를 방문할 때마다 복도를 지나면서 숨을 참습니다. 내 코로 병균이 들어올까 봐요.

대답: 환자를 잠깐 만나고 바로 나왔겠군요. (웃음)

질문: 잠깐 만나면서도 계속 창가에서 바깥 공기를 마시려고 했습니다. 숨을 참아서 병균을 피할 수 있다고 믿으면 그런 믿음이 질병에 걸리지 않게 보호해줄까요?

대답: 이상한 방법이긴 하지만 당신은 진동의 균형을 유지하고 있습니다. 건강을 원하고, 병균이 질병을 일으킨다고 믿고, 병균을 피하는 행동이 질병을 예방해준다고 믿으니까요. 그렇게 해서 당신에게 도움이 되는 균형을 이루고 있습니다. 하지만 너무 어렵게 하고 있군요.

감정이 알려주는 안내 시스템에 귀를 기울였다면 건강을 위태롭게 하는 병균이 있다고 믿는 환경으로 들어가지 않았을 겁니다. 병원에 가는 것에 두려움을 느낀다면 그 감정은 무언가 행동을 취하라는 신호입니다. 그래야 진동의 조화를 이루기 때문입니다. 병원에 가지 않을 수도 있습니다. 하지만 마음은 불편했을 겁니다. 아픈 친구가 당신의 방문을 좋아한다는 것을 알기 때문입니다. 그래서 두려움을 느끼지 않고 친구를 방문할 방법을 찾는 겁니다. 그것을 우리는 진동의 균형을 찾는다고 말합니다. 진동이 균형을 이루면 당신은 자신의 건강을 굳게 믿을 수 있습니다. 또는 건강에 대한 소망이 더욱 강렬해질 수 있습니다. 그러면 어떤 환경에 있든 건강에 위협을 받는다는 느낌이 없을 겁니다.

자신의 진정한 모습과 조화를 이루고 안내 시스템이 보내는 강력한 소리에 귀를 기울이면 건강에 위협이 되는 환경에 절대 들어가지 않을 겁니다. 안타깝게도 많은 사람이 다른 사람을 기쁘게 하려고 자신의 안내 시스템의 소리를 무시합니다. 당신이 말한 병원에 두 명이 들어갔다고 해보겠습니다. 한 명은 건강에 전혀 위협을 느끼지 않습니다. 그런데 다른 한 명은 엄청난 위협을 느낍니다. 그리고 전자는 병에 걸리지 않고 후자는 병에 걸립니다. 병원에 존재하는 병균 때문이 아닙니다. 건강에 대해 스스로 내보내는 진동 때문입니다.

'우리는 사람들의 믿음을 바꾸려는 게 아닙니다. 그들의 믿음이 잘못됐다고 보지도 않습니다. 우리가 바라는 건 사람들이 자신의 감정 안내 시스템을 자각하는 것입니다.' 그러면 자신의 소망과 믿음 사이에서 진동의 균형을 달성할 수 있습니다. '옳은' 일을 한다는 건 자신의 목적과 믿음 사이에서 조화로운 일을 한다는 뜻입니다.

질문: 그러면 어떤 상황에서 두려움을 느껴 그 상황을 피하는 게 아무런 문제가 없습니까?

대답: 다른 사람을 기쁘게 해주려고 자신의 안내 시스템을 무시하는 사람이 많습니다. 만약 당신이 다른 사람을 기쁘게 해주는 행동이 아니라 당신에게 좋은 행동을 대담하게 하면 사람들은 뭐라고 할까요? 당신을 두고 이기적이라거나 비겁하다고 할 수 있습니다. 자신의 요구가 얼마나 위선적인지도 모른 채 당신을 비난하지요.

때때로 우리는 이기적으로 되라고 가르친다며 비난을 받습니다. 맞는 말입니다. 우리도 인정합니다. 만약 당신이 이기적으로 행동하지 않아서 당신의 진동을 잘 관리하지 않고, 그로 인해 당신의 진정한 모습인 근원과 조화를 이루지 못하면 다른 사람에게 줄 게 아무것도 없습니다. 다른 사람이 당신에게 이기적이라거나 비겁하다고 말하면 그들의 진동은 분명히 균형에서 벗어난 것입니다. 그래서 당신이 행동을 바꾼다 한들 그들이 진동의 균형을 찾기는 어렵습니다.

신체적 건강을 더 많이 생각하고 말할수록 건강에 대한 진동 패턴은 더욱 견고해집니다. 끌어당김의 법칙이 그러한 믿음을 뒷받침하고 강화하는 것들로 당신 주변을 가득 채울 것입니다. '건강한 모습을 담은 이야기를 더 많이 말하고, 취약하다는 느낌을 떨쳐낼수록 끌어당김의 기준이 옮겨져 다른 상황이 펼쳐집니다. 당신은 그러한 상황을 새롭게 느끼게 될 것입니다.'

좋아하는 것에 이끌린다

당신이 바라는 삶으로 가는 유일한 방법은 저항이 없고 허용이 많은 길로 가는 겁니다. 당신의 근원, 내면 존재, 당신의 진정한 모습, 당신이 바라는 모든 일과 연결되는 일을 허용해야 합니다. 그러한 허용은 유쾌한 기분이라는 형태로 나타납니다. 기분 좋은 상태를 우선순위로 삼는다면 당신이 바라는 건강과 조화롭지 않은 말을 하게 될 때마다 기분이 나빠집니다. 당신이 저항하고 있다는 경보를 내보내는 겁니다. 그러면 기분이 좋아지는 생각을 선택할 수 있고 원래의 궤도로 돌아오게 됩니다.

저항하는 생각은 당신에게 막힘 없이 도달할 수 있는 행복의 물결을 막습니다. 따라서 부정적인 감정을 느낀다는 건 당신의 안내 시스템이 그 순간 당신이 저항하는 생각을 한다는 것을 깨닫도록 도와주는 겁니다. 안내 시스템은 이런 식으로 말합니다. "이봐. 또 그러는군. 그런 생각을 다시 하는 거야? 이런, 계속 그러면 어떻게 하나. 부정적인 감정을 느낀다는 건 당신이 원하지 않는 것을 끌어당기고 있다는 뜻이네."

많은 사람이 부정적인 감정을 그냥 놓아두어 자신의 안내 시스템을 무시합니다. 그로 인해 광범위한 관점이 알려주는 유익을 거부합니다. 하지만 사람들은 자신이 원하는 것을 알게 되었습니다. 따라서 원하는 것이 없는 상황에 부닥치면 부정적인 감정을 느낄 수밖에 없습니다. 소망을 품은 사람의 기분이 좋아지려면 그 소망을 바라봐야만

합니다. '살면서 무언가를 얻었다면 그것이 줄어드는 쪽으로는 되돌아가지 못하기 때문입니다.'

부정적인 감정이 느껴지면 즉시 행동과 생각을 중단하고 바로 이렇게 말해야 합니다. "내가 원하는 게 뭐지?" 원하는 쪽으로 주의를 돌렸기 때문에 부정적인 감정은 긍정적인 감정으로 대체됩니다. 그리고 부정적으로 끌어당기는 것을 멈추고 긍정적으로 끌어당기기 시작합니다. 올바른 궤도로 돌아오는 겁니다.

나를 기쁘게 하지 않으면

생각의 방향을 갑자기 바꾸기란 건 쉽지 않습니다. 끌어당김의 법칙이 지금 하는 생각과 비슷한 생각을 계속 끌어당기기 때문입니다. 당신이 부정적인 감정을 느끼고 있다고 해보겠습니다. 그런데 긍정적인 사람이 당신의 생각에 동의하지 않을 수 있습니다. 그러면 당신은 방어적인 생각이 들게 됩니다. '자신의 의견을 방어하거나 정당화하려고 하면 저항하는 상태에 더 오래 머물게 될 뿐입니다. 그런데 많은 사람이 불필요한 저항을 계속하곤 합니다. 기분이 좋은 것보다 자신이 옳은 걸 증명하는 게 더 중요하다고 생각하기 때문입니다.'

자신이 옳다며 당신을 설득하려는 사람을 만날 수 있습니다. 그들은 부정적인 대화를 이어가지요. 그들의 관점에 동의하지 않으면 냉정한 사람이라는 소리를 들을 수도 있습니다. 어쩌면 당신은 부정적인 친구를 기쁘게 해주려고 당신의 유쾌한 기분(광범위한 관점과 조화로운 생각을 선택할 때 생기는 감정)을 포기할지 모릅니다. 그 친구가 당신을 그저 자신의 말을 들어주는 도구로 이용하는데도 말입니다. 만약 그렇게 당신의 좋은 기분을 포기하면 누구에게도 도움이 되지 않은 일을 하면서 아주 큰 대가를 치르게 될 것입니다. 그럴 때 불편한 감정이 느껴진다면 그건 내면 존재가 이렇게 말하는 겁니다. "이런 행동과 대화는 네가 원하는 것과 맞지 않아." 먼저 당신 자신을 기쁘게 해야 합니다. 그렇지 않으면 당신 주변에 가득한 부정적인 생각에 휩쓸리기 쉽습니다.

어느 정도가 적절한 수명일까?

질문: 100세 정도 되면 몸 상태를 통제하는 데 한계가 생길까요?

대답: 사람들의 제약된 생각만이 한계를 만듭니다. 모든 한계는 스스로 만드는 겁니다.

질문: 수명이 다할 때는 언제일까요?

대답: 더 큰 당신의 의식은 절대 끝이 없습니다. 그런 의미에서 '죽음'이란 없는 겁니다. 하지만 의식이 물리적인 몸으로 흐르는 일을 멈

추는 시간은 옳니다. 그 몸에서 주의를 거두는 시기는 당신에게 달려 있습니다. 기분이 좋아지는 일에 초점을 맞추는 방법을 배운 사람은 이 세상에서 자신에게 설렘과 재미를 주는 일을 계속 찾습니다. 그러면 자신의 물리적인 몸에 초점을 계속 맞출 수 있는 시간의 양에는 한계가 없습니다. 하지만 부정적으로 초점을 맞추고 근원 에너지와의 연결을 습관적으로 단절하면 물리적인 삶은 짧아집니다. 근원 에너지가 새로운 에너지를 보충해주지 않으면 신체 기관이 장기간 기능을 유지하지 못하기 때문입니다. '부정적인 감정은 근원 에너지와 단절된다는 신호입니다. 그러니 행복하세요. 그래야 오래 삽니다.'

스스로 생명을 포기하면

질문: 그렇다면 모든 죽음은 스스로 생명을 포기하는 것일까요?

대답: 그렇게 말할 수도 있습니다. 모든 경험은 생각이 어느 쪽으로 기울어져 있느냐에 좌우됩니다. 누구도 당신 대신 생각해줄 수 없습니다. 당신의 진동을 대신 내보낼 수 있는 사람도 없습니다. 물리적인 죽음을 포함해 당신의 인생에서 일어나는 모든 일은 당신이 일으킨 것입니다. 대다수가 죽음을 결심하지는 않습니다. 다만 계속 살겠다는 결심을 하지 않을 뿐입니다.

질문: 자살을 결심하는 사람은 어떤 상황인가요?

대답: 당신의 생각이 의도적으로 무언가에 초점을 맞추는 생각인지 아니면 무심결에 무언가를 관찰하면서 하는 생각인지는 중요하지 않습니다. 그 생각을 하고 있다는 사실이 중요합니다. 그 생각을 하면서 진동의 파장을 내보내고 그로 인한 결과를 얻습니다. 따라서 당신은 무언가를 의도적으로 하든 그렇지 않든 스스로의 현실을 늘 창조하고 있는 겁니다.

매우 다양한 이유로 당신의 행동을 통제하려고 하는 사람들이 있습니다. 심지어 경험을 만드는 행동까지 통제하고 싶어 하는 사람도 있습니다. 그들의 불만은 매우 큽니다. 다른 사람을 통제하는 건 애초에 불가능하기에 아무리 통제하려고 시도해봤자 아무 소용이 없기 때문입니다. 그래서 '자살'이라는 방식으로 물리적인 삶에서 의도적으로 벗어나는 사람들에 대해 그들은 못마땅한 감정을 갖습니다. 하지만 이 점을 이해하면 좋겠습니다. 자살한다고 해서 존재함이 중단되는 건 아니라는 겁니다. 의도적으로 자살을 하든 의도와 상관없이 죽게 되어 물리적인 삶을 떠나든 당신이라는 영원한 존재는 계속 존재합니다. 그리고 이곳에서 경험한 물리적인 삶을 돌아보며 사랑과 감사를 전합니다.

물리적인 삶에서 증오가 가득한 사람이 있습니다. 습관적으로 근원과 행복에서 벗어나며 사는 사람은 그런 삶이 죽음의 이유가 됩니다.

초점을 맞출 흥미로운 일을 더는 찾지 못하는 사람도 있습니다. 그래서 비물질적인 존재로 주의를 돌립니다. 이것도 죽음의 이유가 됩니다. 에너지나 생각, 조화 등을 이해하지 못하는 사람이 있습니다. 그들은 유쾌한 기분을 간절히 원하지만 오랫동안 시달려온 고통을 멈추는 방법을 찾지 못합니다. 그들은 비물질적인 존재로 돌아가는 걸 의도적으로 선택합니다. 하지만 어느 경우든 그들은 영원한 존재입니다. 비물질적인 존재로 다시 초점을 맞춘 그들은 완전해지고 새로워집니다. 자신의 진정한 모습과 완벽한 조화를 이루게 됩니다.

질문: 얼마나 오래 살지 어느 정도는 스스로 선택하는 걸까요?

대답: 사람들은 삶을 기쁘게 확장하겠다는 의도로 이곳에 왔습니다. 하지만 안내 시스템을 무시하고 근원과의 연결을 허용하지 않는 생각을 계속 찾으면 새로운 에너지를 보충해주는 근원 에너지의 물결과 연결이 약해집니다. 그러한 지원을 받지 못하면 당신은 시들어갑니다.

체중을 관리하는 법

질문: 체중 관리를 원하는 사람에겐 어떤 방법이 좋을까요?

대답: 대부분 힘겹게 체중 조절을 합니다. 하지만 그리 오래가지 못하지요. 그러면서 체중을 조절할 수 없다는 믿음이 생기고 그 믿음대로 체중을 조절하지 못합니다.

이렇게 해보세요. 당신이 원하는 몸매를 상상하세요. 당신이 그 몸매를 지녔다고 생각하세요. 그렇게 해서 그 몸매를 끌어당기세요. 원하는 몸매를 지녔다고 생각하기 시작하면 당신 주변의 모든 상황, 즉 다른 사람의 말과 생각, 환경이나 여건 모두가 당신이 원하는 몸매를 쉽고 빠르게 당신 삶으로 가져다줄 겁니다.

스스로 뚱뚱하다고 생각하면 날씬한 몸매를 끌어당길 수 없습니다. 가난하다고 생각하면 번영을 끌어당길 수 없습니다. 무언가를 끌어당기는 출발점은 당신의 느낌이기 때문입니다. 즉 '좋으면 더 좋아지고, 나쁘면 더 나빠집니다.'

'무언가를 매우 부정적으로 느낄 때 그 문제를 고민하며 즉시 해결하려고 하지 마세요. 그 문제에 부정적으로 초점을 맞추면 상황은 더 나빠질 뿐입니다. 기분이 좋아질 때까지 주의를 다른 데로 돌리세요. 그런 다음 긍정적이고 새로운 관점으로 그 문제를 다시 바라보세요.'

질문: 그래서 급격한 다이어트에 성공한 사람들이 곧 원래대로 돌아가는 걸까요? 날씬해지고 싶다는 소망은 강하지만 자신이 날씬한 사람이라는 믿음이 없고 그런 모습을 그리지 않아서요? 그래서 다시 뚱뚱해지는 건가요?

대답: 그들은 음식을 좋아합니다. 그리고 음식 때문에 살이 찐다고 믿습니다. 원하지 않는 모습을 계속 생각하면 그걸 믿게 됩니다. 그러면 원하지 않는 모습을 창조하게 되지요. 하지만 그렇게 어렵게 할 필요는 없습니다. 살이 빠졌다가 금방 다시 찌는 이유는 자신이 바라는 이미지를 그리지 못했기 때문입니다. 그들은 뚱뚱하다는 느낌을 계속 지니고 있습니다. 자신을 뚱뚱하다고 생각하면서 그런 이미지를 붙잡고 있습니다. 당신의 몸은 스스로 어떤 이미지를 그렸느냐에 좌우됩니다. 언제나 그렇습니다. 자신을 건강하게 보면 건강해지고, 날씬하게 보면 날씬해집니다. 근육이든 몸매든 체중이든 당신이 그리는 이미지대로 됩니다.

음식과 기쁨의 관계

우리는 조언합니다. '자신의 기쁨을 추구하라. 언제나 기분 좋은 것을 찾아라.'

이러한 조언에 대해 어떤 사람은 그렇게 하다가 건강에 해롭고 살찌는 음식을 먹게 되지 않겠느냐고 말합니다. 주로 그런 음식이 맛있고 기쁨을 준다고 생각하기 때문이지요. 종종 사람들은 기분이 좋지 않을 때 공허감을 달래려고 음식을 먹기도 합니다. 하지만 자신의 진동이 균형을 이루도록 잘 살피는 사람이 있습니다. 또 생각을 긍정적인 방향으로 돌려 자신이 원하는 몸매의 이미지를 생각하는 게 얼마나 강력한 힘을 발휘하는지 알게 된 사람도 있습니다. 특정한 음식을 먹는 행동이 자신의 소망을 이루는 데 방해되는 행동이라고 믿으면 부정적인 감정이 생깁니다. 안내 시스템이 작용하는 겁니다. '부정적인 감정을 낳는 행동을 하겠다는 건 결코 좋은 생각이 아닙니다. 부정적인 감정은 에너지의 불균형을 의미하기 때문입니다. 부정적인 감정을 느끼면서 하는 행동은 모두 부정적인 결과를 낳게 마련입니다.'

부정적인 감정이 피어나는 이유는 특정한 음식이 건강에 해롭기 때문이 아니라 모순된 생각을 하고 있기 때문입니다. 두 사람이 똑같은 식이요법과 비슷한 운동 프로그램으로 다이어트를 한다고 해보겠습니다. 그런데 결과는 정반대입니다. 이는 다이어트에 음식 섭취와 칼로리 소비보다 훨씬 더 많은 게 관련되어 있다는 뜻입니다. '당신이 얻는 결과는 언제나 당신의 생각이 낳은 에너지의 조화에 따라 달라집니다.'

경험에 비추어 볼 때 가장 좋은 방법은 이겁니다. '행복해지세요. 그다음 음식을 드세요. 행복해지려고 음식을 먹어서는 안 됩니다.' 좋은 감정을 느끼는 것을 최우선순위에 두세요. 그러면 음식을 바라보는 당신의 생각이 달라질 것입니다. 음식에 대한 충동도 줄어들 것입니다. 가장 중요한 것으로, 음식에 대한 당신의 반응이 달라집니다. 당신이 내보내는 진동은 그대로 둔 채 음식을 적게 먹거나 칼로리가 낮은 음식을 먹는 등 행동만 바꾼다면 얻을 게 없습니다. 생각을 바꿔보세요. 그러면 행동을 바꾸지 않아도 놀라운 성과를 얻게 될 겁니다.

날씬한 몸매를 만들겠다는 결심을 했다고 해봅시다. 하지만 당신은 자신을 바라는 모습으로 보지 않습니다. 당신은 이렇게 믿고 있습니다. '이 음식을 먹으면 살이 찔 거야.' 날씬해지고 싶은 소망을 지니고 있으면서 그 음식을 먹으면 살이 찐다고 믿으면 어떻게 되겠습니까? 그렇습니다. 그 음식을 먹기 시작하는 순간 부정적인 감정을 느낄 것입니다. 죄책감, 실망, 화와 같은 감정이 올라오지요. 자신의 믿음과 조화되지 않는 음식을 먹으면 기분이 나빠집니다. 소망을 방해하는 행동을 하는 순간 부정적인 감정을 느낄 수밖에 없습니다.

음식과 믿음의 관계

음식에 관해 사람들이 품고 있는 믿음은 그들의 삶에서 고스란히 드러납니다.

무엇을 먹어도 살이 찌지 않는다고 믿으면 그렇게 됩니다.

쉽게 살이 찐다고 믿으면 그렇게 됩니다.

특정한 음식이 기력을 보충해준다고 믿으면 실제로 그 음식을 먹으면 에너지가 생깁니다.

특정한 음식이 건강에 해롭다고 믿으면 그 음식은 당신에게 해를 줍니다.

특정한 식단이 날씬해지는 데 도움이 안 된다고 믿으면 그 식단대로 먹을 때 체중이 늘어납니다.

음식에 관한 우리의 말을 사람들은 쉽게 믿지 않습니다. 지나치게 단순해 보이는 분석이기 때문이지요. 결과만 관찰해서는 빈약하고 부적절한 정보를 얻을 뿐입니다. 소망과 기대를 고려하지 않은 채 칼로리만 계산하는 건 적절하지 않습니다. 창조물을 만드는 조리법에서 가장 중요한 요소는 소망과 기대입니다. 이 재료를 빼놓으면 당연히 엉뚱한 결과가 나옵니다.

'같은 음식을 먹고도 살이 찌는 사람이 있고 그렇지 않은 사람이 있습니다. 따라서 음식에 대한 사람들의 반응은 저마다 다릅니다. 하지만 생각의 결과는 늘 일정합니다. 음식에 대해 당신이 생각하는 방식이 결과를 다르게 만들어줍니다.'

타인의 의견은 중요하지 않다

질문: 가까운 사람이 내게 뱃살을 좀 빼면 보기 좋을 거라고 말했습니다. 그래서 나는 운동을 더 많이 하고 음식을 적게 먹었습니다. 식당에 가서는 샐러드를 주문했습니다. 내게 중요한 사람이 한 말이니 깊이 새겨들은 겁니다. 그런데 나의 뱃살은 점점 늘어났습니다.

대답: 당신이 꼭 이렇게 했으면 좋겠습니다. 당신이 '다른 사람'을

이야기할 때 그 사람에 대해 '중요하지 않은 사람'이라는 표현을 덧붙이세요. (웃음)

당연히 당신 삶에 있는 사람들은 중요합니다. 하지만 당신의 의견보다 그들의 의견을 더 중요하게 생각해서 모습을 바꾸려고 해서는 안 됩니다. 누군가의 의견을 듣고 기분 나쁜 일에 초점을 맞추는 건 부정적인 영향을 받은 겁니다.

다른 사람의 의견에 휘둘리지 않도록 꾸준하게 생각을 훈련하세요. 저항이 사라졌을 때 비로소 당신은 그 어느 때보다 큰 자유를 누릴 겁니다. 이때 내면 존재의 생각과 자신의 습관적 생각을 일치시키는 방법을 알아내게 될 것입니다.

다른 사람의 소망과 믿음을 중요하게 생각하는 사람이 진정한 자유를 누리며 조화로운 삶을 사는 경우를 우리는 지금껏 본 적이 없습니다. 다른 사람의 소망과 믿음은 고정된 게 아니라서 그것을 계산할 수 없습니다.

그러니 만약 어떤 사람이 "나는 네 눈이 마음에 안 들어."라고 말하면 이렇게 말하세요. "다른 데를 봐. 내 코는 어때? 작고 귀엽게 생기지 않았어? (웃음) 이쪽 귀는?" 즉 다른 사람이 긍정적인 면을 보게 유도해야 한다는 겁니다. 그렇게 쾌활하게 반응하며 기분 상하는 일을 허용하지 말아야 합니다. 감정이 상처받지 않도록 삶을 긍정적으로 생각하는 연습을 해야 합니다.

몸에 관한 '오래된' 이야기의 예

'내 몸매가 마음에 들지 않아. 가끔 다이어트와 운동을 했지만 쉽지 않았지. 유지 기간도 짧았어. 힘들게 운동하고 가혹할 정도로 먹는 걸 줄여야 겨우 원하는 몸매를 얻을 수 있을 것 같아. 하지만 가까스로 원하는 몸매를 얻어도 계속 유지할 자신이 없어. 어떻게 해도 멋진 몸매가 되지 않는데 맛있는 음식을 못 먹는 일은 이제 지쳤어. 너무 어려워. 나는 신진대사가 활발하지 않아서 음식을 많이 먹을 수도 없어. 정말 불공평해. 하지만 뚱뚱해지는 건 싫어. 어쩌면 좋지?'

몸에 관한 '새로운' 이야기의 예

'내 몸은 내 생각을 최대한 반영하고 있어. 생각을 조정할 때 얼마나 강력한 힘이 생기는지 알게 되어 매우 행복해. 내 몸에 물리적인 변화가 생기기를 간절히 원해. 그런 변화는 내 생각의 변화를 보여주지. 내 몸매가 근사해질 걸 기대하니 기분이 좋아. 변화가 이미 진행되고 있다고 확신해. 그러는 동안 나는 기분이 좋아. 그래서 현재 내가 어떤 모습이든 불행하지 않아. 의도적으로 생각하는 건 재미있어. 의도적으로 선택한 생각이 가져오는 결과를 보는 건 훨씬 더 재미있지. 내 몸은 내 생각에 매우 예민하게 반응해. 이 사실을 알게 되어 다행이야.'

더 나은 이야기를 말하는 데 옳거나 그른 방식은 없습니다. 과거나 현재, 미래에 대한 이야기를 해도 괜찮습니다. 중요한 건 딱 하나입니다. 기분이 더 좋아지는 이야기, 그리고 더 나은 상황의 이야기를 말하겠다는 목적입니다. 하루를 보내며 기분 좋아지는 이야기를 짧게라도 여러 번 말하면 끌어당김의 기준이 바뀔 것입니다. 당신이 말하는 이야기가 당신 삶의 토대가 된다는 사실을 기억하세요. 이루어지기를 바라는 삶의 모습을 말하세요.

MONEY
RULE

05

좋은 직업을
고르는 법

직업 선택의 첫 단계

질문: 올바른 직업을 선택했는지 어떻게 알 수 있을까요? 그리고 선택한 직업으로 성공하려면 어떻게 해야 할까요?

대답: 당신은 직업을 어떻게 정의하겠습니까?

질문: 직업은 평생의 업이나 마찬가지입니다. 몰입하고 최선의 노력을 다하는 일이지요. 물론 사람들은 대부분 직업을 통해 재정적 수익도 기대합니다.

대답: 당신이 말한 평생의 업은 무슨 의미입니까?

질문: 생을 살아가면서 하려고 계획하는 일입니다. 직장에 다닌다

거나 전문직에 종사한다거나 사업이나 무역을 하는 것을 말합니다.

대답: 하나의 직업을 선택해 영원히 그 일을 하면서 행복하게 살기를 바라는 게 보편적인 믿음이거나 모두의 소망이라는 말입니까?

질문: 내 기억으로는 일반적으로 그렇습니다. 아주 어렸을 때부터 나는 커서 뭐가 되고 싶냐는 질문을 받았습니다. 지금 생각해보면 흥미로운 일입니다. 주변 어른들은 아주 어린 내게까지 직업을 선택해야 한다는 다급함을 심어주었으니 말입니다. 어릴 적 기억이 납니다. 우유 배달원이 유리병에 담긴 영양가 있고 맛있는 우유를 배달해주었습니다. 그가 우유를 배달해주고 떠나는 모습을 지켜보면서 나도 우유 배달원이 되어야겠다고 생각했습니다. 한 번은 경찰이 어머니의 차를 막고 도로밖에 세우게 하는 걸 본 적이 있습니다. 누군가가 어머니의 행동을 제지할 수 있다는 데 감탄했습니다. 그래서 한때는 경찰이 되어야겠다고 결심했지요. 얼마 지나지 않아 의사가 부러진 내 팔을 고쳐주었습니다. 그래서 나는 의사가 되고 싶었지요. 그러니 우리 집에 불이 났을 때 당연히 소방관을 꿈꾸지 않았겠어요?

어른이 된 뒤에도 여전히 고민하고 있습니다. 관점이 계속 변하기 때문이지요. 주변에서는 아직도 내가 이 일 저 일 옮겨 다닌다며 조금 실망하는 눈치입니다.

대답: 당신은 어릴 때 다양한 사건을 접하며 미래의 직업을 수시로 바꾸었군요. 사람들은 그런 이야기를 들으며 유치하다거나 비현실적이라고 말들 하지요. 하지만 우리는 당신이 인생에서 벌어지는 사건을 통해 늘 영감을 받는다고 생각합니다. 영감의 흐름에 당신을 맡길 때 즐거운 삶을 살 가능성이 어느 때보다 커집니다. 흔히들 직업 선택을 정당화하는 구실로 가업이나 높은 수입을 언급합니다. 그런데 그런 이유로 직업을 택할 때보다 영감이 흐르는 대로 직업을 선택할 때 훨씬 더 행복해집니다.

무슨 일을 하며 살아갈지 결정하는 데 어려움을 느끼는 건 놀라운 일이 아닙니다. 사람은 다양한 면을 지닌 존재이기 때문입니다. 그리고 이곳에 온 주된 목적이 절대적인 자유를 누리며 성장하고 즐거운 경험을 추구하는 것이기 때문입니다. 다시 말해 자유롭다는 진정한 인식이 없다면 즐거울 수 없습니다. 그리고 즐거움 없이는 진정한 확장을 경험할 수 없습니다. 많은 이들이 유치하다 여길지 모르지만, 어떤 사건이 다음 모험에 영감을 주고 그게 또 다음 모험에 영감을 주는 건 자연스러운 일입니다.

'영원히 행복하게 사는 것을 당신이 이곳에 존재하는 주된 목적이자 이유로 삼아야 합니다. 최대한 인생 초기에 그렇게 결심해야 합니다.' 그래야 그에 맞는 행동에 끌리게 되며 당신의 주된 의도인 자유, 성장, 기쁨과 어울리는 소망을 받아들일 수 있습니다. 그러면 직업을 훌륭하게 선택할 수 있지요. '행복한 삶을 살게 하는 직업을 선택하세요.

많은 돈을 벌고 그 돈으로 행복해질 수 있다는 생각으로 직업을 찾아서는 안 됩니다. 당신에게 가장 중요한 게 행복한 감정이고 생계를 위해 하는 일에서 행복을 느낄 때 당신은 이 세상에 있는 모든 직업 가운데 최고의 직업을 찾은 것입니다.'

어떤 상황에서도 당신은 능숙하게 기분 좋은 감정을 느낄 수 있습니다. 그러려면 먼저 진동의 균형에 이르는 데 능숙해져야 합니다. 그렇게 행복한 상태에서 그와 비슷한 환경이나 사건을 끌어와야 합니다. 그러면 행복을 지속시키는 당신의 능력은 더욱더 향상될 것입니다.

직업이란 무엇일까?

질문: 오늘날에도 여전히 직업 없이 삶을 이어가는 것처럼 보이는 문화가 있습니다. 그렇게 살아가는 사람을 두고 우리는 원시인이나 야만인이라고 부릅니다. 그들은 배가 고플 때 물고기를 잡는다거나 나무에서 열매를 땁니다.

대답: 그들이 이 책을 읽을까요? (웃음) 그렇지 않을 겁니다. 이 책을 읽는 사람은 기본적으로 어떤 사람들이라고 생각합니까?

질문: 수익을 창출하는 직업을 갖는 게 중요하다고 믿는 사람들일 겁니다.

대답: 사람들은 인생 초기에 직업을 찾아 남은 생애에 그 일을 해야 한다고 믿습니다. 그들이 그런 믿음을 갖게 된 주된 이유는 무엇일까요?

질문: 모든 사람의 생각을 대변할 수는 없지만, 돈을 창출하는 일을 찾는 것은 도덕적이고 윤리적인 의무 또는 책임처럼 보입니다. 무언가 대가를 치르지 않거나 어떤 식으로든 생산적인 일을 하지 않고 돈을 받는 행위는 옳지 않다고 생각합니다.

대답: 맞습니다. 사람들은 대부분 노력과 일을 통해 자신의 존재를 정당화해야 한다고 느낍니다. 아마도 그래서 누군가를 만날 때 직업이 뭐냐는 질문을 첫 질문으로 하는 것 같습니다.

질문: 40년 동안 나는 하루에 한 시간 반 정도 일해서 생활비를 벌었습니다. 그런데 사람들은 내가 많은 시간 일하지 않고 돈을 버는 상황에 대해 기분이 나쁘다는 식으로 종종 말하지요. 그러면 나를 정당화해야겠다는 생각이 듭니다. 그래서 내가 그 90분 동안 얼마나 많은 에너지를 쏟아붓는지, 지금의 능력을 쌓기까지 얼마나 오랜 시간이 걸렸는지, 일하러 가기 위해 얼마나 오래 운전해야 하는지 말했습니다. 정당한 노력의 대가로 돈을 번다는 사실을 설명할 필요성을 항상 느끼지요.

대답: 진동의 균형에 이르면, 즉 내면의 근원과 조화를 이루고 소망과 믿음이 일치하면 그렇게 다른 사람에게 자신을 정당화해야 한다는 느낌을 받지 않습니다. 많은 사람이 자신의 행동이나 생각을 다른 사람에게 설명하려고 합니다. 하지만 다른 사람의 의견을 길잡이로 삼는 건 좋은 생각이 아닙니다. 당신 자신의 안내 시스템에 따라야 합니다. 다른 사람의 의견에 맞추려고 해서는 안 됩니다.

당신이 무언가를 처음 시작하면 많은 사람이 당신에게 자신의 규칙과 의견에 따르라고 말합니다. 하지만 다른 사람이 원하는 걸 중요한 위치에 두고 결정을 내리면 당신은 진정한 모습과 점점 멀어지게 됩니다. 당신이 이곳에서 태어나며 지녔던 의도와 인생 경험을 통해 키워온 모든 열정과도 멀어집니다. '진정한 자유를 누리려면 다른 사람을 기쁘게 하려는 소망에서 반드시 벗어나야 합니다. 그러한 소망을 버리고 당신의 진정한 모습(당신의 근원)과 조화로워지겠다는 강력한 의도를 지녀야 합니다. 당신이 어떤 감정을 느끼는지 잘 살피고 기분 좋은 생각을 선택함으로써 그렇게 할 수 있습니다. 기분 좋은 상태는 당신이 근원과 조화로워졌다는 걸 알려줍니다.'

누군가가 당신을 인정하지 않거나 공격할 때 방어적인 태도가 생기는 건 당연합니다. 하지만 내면 존재와 조화로워지는 훈련을 한다면 방어해야겠다는 생각이 빠르게 사라질 겁니다. 공격받는 취약한 존재라는 느낌은 없어지고, 진정한 모습에 대한 인식이 확고하게 자리 잡기 때문입니다.

'당신이 어떤 선택을 하든 그 선택을 반대하는 사람은 늘 있게 마련입니다. 하지만 당신이 균형을 찾고 그것을 유지한다면 당신을 관찰하던 사람들이 비난을 멈추고 성공의 비결을 묻기 시작할 겁니다. 물론 여전히 당신을 비난하는 이들도 있을 겁니다. 그들은 당신이 아무리 잘 설명해도 조금도 만족하지 못합니다.'

다른 사람의 내면에 있는 결핍을 해결하는 건 당신의 몫이 아닙니다. 당신의 역할은 스스로의 균형을 유지하는 겁니다. 사회가, 혹은 다른 누군가가 당신의 소망이나 행동을 통제하게 내버려 둔다면 당신의 균형은 깨집니다. 존재의 핵심인 자유가 흔들리기 때문입니다. '당신이 어떻게 느끼는지에 주의를 기울이세요. 그리고 당신의 진정한 모습과 조화를 이루는 생각, 즉 당신에게 권한을 부여하는 생각을 연습하세요. 그러면 당신은 번영하는 삶의 본보기가 될 것입니다. 이는 엄청난 가치를 지닌 일이며, 당신을 관찰하는 사람도 유익을 얻게 될 것입니다.'

'가난한 사람은 가난한 사람을 도와 부자가 되게 할 수 없고, 아픈 사람은 아픈 사람을 도와 병을 낫게 할 수 없습니다. 당신은 힘, 명료함, 조화가 머무는 자리에서만 희망과 행복을 전할 수 있습니다.'

직업과 끌어당김의 법칙

질문: 최근에 수행된 연구 결과에 따르면, 사람들은 명성을 좋아한

다고 합니다. 명성과 돈 가운데 하나를 고르라고 하면, 대부분 명성을 택한다는 것이지요.

대답: 명성을 추구하는 사람은 자신의 안내 시스템을 저버리고 다른 사람의 인정을 추구하는 겁니다. 그러면 만족스러운 삶에서 멀어집니다. 구경꾼들을 기쁘게 해서 그들의 인정을 받고 싶겠지만, 그들은 당신에게 지속적인 관심을 두지 않기 때문입니다.

당신이 말한 연구는 상당히 정확합니다. 실제로 사람들은 자신이 어떤 감정을 느끼는지보다 자신에 대한 다른 사람의 인식을 더 중요하게 생각합니다. 하지만 다른 사람의 의견은 일관성 있는 안내를 해주지 않습니다.

때때로 사람들은 다른 걸 모두 제쳐두고 이기적으로 자신의 행복만 생각하는 건 주변을 돌보지 않고 그들을 부당하게 대하는 태도라며 염려합니다. 사실은 그 반대입니다. '당신은 당신의 근원과 조화를 이루는 일을 중요하게 생각해야 합니다. 그러한 조화를 이루었는지 아닌지는 당신의 감정이 어떤지로 드러납니다. 그리고 근원과의 연결을 유지하기 위해 노력해야 합니다. 그러면 당신이 관심을 기울이는 사람은 당신의 시선으로부터 유익을 얻습니다. 행복의 물결과 단절되면 당신은 다른 사람에게 행복을 전할 수 없습니다.'

다른 사람이 당신을 바라보며 감사함을 느끼면 기분이 매우 좋아질 수 있습니다. 우리가 지금 당신에게 설명할 것을 그들이 정확히 하고 있기 때문입니다. 당신에게 감사함을 느끼면서 그들은 자신의 근원과 연결됩니다. 그리고 그들의 조화로운 진동이 당신에게 쏟아집니다. 하지만 그렇게 해달라고 요청하는 건 좋지 않습니다. 다른 사람에게 그들의 근원과 항상 조화를 이룬 상태에서 당신에게 관심을 두어 당신에게 조화로운 진동이 쏟아지게 해달라는 건 효과가 없습니다. 그러한 연결을 당신이 통제할 수 없기 때문입니다. 그리고 그들이 언제나 당신에게만 관심을 두는 게 아니기 때문입니다. 하지만 당신의 근원과 연결되는 일은 당신이 완벽하게 통제할 수 있습니다. 다른 사람과 상관없이 그 연결성을 계속 유지하는 게 당신의 주된 의도일 때 다른 사람을 기쁘게 해주려는 생각에서 벗어날 것입니다. (사실 다른 사람을 계속 기쁘게 해줄 수도 없습니다) 그렇게 될 때 근원과 꾸준하게 연결될 수 있으며 행복을 느낄 수 있습니다.

흥미로운 점이 있는데 이 점을 잘 기억하면 도움이 될 것입니다. 자신이 어떤 감정을 느끼는지 살피는 사람, 한결같이 기분 좋은 감정을 느끼는 사람, 근원과 연결되어 어디에 초점을 맞추든 긍정적인 생각을 흘려보내는 사람은 일반적으로 다른 사람 눈에 매력적으로 보입니다. 그리고 다른 사람에게서 감사하다는 말을 많이 듣고 인정받습니다.

사람들은 다른 사람의 인정을 받고 싶어 하지만 인정을 받으려고 너무 애쓰면 인정을 받을 수 없습니다. 또한, 인정의 결핍을 느끼는 상태에서도 인정을 받을 수 없습니다. 멋진 전망이 있는 사무실, 당신

앞으로 배정된 주차장, 당신의 이름이 새겨진 근사한 명함이 있다고
해서 자신의 진정한 모습과 조화를 이루지 못해서 생기는 공허함을
채울 수는 없습니다. 당신의 진정한 모습과 조화를 이루기만 하면 그
모든 것이 더는 중요하게 느껴지지 않습니다. 하지만 흥미롭게도 자
신의 진정한 모습과 조화를 이루면 그 모든 게 따라옵니다.

봉사가 공허함을 채워줄까?

질문: 20년 동안 방송계에서 매우 다양한 역할을 하며 정말 즐거웠
습니다. 나는 새로운 경험을 많이 해봤습니다. 그래서 단 몇 시간만으
로도 모험적인 도전을 보여줄 수 있었습니다. 하지만 나는 종종 사람
들에게 내가 모래사장 같은 삶을 지나온 것 같다고 말했습니다. 뒤돌
아보면 길이 사라지곤 했기 때문입니다. 관객에게 일시적인 즐거움은
주었지만, 지속적인 가치는 남겨주지 않았다고 느꼈습니다.

우리는 모두 다른 사람에게 도움을 주려는 동기를 선천적으로 가지
고 태어날까요? 그런 동기는 우리에 있는 어떤 특별한 차원에서 생기
나요, 아니면 물리적인 환경에서 태어난 후 다른 사람을 보고 배우는
건가요?

대답: '당신은 이곳에 오면서 가치 있는 존재가 되겠다는 소망, 즉
다른 사람에게 도움이 되겠다는 소망을 지니고 태어났습니다. 그리고

당신에게 있는 가치를 이해하고 태어났지요.' 당신은 무언가 부족하다는 느낌이 들었다고 말했습니다. 결핍의 느낌은 다른 사람에게 지속적인 가치를 제공하지 못해서 생기는 감정이 아닙니다. 생각이 조화로운 균형에서 멀어졌기 때문에 그런 느낌이 드는 겁니다. 이런 식입니다. 당신의 진정한 모습, 즉 내면 존재나 근원과 당신이 조화로우면 당신은 만나는 모든 사람에게 행복을 전하지 않을 수 없습니다. 그러한 조화로운 상태에 있으면 조화를 이루지 못하는 사람들은 당신 눈에 띄지 않습니다. '당신이 만족스러운 상태에 있을 때 끌어당김의 법칙은 불만이 가득한 사람을 당신에게 끌어다 주지 않습니다. 마찬가지로 당신 안에 불만이 가득하면 만족감에 넘치는 사람을 당신에게 끌어다 주지 않습니다.'

조화를 이루지 못했을 때 더 많은 시간과 에너지를 투자한다 해서 부조화를 해결할 수 있는 건 아닙니다. 또 부조화와 조화의 차이를 메우기 위한 효과적인 생각을 찾을 수도 없습니다. 당신이 주변 사람에게 가치 있는 존재가 되는 데는 단 한 가지만 필요합니다. 즉 당신이 근원과 조화를 이루어야 합니다. 당신은 조화로움의 본을 다른 사람에게 보여주어야 합니다. 그러면 당신을 관찰한 사람들은 자신도 조화로워지고 싶다는 소망을 갖게 되며 그 상태를 이루려고 노력합니다. 남들의 조화로운 상태를 당신이 만들어줄 수는 없습니다.

당신이 관객에게 주었던 즐거움은 생각했던 것보다 더 큰 선물이었습니다. 그들이 잠시 괴로운 일을 잊도록 해주었기 때문입니다. 자신이 겪는 문제에 주의를 기울이지 않을 때 잠시나마 근원과 조화를 이룰 수 있습니다. 하지만 그들의 기분을 유지하게 해주려고 당신이 한 명 한 명에게 다가가 재미있는 이야기를 계속 들려주라고 할 수는 없는 노릇입니다. '어떤 생각을 할 것인지, 어떤 대상에 주의를 기울일 것인지는 각자의 책임입니다.'

모든 사람은 자신이 즐거운 창조자로 이곳에 왔다는 사실을 깊숙한 내면에서 이해하고 있습니다. 이곳에 온 목적을 완수하는 게 그들의 사명입니다. 하지만 사명 완수를 위해 해야 하는 요구 사항은 많지 않습니다. 당신은 물리적인 환경에서 영감을 얻어 확장이나 소망에 관한 생각을 끝없이 펼치려는 의도를 지니고 있었습니다. 그 목적을 이루기 위해 내면의 근원 에너지와 조화롭게 되려고 했습니다. 다시 말해 당신은 이곳에 오면서 소망이 생겼고, 내면에서 소망이 살아 숨 쉴 때 거기에 초점을 맞춰 기대감을 불러일으키면 그 소망이 실현될 수 있음을 알고 있었습니다.

그러한 창조 과정에서 주변 사람의 주요 역할은 다양성을 제공해 당신이 다양한 소망을 품게 하는 것입니다. '다른 사람의 가치와 당신의 가치를 비교하는 건 당신의 의도가 아니었습니다. 당신은 주변에서 벌어지는 상황을 종합적으로 보며 영감을 얻어 새로운 아이디어를 얻으려는 의도를 지니고 있었습니다. 만약 다른 사람과 비교를 한다면 그건 오직 영감을 얻어 소망을 확장하기 위해서였습니다. 그러한 비교가 당신의 가치를 깎아내리는 수단은 아니었습니다.'

당신의 삶은 퇴근 후에, 또는 주말에, 은퇴 후에 펼쳐지는 게 아닙니다. 당신의 삶은 바로 지금 펼쳐지고 있으며 당신이 지금 느끼는 감정을 통해 드러납니다. 혹시 일이 즐겁지 않거나 불만족스럽고 지루하게 느껴집니까? 그것이 당신이 지금 그 상황을 벗어나야 한다는 뜻은 아닙니다. 당신의 생각이 모순과 저항으로 가득 찼기 때문에 그런 느낌이 드는 겁니다.

'과정이 즐겁지 않은 여정은 행복하게 끝나지 않습니다. 결과가 수단을 정당화해주는 법은 없습니다. 수단이나 과정은 고스란히 결과로 이어지게 마련입니다.'

내가 진정 꿈꾸던 기회

내게 가장 중요한 건 언제나 자유였습니다. 돈 때문에 자유를 포기한 적은 없었습니다. 나는 돈에 별로 관심이 없다는 말을 자주 했습니다. 자유를 포기할 수는 없으니까요. 하지만 시간이 흘렀는데도 이 땅에 내 발자국을 남기지 않았다는 느낌이 드니 즐겁게 사는 것보다 더 중요한 일이 있는 게 아닌지 의문이 생겼습니다.

이런 생각을 한 후 얼마 지나지 않아 우연히 책 한 권을 만났습니다. 생각으로 부자가 된다는 주제에 그다지 관심이 가지 않았습니다. 그런데도 그 책은 내 마음을 사로잡았습니다. 그 책에 강하게 이끌리는 나 자신을 느낄 수 있었지요. 그 책을 집었을 때 마치 인생에서 중요한 것을 발견한 것처럼 온몸에 전율이 흘렀습니다. 그 안에는 '원하는 것을 결정하라!'는 메시지가 있었습니다. 단순해 보이지만 그 말이 지닌 힘을 느낄 수 있었습니다. 이런 느낌은 낯설고 새로웠습니다. 그 후 살면서 처음으로 원하는 것을 의식적으로 결정하기 시작했습니다. 그리고 이렇게 적었습니다. "나는 개인 사업을 하고 싶다. 혼자 하는 사업을 원한다. 사무실은 필요 없다. 한곳에 발이 묶이기는 싫다. 직원은 필요 없다. 책임지는 일은 거부한다. 내가 원하는 건 자유다."

나는 내 수입을 통제하기를 원했습니다. 자유롭게 이동하며 가고 싶은 곳을 여행하고 머물고 싶은 곳에 살고 싶었습니다. '내가 하는 모든 일이 어떤 식으로든 내 모습을 발전시키기를 원했습니다. 다른 사람에게 피해를 주지 않으면서요. 나를 알게 되어 상처받는 사람이 아무도 없기를 바랐습니다.'

이런 말을 할 때마다 사람들은 비웃었습니다. "자네는 몽상가군. 그렇게는 살 수 없다네." 그러면 나는 이렇게 대답했지요. "그렇지 않아. 어떤 일을 할 능력이 없으면 아예 소망도 품지 못한다고 들었다네." 나는 그 말을 믿었습니다. 그래서 간절히 기대했습니다. 살다 보면 어디선가 기회가 나타날 거라고 믿었습니다.

나는 내가 원하는 것을 머릿속에 명료하게 그렸습니다. 그리고 한 달이 채 지나지 않아 한 남자를 만났습니다. 그는 내게 사업을 제안했습니다. 그 사업을 통해 생각한 모든 것에 대한 응답을 받았습니다. 그리고 그 사업은 내 인생에서 확고하게 자리를 잡았습니다. 나는 원하는 것을 적었고, 그것들을 모두 받았습니다.

자유, 성장, 기쁨을 원할 때

질문: 원하는 것을 말하고, 그것을 종이에 적었을 때 과연 해낼 수 있을까는 생각하지 않았습니다. 재능이나 능력, 지능이 내게 있든 없든 중요하지 않았습니다. 그저 이렇게 말했습니다. "이게 내가 원하는 거야."

누구나 원하는 것을 얻을 수 있나요? 원하는 것을 명료하게 말하면 무엇이든지 얻을 수 있을까요?

대답: 그렇습니다. '소망에 불이 붙었다면 그 인생에는 소망을 끝까지 이루게 해줄 수단이 나타나게 마련입니다.'

오랜 기간 당신은 원하는 것을 이루겠다는 결심을 버리지 않았습니다. 그건 바로 당신의 인생 경험 때문입니다. 결심에 초점을 맞추고 그것을 적어보면서 원하는 것을 이룰 수 있다는 믿음이 강해졌습니다. 소망에 믿음이 수반되면 기대가 생깁니다. 기대가 생기면 그 일은 삶 속에서 빠르게 이루어집니다.

당신이 품었던 소망 가운데 가장 중요한 건 자유였습니다. 그 무엇도 당신이 원하는 자유를 해칠 수 없다고 믿었기에, 그리고 당신이 원하는 일이 수입을 안겨줄 가능성을 보았기에, 당신은 더 큰 수입에 대한 소망을 확장할 수 있었습니다. 자유를 조금이라도 침해할 수 있다고 생각되면 당신은 그 즉시 일을 물리쳤습니다.

태어나면서부터 당신 내면에는 자유, 성장, 기쁨을 이루겠다는 의도가 고동치고 있었습니다. 자유는 당신이라는 존재의 기본입니다. 당신에게 일어나는 모든 일은 당신 생각에 대한 반응이며, 당신 말고는 누구도 당신의 생각을 통제할 수 없습니다. 당신의 진정한 모습과 조화로운 생각을 하는 훈련을 하세요. 기쁨을 주된 목표로 추구하세요. 그러면 모든 저항은 잠잠해집니다. 그리고 인생 경험을 통해 영감을 얻게 되고 확장과 성장을 허용하게 됩니다.

나는 기분 좋은 삶을 원한다

'직업을 선택하거나 당장 할 일을 해낼 때의 목표는 기쁨을 얻는 것이어야 합니다. 그러면 자유, 성장, 기쁨, 이 세 가지 목표가 빠르게 실현되며 조화로운 상태에 수월하게 이릅니다. 기분 좋은 상태가 되면 당신의 존재에 있는 광범위하고 비물리적인 면과 완벽한 조화를 이루게 되기 때문입니다. 그 결과 원하는 모든 것을 이루는 방향으로 삶이 확장됩니다. 당신은 신속하고 만족스럽게 성장할 수 있지요.'

인생 경험의 뿌리는 자유입니다. 자유는 당연히 당신 안에 있는 것이지 획득해야 하는 게 아닙니다. 기쁨은 당신의 목적입니다. 성장은 이 모든 것을 이루면 얻게 되는 결과입니다. 자신이 쓸모없는 존재라고 생각해 행동으로 가치를 증명하려 하면 균형을 찾을 수 없습니다. 우리는 자유, 성장, 기쁨, 이 세 가지 의도가 완벽하게 조화를 이룬 상태를 자주 이야기합니다. 하지만 물리적인 존재인 사람들은 성장이라는 주제에만 즉시 초점을 맞추지요. 그리고 자신의 가치를 증명해야겠다는 생각에 잘못된 길로 들어섭니다. 자신의 가치는 의문을 품을 수 있는 대상이 아닙니다. 당신은 누구에게도 증명할 필요가 없습니다. '당신이 존재하는 이유는 설명이 필요 없습니다. 당신 자체가 존재해야 하는 타당한 이유입니다.'

나는 즐거운 직업을 창조한다

당신이 창조하는 즐거운 인생 경험 중 하나가 바로 '직업'입니다. 사람들이 자신의 직업을 즐거운 경험으로 보길 바랍니다. 다른 누군가가 창조한 것을 따라 하거나 다른 사람이 이룬 것을 수집하지 마세요. 당신이 바로 창조자입니다. 당신은 즐거운 인생 경험을 창조해야 합니다. 이것이 당신의 사명이자 목표이며, 이곳에 온 이유입니다.

주지 않고 받기만 하면

질문: 받기만 하고 돌려주지 않는 행동은 윤리적으로 괜찮을까요? 물려받은 재산이나 복권 당첨금으로 살거나, 정부의 지원에 기대어

생계를 이어가는 게 적절한 일일까요?

대답: 자신에게 흘러들어온 행복의 대가를 치러야 하는지 묻는 것 같습니다. 그리고 그 질문에는 특정한 행동을 해야 행복이 흘러들어오는 이유를 정당화할 수 있다는 의미도 들어있습니다. 하지만 그렇지 않습니다. '당신에게 흘러들어온 행복을 정당화할 필요도 없고 그럴 수도 없습니다. 필요한 건 행복과 조화를 이루는 것입니다. 행복의 결핍에 초점을 맞추면서 행복이 삶으로 흘러들어오게 할 수는 없습니다.'

많은 사람이 자신의 내면에 있는 감정 안내 시스템에 의도적으로 주의를 기울이지 못한 채 원하지 않는 것에 초점을 맞춥니다. 그리고 무언가 부족하다고 생각하면 그 부족한 것을 물리적인 행동으로 채우려고 합니다. 하지만 에너지와 조화를 이루지 못하는 탓에 어떤 행동을 해도 성과를 얻지 못합니다. 더 열심히 노력해도 여전히 상황은 나아지지 않지요.

'당신이 호흡하는 공기처럼 이 세상의 모든 것을 풍부하게 이용할 수 있습니다. 당신의 인생은 당신이 허용하는 만큼 좋아집니다.'

풍요로움을 위해 힘겹게 일해야 한다고 믿으면 당신이 힘들게 일하지 않는 한 풍요로움이 삶으로 들어오지 않습니다. 많은 경우 힘들게 일하면 기분이 나빠집니다. 기분이 나빠지면 열심히 일해서 얻고자 했던 것들을 점점 몰아내게 됩니다. 어느 방향으로 가야 할지 길이 보이지 않지요. 아무리 노력해도 번영이 멀어지는 것처럼 느껴집니다.

행복의 대가로 당신이 돌려줘야 하는 건 감사와 사랑, 근원과의 조화입니다. 고통스럽고 힘겹게 노력해서는 돌려줄 수 있는 게 아무것도 없습니다. 노력하지 않는데 엄청난 성공을 거두는 사람이 있는가 하면, 치열하게 노력하지만 성공하지 못하는 사람도 있습니다. 그래서 많은 이들이 세상이 불공평하다며 불평합니다. 하지만 끌어당김의 법칙은 언제나 공평합니다. '지금 당신이 살아가는 모습은 생각이 내보낸 진동에 대한 정확한 응답입니다. 당신의 삶은 공정함 그 자체입니다. 이보다 공정한 건 세상에 없습니다. 당신의 생각이 진동 파장을 내보내고, 그 파장이 비슷한 것을 끌어당기기 때문입니다.'

질문: 돈을 고려 대상에서 **뺀**다면, 그러니까 돈을 벌려고 행동하는 게 아니라면 우리는 살면서 무엇을 해야 하나요?

대답: 사람들은 행동을 통해 진동의 불균형을 원래대로 되돌리려고 합니다. 그들은 자신이 원하지 않는 것들을 생각합니다. 그러면서 자신이 원하는 것이 삶에 자연스럽게 흘러들어오는 걸 막습니다. 그리고 특정한 행동으로 불균형을 해결하려 노력하지요. 먼저 진동의 조화를 잘 살펴야 합니다. 지금 느끼는 감정이 무엇을 알려주는지 인식하고 기분 좋은 것에 초점을 맞추세요. 그러면 이루 말할 수 없는 유익을 얻게 됩니다. 그러면 적은 노력만으로 놀라운 일들이 당신 삶으로 흘

러들어올 것입니다.

오늘날 사람들이 하는 행동 대부분은 진동의 저항이 대단히 큰 상태에서 이루어집니다. 많은 이들이 삶이 고통스럽다고 생각하는 이유가 바로 그것입니다. 당신을 포함해 많은 사람이 성공과 자유를 동시에 얻을 수 없다고 생각하는 이유도 마찬가지입니다. 실제로 성공과 자유는 같은 말입니다. '돈을 반드시 배제할 필요는 없습니다. 하지만 기쁨을 추구하겠다는 목표는 반드시 주된 목표로 삼아야 합니다. 그렇게 한다면 모든 면에서 풍요로움이 당신 삶으로 흘러들어올 것입니다.'

지구에 온 걸 환영합니다

사람들이 물리적인 존재로 이 지구에 온 첫날 우리의 이야기를 들었다면 큰 도움이 됐을 것입니다. 우리는 이런 이야기를 해주었을 겁니다. "지구에 온 걸 환영합니다. 당신이 원하는 건 무엇이든 될 수 있고, 할 수 있고, 얻을 수 있습니다. 이곳에서 당신이 평생 직업으로 삼아야 하는 일은 기쁨을 추구하는 일입니다."

"당신은 완벽한 자유가 있는 우주에서 살아갑니다. 당신은 무척 자유롭습니다. 그래서 당신이 생각하는 모든 것을 당신에게로 끌어당길 수 있습니다."

"기분 좋은 생각을 하면 당신의 진정한 모습과 조화로워질 것입니다. 그러니 놀라운 자유를 활용하세요. 먼저 기쁨을 추구하세요. 그러면 당신이 상상한 것 이상의 성장이 당신에게 다가올 것입니다. 당신은 기쁘게, 그리고 엄청나게 성장을 맛볼 것입니다."

하지만 사람들은 지구에 온 첫날 이런 말을 듣지 못했습니다. 다행히 당신은 지금이라도 이 말을 들을 수 있지만, 대부분의 사람은 아주 오래전부터 자신이 쓸모없고 자유롭지 않다고 믿었습니다. 그리고 무언가를 받을 자격이 되려면 행동을 통해 그것을 증명해야 한다고 생각하지요. 많은 이들이 즐거움을 찾지 못하는 직업에 종사하거나 지루한 일을 하고 있습니다. 하지만 거기서 벗어날 수 없다고 느낍니다. 재정적 수입이 줄어들면 지금의 삶보다 더 어려워질 수 있다고 생각하기 때문입니다. 돈을 벌지 못해 불안해하는 사람도 있지요. 자신이 서 있는 자리가 어디든 지금 있는 곳에서 긍정적인 면을 보겠다고 결심해야 합니다. 그러면 저항이 멈춥니다. 당신이 바라는 것을 몰아내는 유일한 요소가 바로 저항입니다.

시간을 되돌려 과거의 일을 무효로 만들 수는 없는 노릇입니다. 무언가를 이루기 위해 자신을 호되게 밀어붙일 필요도 없습니다. 지금 이 순간을 인생 경험을 시작하는 출발점으로 삼으세요. 자신이 쓸모없다는 저항적인 생각, 돈에 대한 분노를 제거하려고 최선의 노력을 다하세요. 지금 당장 재정적 그림이 달라지기 시작할 겁니다. 이렇게 말하기만 하세요. "오늘은 내게 남아 있는 물리적인 인생 경험의 첫날입니다. 이 순간부터 기분 좋은 이유를 찾는 게 나의 주된 목표입니다. 나는 기분 좋은 걸 원합니다. 기분 좋은 것보다 더 중요한 건 없습니다."

가장 중요한 건 기분 좋은 것

직장에서 부딪히는 일들이 기분 좋은 감정으로 이어지지 않을 때가 많습니다. 그래서 기분 좋은 감정을 느낄 수 있는 유일한 방법은 그런 부정적인 환경에서 벗어나는 것이라고 믿기 쉽습니다. 하지만 직장을 그만두고 떠난다는 생각도 기분 좋은 생각이 아닙니다. 안 그래도 형편이 빠듯한데 직장을 그만두면 수입이 중단될 수 있습니다. 그러면 덫에 갇힌 느낌이 들며 불행하다는 생각을 떨쳐내지 못합니다.

한발 물러서서 직업을 새로운 시각으로 보세요. 돈을 벌기 위해 하는 일로 보지 말고 즐거운 경험을 얻기 위해 하는 활동으로 생각하세요. 그러면 현재 당신의 생각과 말이 상당 부분 기쁨 추구라는 목표와 조화를 이루지 않는다는 것을 깨닫게 될 것입니다. "기분 좋은 것보다 더 중요한 것 없다."라고 말하세요. 그러면 당신 스스로 방향을 조절해 새로운 생각과 말, 행동을 하게 될 것입니다.

당신의 업무, 그리고 함께 일하는 동료에게서 의도적으로 긍정적인 면을 찾으려고 연습하세요. 이 간단한 연습을 통해 곧바로 편안한 감정을 느낄 것입니다. 편안한 감정은 진동이 달라졌다는 신호입니다. 이는 끌어당김의 기준이 바뀌었다는 뜻입니다. 곧 당신은 새로운 사람을 끌어당깁니다. 그동안 함께해온 사람들과 만나도 전과는 다른 경험을 하게 되지요. 이는 내면에서 창조하는 행위입니다. 외부에서 창조하는 행위, 즉 행동으로 무언가를 만들려는 행위는 효과가 없습니다. '기분이 좋아지겠다고 결심하세요. 단순하지만 강력한 이 결심을 통해 상황이 극적으로 나아지기 시작할 것입니다.'

직업의 방해 요소

질문: 첫 직장을 찾는 이들도 있고, 수입이나 성장 가능성을 고려해 직장을 옮기려는 사람도 있습니다. 어떤 방향을 택할지 결정하려는 사람들에게 무슨 말을 해주면 좋을까요?

대답: 그들이 찾는 것은 이미 그들 앞에 완벽하게 펼쳐져 있습니다. 그들이 지금 해야 할 일은 현재에서 벗어나 완벽한 환경을 찾는 게 아닙니다. 그 대신 당신 앞에 펼쳐지는 상황을 허용하세요. 그러한 상황은 당신이 인생 경험을 통해 세운 무수한 목적을 이루는 길로 당신을 안내할 것입니다. 원하지 않는 삶을 살게 된다면 당신이 원하는 게 무엇인지 어느 때보다 더 명확하게 알게 될 것입니다.

돈이 충분하지 않을 때 당신은 더 많은 돈을 요청합니다. 당신을 인정하지 않는 고용주를 만날 때 당신의 재능과 의지에 감사를 나타내는 고용주를 찾습니다. 출퇴근 시간이 긴 직장에 다닐 때 당신은 집

근처에서 일하고 싶다는 바람을 가집니다. '직장 환경을 바꾸고 싶어 하는 이들에게 전하고 싶은 말이 있습니다. 당신이 원하는 환경은 이미 당신을 기다리고 있습니다. 조건이 충족되기만 하면 언제든 당신 앞에 나타납니다. 당신이 할 일은 경험을 통해 알게 된 당신의 소망과 진동의 조화를 이루는 것입니다.'

이상하게 들릴 수 있겠지만, 직장 환경을 개선하는 가장 빠른 방법은 지금 환경에서 기분이 좋아지는 일을 찾는 것입니다. 사람들은 대부분 정확히 그 반대의 행동을 합니다. 지금 환경에서 결함을 지적합니다. 그들은 더 나은 환경을 찾는 자신의 요구를 정당화하려고 그렇게 합니다. 하지만 끌어당김의 법칙은 언제나 당신이 주의를 기울이는 것을 당신에게 끌어다 줍니다. 원하지 않는 것에 주의를 기울이면 원하지 않는 것이 더 많이 당신 앞에 나타납니다. '어떤 게 싫어서 지금 환경을 떠난다고 해보겠습니다. 그러면 새롭게 들어간 환경에서도 예전이 싫었던 것이 또 보이게 됩니다.'

원하는 것을 생각하고 말하세요.

지금 있는 곳에서 즐거움을 주는 일의 목록을 만들어보세요.

당신에게 일어나고 있는 성장들을 설레는 마음으로 생각해보세요.

좋아하지 않는 일을 무시하세요.

좋아하는 일을 강조하세요.

우주가 당신의 상승된 진동에 반응하는 것을 관찰하세요.

기분이 좋아질 이유

질문: 현재 일이든 과거 일이든 원하지 않는 것에서 다른 데로 주의를 돌려 원하는 것에 집중하지 않는 한 어떤 형태로든 계속 부정적인 상황이 반복해서 생길까요?

대답: 정확하게 맞습니다. 자신이 느끼는 부정적인 감정을 어떤 식으로 정당화하든 자신의 미래를 망치고 있는 겁니다.

사람들은 무엇을 해야 평생 행복하고 바쁘게 지낼 수 있는지 충분히 생각했습니다. 하지만 그들의 문이 닫혀있기 때문에 원하는 것이 실현되지 않았지요. 문이 닫혀있는 이유는 현재 상황에 대해 지나치게 불평하거나 지금 서 있는 자리에서 쉴 새 없이 방어하기 때문입니다. 기분이 좋아질 이유를 찾으세요. 기분이 좋아지면 당신은 문을 열 수 있습니다. 문을 여는 순간, "내가 원하는 거야!"라고 말한 모든 것이 문 안으로 흘러들어옵니다. 그러면 당신은 영원이 행복할 것입니다. 그런 삶이 바로 당신이 직업을 택하면서 진정으로 의도했던 삶입니다.

원하는 일, 해야 하는 일

질문: 소년 시절에 나는 대규모 농장에서 지냈습니다. 거기서 돈을 벌기 위해 다양한 일을 했지요. 하나같이 매우 힘든 일이었고 어느 것

하나 재미있는 일이 없었습니다. 딸기 따기, 양계장 관리하기, 닭 판매하기, 토마토를 심고 수확하기, 장작을 패서 판매하기 같은 일을 하며 당시로는 꽤 많은 돈을 벌었습니다. 하지만 일이 조금도 즐겁지 않았습니다. 고등학생 시절에는 지붕 수리공, 판금 기계공, 엘리베이터 기사 등 다시 재미없는 일을 했습니다. 그러다가 처음으로 재미를 느꼈던 직업은 바닷가의 안전 요원 일이었습니다.

나는 주변에 있는 다른 사람들과 비슷했습니다. 재미와 돈을 동시에 얻을 수는 없다고 생각한 것이지요. 그 시절에 나는 일을 마친 후에 재미있는 걸 했습니다. 밤에 친구들과 공원에 몰려가 기타를 쳤습니다. 교회 성가대에서 노래도 불렀습니다. 청소년 단체를 이끌었고 서커스에서 공중그네도 탔습니다. 체조와 무용을 가르치는 일에도 자원했습니다. 근사하고 재미있는 일을 많이 했지만 그런 일을 하면서 돈을 벌지는 못했습니다.

하지만 성인이 된 후에는 일하면서 재미를 느끼지 못하면 그 일을 오래 하지 않았습니다. 그 대신 혼자 하는 사업을 시작했습니다. 재미있는 일이라면 돈을 받지 않고도 했습니다. 그런 일을 꾸준하게 했습니다. 그러자 재미있는 일을 하면서 돈을 벌기 시작했습니다.

나는 음악이나 무용 같은 분야에서 따로 훈련을 받은 적은 없습니다. 그런데 노조 파업으로 업무가 중단된 날, 남다른 제안을 받았습니다. 쿠바에 있는 서커스단의 공중그네 팀에 합류하는 일이었지요. 당시 나는 판금 기계공이라는 '안정적인' 직업을 갖고 있었습니다. 재미는 없었지만, 꼬박꼬박 월급이 나오고 기술을 연마한 덕분에 능숙하게 해내고 있었습니다. 아버지는 내가 기계공 일을 계속하길 원했지요. 하지만 '예상치 못한' 노조 파업으로 인생의 방향을 바꿀 수 있었습니다. 새로운 일은 내게 모험과 수입을 동시에 주었습니다. 진정으로 즐거운 삶을 안겨준 겁니다. 나는 쿠바 서커스단에서 곡예사로 묘기를 시작했으며, 그 후로 20년 이상 다양한 쇼 비즈니스 업계에서 일했습니다.

대답: 우리가 이 책에서 제안하는 조언이 당신의 삶에서 구체적인 경험으로 드러났군요. 당신은 인생 초반에 즐겁지 않은 일을 힘겹게 했습니다. 그 과정을 통해 무엇을 원하지 않는지 깨달을 수 있었습니다. 그뿐 아니라 좋아하는 일을 하겠다고 결심하게 되었지요. 십 대 시절 당신은 일에서는 재미를 찾지 못했지만 일을 마친 후 좋아하는 일을 하며 많은 시간을 보냈습니다. 따라서 즐거운 창조에 필요한 두 가지 요소가 이미 작용하고 있었습니다. 그 두 가지는 요청과 허용입니다. 힘겨운 일을 하면서 당신은 원하는 것을 '요청'하게 됐습니다. 그래서 악기를 연주하고 체조를 하며 시간을 보냈습니다. 당신이 좋아하는 활동을 하면서 스스로 '허용'의 상태로 들어갔습니다. 그 상태에서는 저항이 최소한으로 줄어듭니다. 당신은 저항이 없는 길로 들어선 것입니다. 그래서 우주는 자유, 성장, 기쁨을 가져다주는 진동의 길로 당신을 안내했습니다.

당신은 인생 초반에 매우 힘든 일을 하며 극도의 불쾌감을 경험했습니다. 그 덕분에 특이하고 불가사의한 소수의 사람이 그렇게 하는 것처럼 행복 추구를 스스로 허용하게 됐습니다. 그 결과 당신이 원한 많은 일이 이루어졌습니다.

사람들은 대부분 하고 싶은 일과 해야 하는 일이 명확히 구별된다고 생각합니다. 그리고 돈을 벌기 위한 활동을 해야 하는 일 항목에 넣습니다. 돈을 벌기 어려운 이유가 바로 그래서입니다. 또 돈이 충분하지 않은 이유도 마찬가지입니다.

'기분 좋은 생각을 지혜롭게 따라가세요. 그 행복의 길이 당신이 바라는 모든 것을 가져다줄 것입니다. 당신이 하는 일에서 긍정적인 면을 의도적으로 찾으세요. 그러면 진정한 모습과 진동의 조화를 이루게 될 것입니다. 진동의 조화를 이루면 우주는 당신의 소망을 이루는 데 쓸 수 있는 유용한 수단을 반드시 전해줍니다.'

기쁨이 돈을 끌어당긴다

우리 부부가 처음부터 이런 일을 하겠다고 마음먹은 건 아니었습니다. 그저 깨달음을 실천하는 게 즐거웠지요. 그러면서 삶에 놀라운 일들이 벌어졌습니다. 정말 흥분되는 시간이었지요. 하지만 그뿐이었습니다. 그 깨달음을 사업으로 만들겠다는 생각은 전혀 하지 않았습니다. 깨달음을 나누는 과정이 즐거웠고, 지금도 여전히 재미있지요. 그런데 이 일이 극적으로 확장되어 전 세계적인 사업이 되었습니다.

자유를 느낄 수 있는 일

질문: 지난 시절 직업이었다고 말할 수 있는 일 대부분이 돈을 벌기 위해 시작한 게 아니었습니다. 그저 내가 즐긴 일이었지요. 그런 일들이 돈을 벌어다 주었습니다.

대답: 당신이 오랜 세월 누려온 성공의 비결이 바로 그것입니다. 기분이 좋은 게 가장 중요하다고 일찌감치 결정했기 때문에 당신은 재미있는 일을 다양하게 찾았습니다. '모든 성공의 비결이 행복을 유지하는 것'이라는 사실을 알지 못했을 때부터 그렇게 한 겁니다.

사람들은 대부분 자신의 행복을 추구하는 일을 이기적이고 옳지 않다고 배웠습니다. 헌신과 책임, 노력, 희생을 중심으로 사는 것을 목표로 삼아야 한다고 배웠지요. 하지만 이 점을 이해하면 좋겠습니다. 당신은 헌신하고 책임지고 다른 사람에게 도움을 주면서도 행복해질 수 있습니다. 진정한 행복과 연결하는 방법을 찾지 못한다면 아무리 바람직한 행동을 해도 그것은 빈 껍데기에 불과합니다. '행복과 연결되어 강한 힘을 가질 때만 당신은 다른 사람을 도울 수 있습니다.'

사람들은 종종 이렇게 말합니다. "일하고 싶지 않습니다." 이 말의 의미는 "돈을 벌려고 원하지 않는 일을 해야 하는 직장에 가고 싶지 않습니다."입니다. 이유를 물으면 이렇게 대답합니다. "자유롭게 살고 싶으니까요." 하지만 그들이 찾고 있는 건 행동에서 자유로워지는 게 아닙니다. 행동은 즐거울 수 있기 때문입니다. 또 그들이 원하는 건 돈에서 자유로워지는 것도 아닙니다. 돈과 자유는 같은 말이기 때문입니다.

긍정적인 면을 찾으세요

'부정적인 감정을 느낀다는 건 감정 안내 시스템이 신호를 보내는 겁니다. 무언가의 부정적인 면을 보고 있다고 알려주는 것이지요. 그러면 원하는 것을 얻지 못합니다.'

당신이 어디에 주의를 기울이든 거기서 긍정적인 면을 찾겠다는 목표를 세운다면 저항의 패턴이 사라진 증거를 즉시 보게 될 것입니다. 당신의 진동이 상승하여 우주가 당신의 오랜 소망을 당신에게 가져다 줍니다.

'사람들은 종종 직장을 이리저리 옮겨 다닙니다. 직업도 자주 바뀝니다. 하지만 새로운 직장이 전보다 나을 게 없다는 것을 곧 알게 됩니다. 그 이유는 어디를 가든 그들 자신이 달라지지 않기 때문입니다.' 새로운 직장에 가서 직장을 옮긴 이유를 설명하면서 지난 직장의 문제점을 계속 이야기한다면 당신은 전과 같은 저항의 진동 파장을 내보내는 겁니다. 그러한 진동은 당신이 원하는 것이 당신에게 오는 것을 막습니다.

직장 환경을 개선하는 가장 좋은 방법은 현재 환경에서 가장 좋은 것에 초점을 맞추는 것입니다. '감사'라는 생각으로 진동이 생길 때까지 그렇게 해야 합니다. 그렇게 진동이 달라지면 새로운 상황이 당신에게 오는 것을 허용할 수 있습니다.

어떤 사람은 지금 상황에서 좋은 점을 찾으면 원치 않는 상황에 더 오래 머물까 봐 걱정합니다. 하지만 그 반대입니다. '감사함 속에서 살면 스스로 부과한 제약(모든 제약은 스스로 만듭니다)을 모두 제거하게 됩니다. 그러면 저절로 자유로워져서 훌륭한 결과를 맛볼 수 있습니다.'

감사함을 자주 표현하면

창조 과정에서 감사는 어떤 역할을 할까요?

내 삶에서 가장 멋진 일이라고 말한 것 대부분은 내가 구체적으로 원한 것과는 달랐습니다. 물론 구체적으로 원한 것도 많이 실현됐습니다. 하지만 내 삶에서 실현된 건 내가 진심으로 감사하게 생각한 것이었습니다.

예를 들어, 나는 아내와 결혼하기 전부터 그녀를 알고 있었습니다. 하지만 그녀를 아내로 원한 적은 없었습니다. 그저 그녀의 많은 특성에 감사함을 크게 느꼈지요. 그러다가 그녀가 내 삶에 완전히 들어왔습니다. 그녀의 기분 좋은 특성들이 내 삶의 일부가 된 겁니다. 내 삶에 진정한 기쁨을 가져다준 건 바로 그녀가 한 놀라운 일들이었습니다.

또 나는 우연히 발견한 책을 반복해서 읽었습니다. 하지만 내 인생에 무언가가 일어나길 바라진 않았습니다. 그저 그 책의 가르침에 매우 감사했지요. 그 책을 쓴 사람에게도 감사했습니다. 그리고 지금 그 책을 통해 깨달은 바를 다른 이들에게 전해주고 있습니다.

감사함을 느꼈던 대상과 본질적으로 같은 것이 내 인생에서 많이 실현됐습니다. 그 사례를 말하려면 끝이 없으니 한 가지만 더 이야기하겠습니다. 아내와 나는 처음에 작은 임대 주택을 얻었습니다. 그곳에서 텃밭을 가꾸고 닭과 염소를 키웠지요. 우물도 있었습니다. 우리는 집 앞에 난 길을 따라 산책을 하곤 했습니다. 작은 활주로를 지나 삼나무와 참나무 숲까지 걸었습니다. 여름의 뜨거운 열기 속에서도 울창한 나무 사이로 산책하는 걸 즐겼습니다.

하루는 사슴이 낸 길을 따라가다가 숲에 숨어 있는 작은 '초원'을 발견했습니다. 무척 아름다운 곳이었습니다! 풀과 들꽃, 살갗에 닿는 공기가 환상적이었습니다. 아내와 나는 숲속에서 발견한 그 기분 좋은 장소를 자주 찾았습니다. 그 초원은 아주 옛날부터 있었던 것 같았고 전혀 오염되지 않은 천연 그대로의 모습이었습니다. 그런 초원이 어떻게 여기에 있을까? 우리보다 먼저 이곳을 발견한 사람이 있을까? 우리는 다양한 이야기를 떠올렸습니다. 그리고 초원이 주는 이토록 큰 기쁨에 순수한 감사를 느꼈지요.

그로부터 5년이 지난 어느 날, 전화 한 통을 받았습니다. 그 사람은 우리가 사무실을 지을 땅을 찾고 있다는 소식을 들었다고 말했습니다. 그가 보여준 드넓은 땅에는 우리가 예전에 발견한 그 초원이 포함되어 있었습니다! 그때 우리가 사들인 땅은 지금 거의 세 배로 늘어났습니다. 그리고 우리 땅 근처에는 아름다운 참나무 숲이 지평선 끝까지 펼쳐져 있지요. 우리는 그 숲에 감사한 마음을 갖고 지냈습니다. 우리가 경험한 놀라운 이야기는 좀 더 이어집니다. 예전의 그 작은 초원과 참나무 숲을 포함해 현재 우리의 땅은 다시 두 배 더 늘었습니다. 이제 우리 땅은 고속도로와 접하며, 그곳에는 비행기 격납고, 헬기장, 마구간이 있습니다. (아직 비행기와 말은 없습니다)

'이 모든 게 숲속에 있는 작은 초원에 대한 감사에서 시작됐습니다.'

진정한 사랑과 감사의 파동

진정한 사랑에서 나오는 진동은 사랑에 빠진 사람이 내보내는 진동의 파장이며 누군가와 서로 통한다고 느낄 때 생기는 파장입니다. 아이의 천진함을 볼 때, 그 아이의 사랑스러움과 힘을 느낄 때도 같은 진동이 생깁니다. 사랑과 감사가 내보내는 진동의 파장은 같습니다.

'감사는 자신의 진정한 모습과 진동의 조화를 이루는 것입니다. 감사하는 마음은 저항이 없는 마음입니다. 의심과 두려움이 없는 마음입니다. 자기를 부정하거나 다른 사람을 향한 증오도 없는 마음입니다. 감사는 기분 나쁜 건 전혀 없고 기분 좋은 것으로 가득한 마음입니다. 당신이 원하는 것에 초점을 맞추고 원하는 삶의 이야기를 말하세요. 그러면 감사함에 점점 더 가까워질 것입니다. 감사한 마음에 이르면 그 감사함은 당신이 좋다고 생각하는 모든 것을 매우 강력한 방법으로 당신에게 끌어당겨 줍니다.'

이제 순수하게 감사하는 것과 무언가에 대한 고마움을 느끼는 것의 차이를 생각해보겠습니다. 많은 사람이 두 단어를 같은 의미로 사용합니다. 하지만 우리는 두 단어에서 나오는 진동은 같지 않다고 생각합니다. 고마움을 느낀다는 건 자신이 극복한 시련을 생각하는 것일 수 있습니다. 즉 시련이 사라져서 행복한 겁니다. 하지만 이때는 '시련'이 내보내는 진동이 어느 정도 존재합니다. 진정한 모습에 이르도록 자극하는 '영감'과 자신을 어딘가로 움직이게 하는 '동기'가 비슷해 보이지만, 엄연히 다른 말입니다. 순수한 감사와 무엇에 대한 고마움도 비슷하지만 다릅니다.

순수한 감사는 내면에서 조율되어 조화롭게 해 피어나는 감정입니다. 그러한 감사는 '나라는 존재'와 진동의 조화를 이룹니다. 순수하게 감사하는 상태는 '나라는 존재 전체'와 연결된 상태입니다.

순수한 감사의 상태에 있으면 근원의 눈으로 세상을 보게 됩니다. 순수한 감사함을 지닌 상태에서는 온갖 불평불만과 걱정거리를 찾는 사람들로 가득한 거리를 지나도 전혀 영향을 받지 않습니다. 당신이 내보내는 감사의 진동이 다른 파장의 진동을 막아주기 때문입니다.

순수하게 감사하는 상태는 경건한 상태이며 자신의 진정한 모습이 되는 상태입니다. 순수한 감사를 느끼는 상태는 태어나는 날의 당신이자 죽는 순간의 당신이 나타내는 상태입니다.

조셉 켐벨은 말했습니다. '당신의 기쁨을 따르라' 때때로 지금 처한 상황에서는 기쁨을 조금도 느낄 수 없다고 생각할지 모릅니다. 그럼 이렇게 하세요. 절망에 빠졌다면 복수를 따라가세요. 그게 흐름을 따라가는 겁니다. 복수하고 있다면 증오를 따라가세요. 그게 흐름을 따라가는 겁니다. 증오가 생긴다면 분노를 따라가세요. 그게 흐름을 따라가는 겁니다. 분노를 느낀다면 좌절을 따라가세요. 그게 흐름을 따라가는 겁니다. 좌절에 빠졌다면 희망을 따라가세요. 그게 흐름을 따라가는 겁니다. 희망을 품었다면 이제 당신은 감사함에 다가간 것입니다.

희망의 진동으로 진입했다면 기분 좋은 일들의 목록을 작성해보세요. 공책에 기분 좋은 일을 가득 적으세요. 긍정적인 일들을 적으세요. 당신이 사랑하는 것들을 적으세요. 식당으로 가서 좋아하는 메뉴를 보세요. 그 무엇도 불평하지 마세요. 가장 좋아하는 것을 찾으세요. 당신이 좋아하는 게 단 하나뿐이라도 괜찮습니다. 거기에 레이저 같은 초점을 맞추세요. 그것을 바탕으로 삼아 당신의 진정한 모습이 되세요.

기분 좋게 만들어주며 찬란하게 빛나는 것들에 주의를 기울이세요. 그것들을 당신의 진정한 모습이 되는 토대로 삼으세요. 그러면 당신은 진정한 모습으로 변해갈 것입니다. 그리고 눈앞에서 온 세상이 변하는 광경을 보게 될 것입니다. 다른 사람을 위해 세상을 바꾸는 건 당신이 할 일이 아닙니다. 당신이 할 일을 자신을 위해 세상을 바꾸는 일입니다. 순수한 감사의 상태에 머무세요. 그러면 결핍이 전혀 없는 근원과 방해 없이 연결됩니다.

일할 시간이 부족한 이유

돈의 부족에 초점을 맞추는 사람이 많은 것처럼 시간의 부족에 초점을 맞추는 사람도 많습니다. 이 두 가지는 서로 부정적인 영향을 주며 얽혀있습니다. 돈의 부족과 시간의 부족이 해로운 방식으로 얽히는 이유는 성공에 필요한 일을 할 시간이 충분하지 않다고 느끼기 때문입니다.

사람들이 시간이 부족하다고 느끼는 주된 이유는 그들이 행동으로 무언가를 해보려고 하기 때문입니다. 조화의 힘을 인식하지 못하고 조화로움에 이르기 위한 노력을 기울이지 않으면 압박감, 분노, 원한, 짜증을 느끼게 됩니다. 이러한 감정 상태에서는 행동을 통해 무언가를 달성하려고 하지요. 그러면 시간이 부족하다는 느낌이 극심하게 강해집니다. 아무리 많은 행동을 해도 에너지와의 불균형을 해소할 수는 없습니다. 먼저 자신이 어떤 감정을 느끼는지 살피고 진동의 균형을 추구하세요. 그러면 우주가 당신에게 협력해 사방에 문을 열어두고 있다는 걸 느끼게 될 겁니다. 에너지와 조화를 이룬 사람은 아주 조금만 노력해도 엄청난 결과를 거두지만 조화를 이루지 못한 사람은 엄청난 노력을 쏟아부어도 얻을 수 있는 게 거의 없습니다.

'시간이나 돈이 부족하다고 느껴지면 기분 좋은 생각에 초점을 맞추기 위해 최선의 노력을 다하세요. 긍정적인 측면의 항목을 많이 작성하고, 기분이 좋아질 이유를 찾고, 기분이 좋아지는 일을 더 많이 하세요. 기분이 좋아지고 긍정적인 면을 찾고 자신의 진정한 모습과 조화로워지기 위해 시간을 투자하면 어마어마한 유익을 얻을 수 있으며 시간을 훨씬 더 효율적으로 관리할 수 있을 것입니다.'

당신의 문제는 시간 부족이 아닙니다. 돈 부족도 아닙니다. 당신이 부족하다고 느끼는 그 모든 것의 중심에는 세상을 창조하는 에너지와의 연결 부족이 있습니다. 그러한 공허함과 결핍을 채울 수 있는 것 단 하나입니다. 바로 근원과 연결되어 자신의 진정한 모습과 조화로워지는 것입니다.

'시간은 어떻게 느끼느냐에 따라 달라집니다. 시계는 언제나 같은 속도로 움직이지만 당신이 근원과 조화를 이루느냐에 따라 시간에 대한 인식이 달라집니다. 당연히 당신이 허용하는 결과도 달라집니다. 시간을 따로 할애해 원하는 삶을 생생하게 그려보세요. 문제에 초점을 맞출 때는 이용하지 못했던 힘을 활용할 수 있습니다.

엄청난 노력을 쏟았다고 그만큼 거두는 건 아닙니다. 별로 노력하지 않고도 성공하는 사람이 있습니다. 이를 관찰했다면 성취에는 행동보다 더 많은 게 관련되어 있다는 결론에 도달해야 합니다. 어떤 사람은 생각을 잘 조절해 근원과 조화를 이루고 그로 인해 유익을 얻습니다. 반면에 자신이 하는 생각 때문에 그런 유익이 자신의 삶에 들어오도록 허용하지 않는 사람도 있습니다.'

당신이 쭉 뻗은 길을 달린다고 상상해보세요. 그 길에는 닫힌 문이 2천 개나 있습니다. 그 앞에 도착할 때마다 당신은 문을 열고 통과해야 하지요. 이번에는 다르게 상상해보겠습니다. 당신은 한창 달리고 있는데 모든 문이 활짝 열려 있습니다. 그래서 속도를 늦추지 않고 계속 달릴 수 있지요. '세상을 창조한 에너지와 당신이 조화를 이루면 더는 멈춰서 문을 열 필요가 없습니다. 당신과 조화를 이룬 에너지가 모든 상황이 유리하게 펼쳐지도록 허용할 것입니다. 당신은 그 조화로움이 주는 유익을 즐기는 행동만 하면 됩니다.'

지금보다 열심히 일해야 할까?

당신은 이곳, 즉 생각의 세계로 들어온 강력한 창조자입니다. 당신은 생각의 힘으로 무엇이든 창조할 수 있다는 사실을 알고 있습니다. 원하는 것에 의도적으로 초점을 맞출 때 생각이 얼마나 강력한 힘을 발휘하는지 잘 알고 있습니다. 창조 과정에서 행동에 의지하는 건 당신이 의도한 바가 아니었습니다.

행동이 아니라 생각으로 원하는 걸 창조할 수 있다는 걸 이해하려면 시간이 걸릴 수 있습니다. 하지만 있는 그대로가 아니라 당신이 바라는 모습을 생각하고 말하는 것의 가치를 강조하지 않을 수 없습니다. '생각의 힘을 이해하고 나아가 그 강력한 도구를 당신이 바라는 방향으로 의도적으로 사용하세요. 살면서 당신은 생각의 힘으로 창조한 것들을 즐기는 행동만 하면 된다는 걸 알게 될 겁니다.'

진동의 조화를 이루고(이 상태는 당신이 기분 좋은 생각을 한다는 뜻입니다) 영감을 얻어 행동하면 당신은 두 세계, 즉 물리적인 세계와 비물리적인 세계를 최상의 상태로 만든 것입니다. 근원의 진동에 스스로를 맞췄기 때문에 당신은 어떤 행동을 해도 힘들지 않습니다. 또 영감을 받아 행동합니다. 그런 행동의 결과는 언제나 기분이 좋습니다. 하지만 진동의 균형을 먼저 이루지 않고 행동하면 몹시 힘듭니다. 그렇게 비효율적인 행동은 시간이 흐르면서 당신을 기진맥진하게 만듭니다.

'사람들은 대부분 시급한 일을 처리하느라 너무 바빠서 정작 중요한 걸 돌볼 시간이 없습니다. 많은 이들이 돈을 버느라 바빠서 번 돈을 쓸 시간이 없다고 말합니다. 행동에 의지해 무언가를 창조하려고 하면 몹시 지친 나머지 창조한 걸 즐길 여유가 없어지지요.'

질문: 나의 일은 도전하고 모험하는 일입니다. 나는 그 일이 정말 재미있습니다. 하지만 일에 돈과 수입이 연결되면 긴장이 되고 기쁨이 사라집니다. 기쁨과 수입을 동시에 얻을 수는 없을까요?

대답: 창조적인 사람들에게서 자주 듣는 이야기입니다. 그들은 자

신이 사랑하는 음악이나 예술에 종사합니다. 그런데 일을 주요 수입원으로 만들겠다고 결심하면 돈을 벌기도 힘들어질 뿐 아니라 예전에 느꼈던 기쁨도 사라진다고 말합니다.

사람들은 대부분 돈에 대해 다소 부정적인 태도를 지닙니다. 돈으로 할 수 있는 유익한 일을 말하기보다는 원하는 만큼 돈이 없다는 이야기나 무언가를 살 여유가 없다는 말을 더 많이 합니다. 사람들은 일어나길 바라는 일보다 현재 일어나는 일에 관해 더 생각합니다. 그래서 본의 아니게 돈의 결핍을 많이 생각하지요.

모험이든 음악이든 예술이든 당신이 좋아하는 것을 오랜 시간 무언가 부족하다고 느낀 것(이를테면 돈 같은 것)과 결합시키면 생각의 균형은 지배적인 감정, 즉 결핍으로 기울어집니다.

바라는 상황을 생생하게 생각하는 데 더 많은 시간을 쓰고 현재 상황은 덜 생각하세요. 더 긍정적이고 기분 좋아지는 이야기를 말하는 연습을 하세요. 그러면 시간이 흐르면서 당신의 모험이 당신의 지배적인 진동이 됩니다. 그러면 모험과 수입원을 결합시켜도 그 둘은 완벽하게 조화를 이루어 모험은 돈을 끌어오고 돈을 모험을 끌어올 것입니다.

'좋아하는 일을 하는 게 돈을 버는 최고의 방법입니다. 좋아하는 일을 하면 무한한 수단을 통해 돈이 당신에게 흘러들어옵니다. 흘러들어오는 돈을 막는 건 직업이 아니라 돈을 대하는 당신의 태도입니다.'

틈새시장이 지속적으로 생기는 이유가 바로 그것입니다. 그 시장에서 사람들은 얼마 전만 해도 써먹을 수 없었던 아이디어로 큰돈을 벌고 있습니다. 당신은 눈앞에서 펼쳐지는 현실의 창조자입니다. 당신의 시장과 돈의 흐름을 창조하는 사람은 바로 당신입니다.

'어떤 행동은 어렵고, 어떤 행동은 쉽다고 정확히 정의 내릴 수는 없습니다. 소망과 조화를 이루는 행동은 쉽고 삶으로 흘러들어오지만 조화를 이루지 않는 행동은 저항이 생기기 때문입니다.'

무언가를 하면서 힘들다는 느낌이 들면 그 느낌은 당신의 생각 때문임을 이해해야 합니다. 당신의 소망과 반대되는 생각이 저항을 일으키고 있기 때문입니다. 원하지 않는 걸 생각할 때 저항이 생깁니다. 그러면 당신은 지치고 맙니다.

직업에 관한 '오래된' 이야기의 예

'나는 어떤 직업을 갖든 언제나 열심히 일했어. 하지만 제대로 인정받은 적이 없지. 사장들은 언제나 나를 이용만 하는 것만 같아. 내 시간과 에너지를 최대한 이용하면서 그 대가로 주는 건 쥐꼬리만 한 월급뿐이야. 그렇게 적은 보수를 받고 열심히 일하는 게 지긋지긋해. 이제부터는 나도 한 발 뒤로 물러날 거야. 누구도 알아주지 않는데 열심히 일할 필요가 없으니까. 같은 직장에 있는 사람들은 나보다 지식도 적고 일도 적게 해. 그런데도 나보다 돈을 더 많이 벌어. 그건 옳지 않아.'

직업에 관한 '새로운' 이야기의 예

'내가 이곳에서 계속 같은 일만 하지는 않을 거라는 걸 잘 알아. 나는 상황이 언제나 더 나은 방향으로 움직인다는 것을 잘 이해하고 있어. 내가 어디를 향해 갈지 예측하는 일은 즐거워.

지금 있는 곳에는 좋지 않은 것도 많아. 하지만 그게 문제는 아니지. 내가 있는 곳이 더 나은 방향으로 발전하고 있기 때문이야. 내 자리에서 가장 좋은 걸 찾을 때 좋은 것들이 내 삶에 더욱 많아진다는 걸 알게 되어 기뻐.

모든 일이 나에게 유리하게 펼쳐진다는 것을 알게 되어 즐거워. 나는 그 증거를 목격하고 있어. 날마다 더 많은 증거가 눈앞에 나타나.'

더 나은 이야기를 말하는 데 옳거나 그른 방식은 없습니다. 과거나 현재, 미래에 관한 이야기를 해도 괜찮습니다. 중요한 건 단 하나입니다. 기분이 더 좋아지는 이야기, 더 나은 상황을 말하겠다는 목적입니다. 하루를 보내며 기분 좋아지는 이야기를 짧게라도 여러 번 말하면 끌어당김의 기준이 바뀔 것입니다.

이제는 새로운 이야기를 말할 시간

나의 오래된 이야기는 이렇습니다.

잘못된 일에 관해 이야기합니다.

내가 원하는 대로, 혹은 내가 생각하는 대로 풀리지 않는 일에 관해 이야기합니다.

나를 실망시키는 사람들에 관해 이야기합니다.

나를 진심으로 대하지 않는 사람들에 관해 이야기합니다.

충분하지 않은 돈에 관해 이야기합니다.

시간의 부족을 이야기합니다.

언제나 그런 식이라고 이야기합니다.

내 인생에서 그런 일이 어떻게 생긴 거냐고 이야기합니다.

최근에 그런 일이 왜 생긴 거냐고 이야기합니다.

이 세상에서 생기는 부당한 일에 관해 이야기합니다.

이해가 안 되는 사람들에 관해 이야기합니다.

노력하지 않는 사람들에 관해 이야기합니다.

능력이 있는데도 능력을 발휘하지 않는 사람에 관해 이야기합니다.

마음에 들지 않는 내 외모에 관해 이야기합니다.

내 건강이 걱정된다고 이야기합니다.

다른 사람을 이용하려는 사람들에 관해 이야기합니다.

나를 통제하려고 하는 사람들에 관해 이야기합니다.

나의 새로운 이야기는 이렇습니다.

지금 내가 주의를 기울이는 긍정적인 면에 관해 이야기합니다.

내가 진정으로 원하는 대로 일이 되어가고 있다고 이야기합니다.

일이 얼마나 잘 진행되고 있는지 이야기합니다.

끌어당김의 법칙이 모든 일을 어떻게 제대로 관리하는지 이야기합니다.

충분하게 흘러들어오는 풍요로움에 관해 이야기합니다.

어떻게 보느냐에 따라 시간이 얼마나 많아지는지 이야기합니다.

내가 보는 가장 좋은 것에 관해 이야기합니다.

내가 가장 좋아하는 기억에 관해 이야기합니다.

내 삶이 얼마나 놀랍게 확장했는지 이야기합니다.

이 세상에서 벌어지는 기적 같고 흥미롭고 근사한 면에 관해 이야기합니다.

내 주변에 있는 믿을 수 없을 정도로 다양한 일에 관해 이야기합니다.

많은 사람의 노력과 능력에 관해 이야기합니다.

내 생각의 힘에 관해 이야기합니다.

내 몸의 긍정적인 면에 관해 이야기합니다.

내 몸의 안정성에 관해 이야기합니다.

내가 나의 현실을 어떻게 만드는지 이야기합니다.

완벽한 자유와 자유를 자각하는 즐거움에 관해 이야기합니다.

강력한 끌어당김의 법칙은 당신의 생각과 당신이 말하는 이야기에 반응합니다. 그로 인해 당신 삶의 경험을 구성하는 모든 요소가 당신에게 이끌려옵니다. 돈, 재정 상태, 건강 상태, 명확성, 유연함, 키, 몸매, 직장 환경, 사람들이 당신을 대하는 태도, 직업 만족도, 보상 등 당신의 삶을 전반적으로 행복하게 만드는 모든 것들은 당신이 말하는 이야기에 좌우됩니다. '날마다 새로워지고 더 나아지는 이야기를 말하겠다는 것을 당신의 주된 목표로 삼으세요. 그렇게 한다면, 우리가 장담하는데, 당신의 삶은 영원히 나아지는 이야기가 될 겁니다. 강력한 끌어당김의 법칙에 따라 반드시 그렇게 됩니다!'

MONEY
RULE

종합편

끌어당김의 법칙
워크숍

지금까지 이 책에서 다루었던 내용을 다시 한번 종합해 보겠습니다. 이제부터는 보스턴에서 열린 끌어당김의 법칙 워크숍에서 실제로 주고받았던 질문과 대답이 펼쳐집니다. 이 장을 통해 당신의 본질과 진동했던 내용을 또다시 확인할 수 있습니다. 기억하세요. 반복은 우리가 당신에게 줄 수 있는 가장 큰 선물입니다. 다음 이야기를 통해 기분 좋은 경험을 당신의 인생에 또다시 끌어당길 수 있을 겁니다.

이것이 진동의 조화일까요?

안녕하세요. 이렇게 뵙게 되어 매우 기쁩니다. 창조의 과정에 참여하신 여러분을 칭찬합니다. 여러분은 자신이 무엇을 원하고 있는지 알고 있습니까? 어느 정도는 알고 있을 거라고 우리는 믿습니다. 여러분은 원하지 않는 것을 알게 되면서 원하는 것이 무엇인지 알게 됩니다. 그렇지 않습니까?

이렇게 말해볼까요? 자신의 소망과 진동의 조화를 이룬다고 믿고 있나요? 정말 믿으시나요? 그러한 진동의 조화를 이루었다면 그 사실을 어떻게 알 수 있는지 이야기해보겠습니다. 여러분이 진동의 조화를 이루었다면 소망과 일치한 삶을 살고 있을 겁니다. 이것이 진동과 조화를 이루었다는 증거입니다. 바라는 것과 진동이 조화를 이루고 있다면 여러분은 여러분이 바라는 모습으로 살게 됩니다. 여러분이 돈과 진동의 조화를 이루었다면 살아가면서 자신이 돈을 원하고 있다는 것을 알아챌 수 있습니다. 그러면 돈을 모았을 것입니다. 돈을 여유 있게 쓰고 있을 것이고 돈을 쉽게 벌고 있을 것입니다. 돈이 여러분의 삶으로 흘러들어오고 나가고를 반복할 것입니다. 여러분이 인간관계와 진동의 조화를 이루고 산다면 훌륭한 인간관계가 눈앞에 놓여 있을 것입니다.

'당신이 무엇을 원하는지 알고 있나요?' 이 질문에는 함정이 있습니다. 기분 나쁘게 생각하지 마세요. 대부분 그 질문이 아직 실현되지 않은 것에 관한 것으로 생각합니다. '자신의 인생에 나타나기를 여전히 바라는 것'을 묻는다고 생각하는 것이지요.

어느 날 우리는 긍정적인 것에 초점을 맞추라고 한 여성에게 말했습니다. 그러면서 그녀가 긍정적이라고 생각할 만한 것들을 나열했지요. 그녀는 말했습니다. "어머나, 내가 원하는 건 그게 아니에요. 그것들은 이미 가지고 있는 걸요." 그녀의 말은 이런 뜻이었습니다. "내가 원하는 건 아직 실현되지 않은 것이랍니다.”

여러분이 깨달았으면 하는 게 바로 이것입니다. 무언가 원하는 것을 생각할 때 아직 그것을 얻지 못했다는 관점에서 부정적인 느낌이 든다면 그 감정은 여러분이 내보내는 진동입니다. 자신의 삶에서 그것을 놓치고 있다고 생각하고, 그것이 없는 상태에서 살고 있다고 믿으며, 원하는 것을 얻기 위해 오랜 시간이 걸린다며 좌절감을 느끼고, 다른 사람은 원하는 것을 얻었는데 그것이 여러분만 피해간다고 실망할 때 그 감정이 여러분이 습관적으로 내보내는 진동 파장이라고 말할 수 있습니다. 그것이 여러분의 '믿음'입니다. 그런 믿음은 원하는 것이 자신에게 오지 못하게 막습니다. 그러면 여러분의 현재 자리와 원하는 자리가 가까워지지 않습니다. 그러한 이유로 많은 사람이 오랜 세월 그 자리에서 그 모습 그대로 살아가는 겁니다.

결혼을 잘못했다며 만날 때마다 배우자를 헐뜯는 사람을 본 적이 있습니까? 그 사람은 그러한 관계를 지긋지긋하게 생각하다가 결국 이혼합니다. 그리고 새로운 사람과 결혼을 합니다. 그리고 전과 똑같은 불평을 늘어놓지요.

혹시 여러분에게도 이같은 기억이 있습니까? (어쩌면 우리가 말하는 사람이 당신일 수도 있겠지요) 그렇다면 새로운 배우자를 만나고 새로운 환경에 들어간다고 해도 달라지는 건 없습니다. 그런 사람은 계속 비슷한 사람과 결혼할 테니까요. (웃음) 그들은 비슷한 사람과 만남을 갖습니다. 비슷한 동네로 가서 비슷한 이웃을 만나고 비슷한 집에서 삽니다. 그리고 언제나 똑같은 문제에 시달립니다.

여러분에게 이러한 사고 패턴이 있다면 끌어당김의 법칙이 그 패턴을 유지하게 만듭니다. (여러분이 끊임없이 하는 생각이 믿음입니다) 인생 초기에 삶이라는 환경에 노출되면서 여러분은 사고 패턴을 만들기 시작했습니다. 그러한 사고 패턴은 주위 사람들이 계획적으로 여러분에게 가르쳐준 것일 수도 있습니다. 때로는 여러분이 무언가를 관찰하고, 그것에 대해 말하거나 기억하고, 그러면서 그것을 끌어당기고, 다시 끌어당긴 것에 대해 말하거나 기억하고, 또 끌어당기면서 사고 패턴을 만들기도 합니다.

이곳에서의 삶은 매우 흥미진진합니다. 그렇지 않습니까? 여러분이 매우 오랜 세월 어떤 것에 관해 이야기하면 그것이 여러분의 삶에 고스란히 나타나기 시작합니다. 여러분이 '진실'이라고 생각하는 사고 패턴은 그렇게 만들어집니다. 여러분은 이렇게 말할 것입니다. "처음에는 확신이 없었습니다. 하지만 한동안 그것을 곰곰이 생각했습니다. 그것에 초점을 맞추기 시작하니까 사방에서 그 증거가 보이기 시작했습니다. 지금은 그것을 믿습니다. 믿음이 생기면서 그것이 내 삶에 나타나고 있습니다."

정말 멋지지 않나요? 여러분이 원하는 게 삶에 나타나다니, 이보다 아름다운 세상이 또 어디 있을까요? 하지만 원하지 않는 것을 생각하고 또 생각한다면, 그러니까 여러분이 지금 처한 환경에서 피하고 싶은 것을 반복적으로 생각한다면, (대부분 능숙하게 그런 생각을 합니다) 일종의 집단의식이 생깁니다. '똑같은 과거를 반복하지 않으려면 과거를 곱씹어야 해.'라고 생각하는 겁니다.

하지만 진실은 그 반대입니다. 무언가를 계속 생각할수록 그것의 본질이 활성화되어 진동합니다. 진동이 활성화될수록 끌어당김의 법칙은 그 진동과 비슷한 것을 여러분 앞에 가져다줍니다. 그리고 끌어당김의 법칙이 강하게 작용할수록 여러분은 그것을 더 많이 보게 됩니다. 그것을 더 많이 볼수록 그것에 관해 더 많이 이야기하게 됩니다. 그리고 그것에 관해 이야기하며 그것을 더 많이 볼수록 점점 더 그것을 생각하게 되고 그에 맞는 진동의 파장을 내보내게 됩니다.

'진동의 파장을 더 많이 내보낼수록 끌어당김의 법칙은 비슷한 진동을 지닌 것을 여러분에게 가져다줍니다. 끌어당김의 법칙이 비슷한 것을 더 많이 끌어당길수록 여러분의 삶에는 그것이 더 많아집니다. 그러면 그것에 대해 더 많이 이야기하게 되고 그것의 진동을 더욱 강하게 만듭니다. 그리고 더욱 상승된 진동의 파장을 내보냅니다. 상승된 진동의 파장을 내보낼수록 끌어당김의 법칙은 진동이 비슷한 것을 찾아내 여러분 앞에 펼쳐놓습니다. 그러면 여러분은 그것을 더 많이 보게 됩니다. 그것을 더 많이 볼수록 그것에 관해 더 많이 이야기하게 되겠지요. 그것에 관해 많이 이야기하면 진동의 파장을 더욱더 강하게 내보내는 겁니다. 진동의 파장을 내보내면 또다시 끌어당김의 법칙이 비슷한 것을 여러분 앞에 가져다줍니다. 그럴수록…, 계속 이야기해볼까요? (웃음) 여러분의 인생이 보여주는 게 바로 그겁니다.

똑같은 이야기를 이야기하면 필연적으로 그런 환경에서 계속 살게 됩니다.'

따라서 이 모임에서 우리는 '새로운 이야기를 말하는 기술'을 익히려는 겁니다. 그건 여러분이 살아가면서 점차 만들어가는 이야기를 말하는 기술입니다. 그 기술은 여러분의 말로, 여러분의 관찰로, 여러분의 기대로, 여러분의 진동으로 이야기하는 겁니다. 그러면 끌어당김의 법칙이 여러분이 의도적으로 한 생각에 반응합니다. 그러면 관찰한 것이 아니라 원하는 것을 얻게 될 것입니다.

나는 진동하는 근원 에너지

많은 이들이 흥미로운 말을 합니다. 그들이 무언가에 대해 말하는 이유는 그것이 '진실'이기 때문이라는 겁니다. 그러면 우리는 그건 어설픈 이유라고 말합니다. 이 세상에는 진실인 게 널리고 널렸습니다. 사람들이 말하는 '진실'이란 단지 그것에 주의를 기울이고 그것과 관련한 진동의 파장을 내보내서 끌어당김의 법칙이 그것을 끌어당겨 준 것에 불과합니다. 끌어당김의 법칙이 그것을 끌어당겨 주었기에 그들이 관찰할 수 있었던 겁니다. 그들은 그것을 관찰하면서 진동의 파장을 내보냈습니다. 아, 이미 이야기한 내용이군요. (웃음) 누군가가 진실이라고 믿는 무언가를 경험하는 이유는 오로지 그것과 관련한 진동의 파장을 어떤 식으로든 내보내기 시작했기 때문입니다.

여러분은 인생 경험의 창조자입니다. 여러분이 알든 모르든 여러분은 자신의 경험을 창조하고 있습니다. 그러니 이왕 창조하는 거라면 의도적으로 창조하는 게 좋습니다. 여러분은 여러분의 진동 스위치를 끌 수 없습니다. 여러분은 끊임없이 진동을 발산하고 있습니다. 그리고 끌어당김의 법칙이 여러분의 진동에 계속 반응하고 있습니다. 그러니 여러분에게 유리하게 진동을 발산하는 게 더 낫습니다.

이렇게 말하는 사람이 많습니다. "나는 의도적으로 진동을 발산하고 있습니다. 내가 원하지 않는 게 무엇인지 잘 알고 있기 때문입니다. 그것이 내 삶에 절대로 들어오지 않게 하려고 합니다. 내가 원하지 않는 게 아직 내게 오지 않았다는 걸 보여주고 싶습니다. 그래서 내가 원하지 않는 게 무엇인지 그 목록을 알려주려고 합니다. 원하지 않는 것의 목록은 매우 깁니다. 평생 생각해온 것이고 나는 원하지 않는 걸 알아내는 데 능숙합니다. (웃음) 당신에게 그 목록을 정확하게 알려줄 수 있어요. 내 인생에서 어떤 문제들이 반복됐는지 이야기하면 당신은 웃음이 날 겁니다. 나는 이걸로 여러 해 동안 사람들에게 웃음을 주었으니까요. (웃음) 자, 그럼 편안히 앉아서 내 삶이 어째서 원하는 방향으로 흐르지 않는지 설명을 들어보세요. 이 이야기를 반복해서 말하면(나는 이 이야기를 수천 번 이상 했습니다) 반복하는 횟수가 한 번 더 늘어나는 겁니다. 그리고 나는 끌어당김의 법칙에 이렇게 요청하겠습니다. 내 이야기를 잘 듣고 그와 정확히 반대되는 상황을 끌어당겨 달라고요."

이러한 이야기에 우리는 말합니다. 끌어당김의 법칙은 매우 공정한 친구라고요. 끌어당김의 법칙은 언제나 여러분의 진동을 그대로 복제합니다. 여러분이 기억해야 하는 게 있습니다. 바로 여러분이 발산하는 진동, 즉 진동의 균형, 진동의 모습, 끌어당김의 기준, 조화로움은 여러분의 감정을 통해 가장 잘 나타난다는 것이지요.

'여러분이 느끼는 감정은 진동의 균형을 알려주는 신호입니다.' 왜 그럴까요? 여러분은 물리적인 몸을 지닌 근원 에너지이기 때문입니다. 많은 사람이 이를 잘 알고 있습니다. 여러분은 신에 관해, 근원에 관해, 영혼에 관해, 천국에 관해, 천사에 관해 이야기를 많이 했습니다. 여러분은 자신의 진정한 모습을 영원이라는 개념으로 생각하려고 노력합니다. 우리를 알기 오래전부터 여러분 중 많은 사람이 물리적인 몸을 갖기 전에도 생명이 있었다고 믿었습니다. (그리고 물리적인 몸이 사라진 후에도 생명이 계속되기를 바랍니다) 그런데 여러분의 생각을 들으면 어디 나사가 하나 풀린 게 아닌가 하는 생각이 듭니다. (웃음)

우리는 영원한 존재이기 때문입니다. 영원한 존재가 영원을 바라니 우리는 좀 이해가 안 됩니다. 여러분이 이 사실을 깨닫길 바랍니다. 여러분은 죽거나 사는 존재가 아닙니다. 여러분은 천사였다가 필연적으로 죽은 존재가 된 게 아닙니다. 저곳에서 근원과 함께 있다가 이곳에서 근원과 떨어져 있는 게 아닙니다. '여러분은 언제나 근원 에너지입니다. 여러분은 진동하는 존재입니다. 여러분이 자신이라고 생각하는 물리적인 몸과 여러분 주변의 물리적인 요소들은 모두 이 아름다

운 세상에서 여러분이 스스로 만들어낸 진동의 해석입니다.'

생각의 맨 앞자리인 이곳에서 여러분은 자신의 물리적인 몸에 주로 초점을 맞추고 있습니다. 여러분이 이곳에 존재하는 건 매우 멋진 일입니다. 하지만 꼭 깨달아야 하는 게 있습니다. 바로 여러분의 존재 전체가 물리적인 몸을 입고 있는 건 아니라는 겁니다. 어떤 한 덩어리라는 의미의 존재 전체를 말하는 게 아닙니다. 우리가 말하는 존재 전체는 더 큰 자신을 말합니다. 여러분의 더 큰 자신은 안정적이고, 비물리적이고, 순수하고, 긍정적이고, 신의 힘을 지녔고, 근원이며, 사랑 에너지입니다. 즉 그것이 여러분의 진정한 모습입니다. 그 모습의 일부가 물리적인 몸을 입고 이곳에 오게 된 것입니다.

이렇게 생각할 수 있습니다. 여러분이 지닌 모든 모습이 오늘 이 워크숍에 참석한 건 아닙니다. 여러분은 어머니이거나 아버지이며 누이거나 형일 것입니다. 또한 야구 선수이거나 회계사일 수 있습니다. 여러분의 삶에서 다양한 역할을 하며 살고 있지만 지금 이곳에 그 모습 전부로 참석한 건 아닙니다. 따라서 이 점을 이해하면 좋겠습니다. 더 포괄적인 의미에서 여러분이라는 존재의 더 큰 부분은 비물리적인 부분입니다. 그 비물리적인 존재는 여러분이 물리적인 몸을 입고 이곳에서 하는 일을 통해 유익을 얻고 있습니다.

만물의 처음은 진동

여러분이 물리적인 몸으로 이곳에 오기 전에 근원 에너지였다는 걸 이해했나요? 여러분의 근원 에너지는 지금도 비물리적인 세계에 머문다는 우리의 생각은 어떠한가요? 이러한 개념을 전기와 토스터의 관계로 설명해 보지요. 토스터의 플러그를 꽂습니다. 그러면 식빵을 구울 수 있습니다. 이렇게 묻는 사람도 있을 겁니다. "그렇다면 전기가 곧 토스터인 건가요?" 우리의 답변은 이렇습니다. 전기는 전기이고, 토스터는 토스터입니다. 여러분 존재의 한 부분인 근원 에너지는 근원 에너지입니다. 여러분의 존재에서 물리적인 부분은 토스터에 해당합니다. 하지만 그 모든 건 함께 작동하고 있습니다. 이곳에서 여러분이 물리적인 몸을 입고 탐험하고 있기 때문입니다. 여러분은 이곳, 즉 창조의 맨 앞자리에 서 있습니다. 그리고 새로운 곳에 도달하고 있습니다. 그때 여러분 안에 있는 근원 에너지는 이렇게 말합니다. "우리 생각도 같습니다. 우리는 그 일과 진동의 조화를 이루고 있어요."

우주 만물의 창조에 관해 우리가 알고 있는 것을 여러분도 알면 좋겠습니다. 이 행성의 창조에 관해, 지구라는 행성에서 여러분이 생명이라고 부르는 것의 창조에 관해 제대로 이해하려면 뒤로 상당히 물러서서 봐야 할 것입니다. 여러분이 이 점을 이해하면 좋겠습니다. 우리가 사물이라고 부르는 모든 것, 즉 물리적인 감각으로 지각할 수 있는 물질은 모두 처음에는 진동의 형태로 존재했다는 사실 말입니다. '모든 사물은 처음에는 생각이었습니다. 그 생각에서 진동이 발산되었습니다. 진동이 발산되는 생각에 주의가 기울어졌습니다. 시간이 흐르면서 그 생각은 마침내 형태와 모양을 갖추어 발현되었습니다.'

여러분은 눈에 보이는 현실을 매우 확실하게 믿고 있습니다. 그래서 주위 환경의 많은 조건을 인식하고 그에 대해 다른 사람들의 의견에 동의하며 살고 있습니다. 여러분은 다른 사람들이 인정하는 방식으로 시공간을 인식합니다. 이렇게 말하지요. "이 방이 보이지? 우리는 이 방의 크기를 측정할 수 있어. 그러면 방의 크기에 대해 동의하게 되지. 우리는 크기를 나타내는 단위를 알고, 측정 방법을 알아. 거리도 잴 수 있지. 색에 대해서도 우리는 의견이 일치해. 우리는 물리적인 감각을 사용해 진동을 알아내기 때문에 많은 부분에 대해 서로의 의견에 동의해."

하지만 우리는 여러분이 이렇게 생각하기를 바랍니다. 즉 '모든 진동은 움직이고 있으며 그것을 지각하는 사람에 의해 해석된다는 것입니다.' 물론 쉽지 않다는 걸 압니다. 물리적인 현실이 영구적이고 고정되어 있으며 실제라고 느껴지기 때문입니다.

하지만 여러분의 눈으로 보는 것은 진동의 해석입니다. 여러분의 귀로 듣는 것 또한 진동의 해석입니다. 냄새 맡고 맛보고 손가락으로 느끼는 것 모두가 진동의 해석입니다. 인류가 오랫동안 그렇게 해왔습니다. 그러한 현실에 아무런 이견 없이 동의해왔기에 여러분이 확고하게 서 있는 이 아름다운 플랫폼이 고정된 현실처럼 보이는 겁니다. 하지만 여러분이 안정적이고 견고하다고 생각하는 이 현실이 고정된 현실이 아니라는 점을 이해하기를 바랍니다. 현실은 끊임없이 변하고 있습니다. 현실은 당신의 물리적인 존재가 허용하는 만큼 변하고 무언가가 되어가며 새로운 모습으로 변모합니다.

여러분이 근원의 눈으로 물질세계를 보는 방법을 깨닫길 바랍니다. 여러분은 이 행성과 이곳에 사는 생명에게 무언가가 되풀이되는 걸 막고 싶은 게 있을 겁니다. 자녀에게 가르쳐주고 싶지 않은 것도 있을 수 있습니다. 근원의 눈으로 이 세계를 바라보기 시작할 때 그러한 문제에서 다른 데로 주의를 돌릴 수 있습니다. 또 애써 화를 참는 일에서 벗어나기 시작합니다. 그러면 여러분이 진동의 조화를 이루고 싶은 일, 즉 끌어당김의 법칙이 끌어당겨 주기를 바라는 일에 초점을 맞출 수 있습니다.

이제 여러분은 끌어당김의 법칙이 반응할지 그렇지 않을지 걱정할 필요가 없습니다. 끌어당김의 법칙은 언제나 작동합니다. 그 법칙의 스위치는 항상 켜져 있습니다. 즉 여러분이 어떤 진동을 발산하든 그 진동과 비슷한 것을 끌어당긴다는 뜻입니다. 하지만 여러분이 대부분 깨닫지 못하는 것은 여러분이라는 존재의 두 가지 면에 끌어당김의 법칙이 반응한다는 사실입니다. 앞서 우리가 설명한 것처럼 여러분의 '비물리적인 존재'가 한 가지 면입니다. 이 존재는 비물리적으로 초점을 맞추고 있습니다. (얼마나 오랫동안 그렇게 해왔는지 상상할 수 있겠습니까?) '또 한 가지는 여러분의 물리적인 면입니다. 여러분이 물리적으로 존재하는 동안 끌어당김의 법칙이 그에 반응하는데 이 기간은 그리 길지 않

습니다.'

이처럼 여러분의 두 가지 면에 끌어당김의 법칙이 반응하고 있습니다. 여러분의 더 큰 부분이 여러분의 지배적인 모습이라는 사실을 알기를 바랍니다. 끌어당김의 법칙은 여러분이 태어나기 전 모습뿐 아니라(잘 들어보세요) 물리적인 몸을 입고 이곳에 온 이후에 발전한 여러분의 진정한 모습에도 반응합니다. 이곳에서의 인생 경험이 여러분의 더 큰 부분을 확장하고 변화시킨다는 사실을 이해할 수 있습니까? 바로 그 이유로 여러분이 물질의 몸으로 이곳에 왔다는 사실을 알고 있습니까?

사람들은 매우 비합리적인 이야기를 합니다. "근원은 완벽해. 나는 완벽해지는 방법을 알아내기 위해 이곳에 오게 됐어. 근원은 내가 배울 수 있는 법칙을 준비해두었어. 나는 그 법칙을 배울 거야. 굴하지 않고 끝까지 해내겠어. 근원이 도달한 완벽함에 나도 도달할 거야." 하지만 '여러분이 말하고 있는 근원은 언제나 여러분 내면에 있다.'라는 사실을 기억하세요. '근원과 여러분은 분리될 수 없습니다. 근원에서 스스로 멀어질 수는 있지만, 근원은 항상 여러분 내면에 있습니다. 지금 이 순간 여러분이 온전한 근원의 모습을 얼마나 허용하는지는 여러분의 감정으로 알 수 있습니다.'

여러분 자신과 다른 사람에 대해 사랑을 느껴보세요. 그때 여러분은 내면에 있는 근원과 완벽한 진동의 조화를 이룹니다. 자신이나 다른 사람을 향해 증오와 분노를 느낀다면 근원이 발산하는 진동에 조금도 가까이 가지 못합니다. 그러면 여러분이 허용한 자신의 모습과 진정한 모습 사이에 진동의 차이가 생기며, 그러한 차이는 부정적인 감정으로 알아챌 수 있습니다. '부정적인 감정'은 그 정도와 관계없이 여러분이 진정한 모습에서 얼마나 멀어졌는지 보여줍니다.

내면에 있는 근원은 소망이라는 로켓을 타고 있습니다. 물리적인 인간의 몸을 입은 여러분이 자신도 그 로켓을 타도록 허용할 때 열정, 성취, 사랑, 확신, 유연함, 활력, 힘을 느끼게 됩니다. '그러면 여러분은 자신의 진정한 모습으로 사는 삶을 사랑하게 됩니다.' 여러분이 좌절, 압도감, 짜증, 분노, 격노, 실망, 두려움, 우울을 느낀다면 여러분의 진정한 모습에서 점점 더 멀어집니다.

따라서 여러분이 매 순간 어떤 감정을 느끼는지, 그 감정이 사랑이든 절망이든 자신이 느끼는 감정을 알아차려야 합니다. '지금 느끼고 있는 감정은 여러분의 진동이 어떤지 보여주는 신호입니다. 즉 여러분이 주의를 기울이고 있는 것으로 인해, 여러분의 현재 모습과 진정한 모습 사이에 어떠한 진동의 차이가 있는지 감정이 보여주는 것입니다.'

매 순간 조금씩 안내 시스템에 관해 말해보세요! 자신의 진정한 모습과 진심으로 원하는 것, 가고자 하는 방향을 완벽하게 알고 있다고 말하세요. 안내 시스템은 여러분이 그것을 이해하는 방법만 배우면 언제나 여러분과 함께하며, 여러분이 가야 할 길을 정확하게 안내합니다.

안내 시스템은 운전할 때 쓰는 내비게이션과 비슷합니다. 내비게이션은 여러분의 현재 위치를 알고 있습니다. 그래서 목적지를 입력하면 지금 있는 곳에서 가야 할 곳까지 이동 거리를 계산해 보여줍니다. 여러분의 안내 시스템도 그와 같습니다.

이곳에서 여러분은 돈이 많지 않을 수 있습니다. 어쩌면 끔찍한 관계를 맺고 있을 수도 있습니다. 불만족스러운 신체를 지녔을 수도 있고 당황스러운 병에 걸렸을 수도 있습니다. 원하는 것과 반대되는 경험을 하는 이곳에서는 소망이라는 로켓을 쏘아 올려 언제든 더 나은 삶을 살 수 있습니다. 전보다 더 많은 로켓을 쏘아 올릴 수도 있습니다. 원하지 않는 것을 통해 원하는 게 무엇인지 알아낼 수 있다는 사실을 이해했기 때문입니다. 내면에 있는 근원은 그러한 로켓에 올라탈 뿐 아니라 새롭게 확장된 여러분과 진동의 조화를 이룹니다.

여러분에게 이런 질문을 하고 싶습니다. '지금 여러분이 하는 생각과 말은 여러분의 진정한 모습과 조화를 이루고 있습니까? 인생이 만들어낸 여러분의 모습에 뒤처지지 않고 따라가고 있습니까?' 그렇게 하고 있다면 여러분은 근원의 진동에 맞춰 자신의 진정한 모습으로 살아가고 있는 겁니다. 기분이 대단히 좋을 것입니다. 여러분은 성장한 모습으로 살아가도록 스스로 허용하고 있는 겁니다. '이때 여러분은 근원의 눈으로 세상을 보게 됩니다.'

부정적인 감정을 느끼고 있다면 여러분이 무언가 부정적인 것에 주의를 기울이고 있다는 뜻입니다. 그 감정은 분명히 유용한 기능을 합니다. 부정적인 감정이 생긴 일을 여러분이 일으킨 게 아니라는 걸 우리는 압니다. 여러분은 그저 그 일을 관찰한 겁니다. 여러분은 자신의 진정한 모습에서 의도적으로 멀어지려고 하지 않습니다. 하지만 부정적인 감정을 느낄 때마다 여러분은 자신의 진정한 모습에서 멀어지고 있는 겁니다.

진동과 조화롭게 살고 있나요?

자신의 안내 시스템을 인식하는 방법과 매 순간 그 시스템을 더욱 효과적으로 활용하는 방법을 여러분에게 알려주고 싶습니다. 그래서 감정이 중요하다는 사실을 알고 새로운 결심을 하기를 바랍니다. 감정은 자신의 진정한 모습과 조화를 이루는지 그렇지 않은지 보여주는 신호입니다. 지금 이 순간에 자신의 진정한 모습이 온전히 나타나게 허용하는지 아니면 나타나지 못하게 막는지에 따라 여러분이 느끼는 감정은 달라집니다.

많은 물리적인 존재가 자신의 진정한 모습으로 살지 못하고 단지 그 그림자에 숨어서 삶을 이어가고 있습니다. 어머니들은 왜 아이들에게 짜증을 내며 소리를 지를까요? 이 행성에서 더는 사랑하고 싶은 사람이 없기 때문입니다. 그들은 아무 생각 없이 삶에 자동으로 반응하고 있습니다. 그래서 사랑의 진동에 자신의 진동을 조율하는 방법을 모릅니다. 그러니 진동을 통제하지 못합니다. 우리가 바라는 건 여러분이 의도적이고, 의식적이며, 종합적인 방식으로 안내 시스템을 활용하기 시작하는 겁니다.

여러분은 인생을 구성하는 요소를 이해해야 합니다. 자신의 진정한 모습을 이해하고, 그 모습이 어떤 감정을 느끼는지 이해해야 합니다. 그리고 그 감정이 발산하는 진동에 자신을 조율하기 시작해야 합니다. 그러면 진정한 모습과 진동의 조화를 이루기 시작할 겁니다. 그렇게 조화를 이루어 그 모습으로 살아가면, 즉 자신의 핵심 존재에서 나오는 진동을 발산하면 여러분이 발휘하는 힘은 매우 강력해집니다. 여러분을 지켜보는 사람들은 여러분이 뿜어내는 자신감과 강력함에 감탄할 것입니다. 자신의 진정한 모습과 진동이 조화로우면 끌어당김의 법칙은 강력하고 즐거운 기회를 당신에게 꾸준하게 끌어당겨 주며 그런 기회로 당신 주변을 가득 채웁니다. 또 끊임없이 발전하고 영원히 펼쳐져 있는 삶의 기쁜 경험을 향한 문을 활짝 열고 서서히 당신을 안내합니다.

여기서 중요한 점은 단지 여러분이 원하지 않는 것을 알고 그다음 원하는 것을 알게 되어 그것을 얻는 방법을 알아내야 하는 게 아닙니다. 여러분이 원하는 것 몇 가지, 아니 수십, 수백, 수천 가지에 관해 이야기하는 것도 아닙니다. 이 워크숍에서는 여러분이 원하는 것에 도달하는 방법을 알려주지 않습니다. 이 워크숍에서 우리는 여러분이 생각의 방향을 전환해 물리적인 몸을 입고 이곳에서 삶을 시작한 이유를 이해하도록 돕고자 합니다.

여러분은 무언가 일을 '완수하러' 이곳에 온 게 아닙니다. 원하는 것을 알아낸 후 자신이 원하는 게 없는 것보다는 있는 게 더 나으니까 그것을 이루려고 이곳에 온 게 아니라는 말입니다. 여러분이 이곳에 온 이유는 자신이 원하는 것을 확인한 후 그것을 향한 방향으로 움직이면서 지속적이고 영원한 생명의 물결을 즐기기 위한 것입니다. 여러분이 원하는 것은 자신의 진정한 모습의 흐름에 머무는 것이지 그 흐름에 저항하는 것이 아닙니다.

끌어당김의 법칙은 강력해진 여러분에게 반응하면서 강이나 물결 같은 흐름을 창조합니다. 이 흐름은 언제나 삶이 여러분을 성장시키는 방향으로 움직입니다. 그 흐름에 여러분 자신을 맡길 때 긍정적인 감정을 느끼게 됩니다. 하지만 그 흐름을 거스르면 그 사실을 여러분은 몸으로 느낍니다. 여러분의 존재를 구성하는 세포 하나하나가 그걸 느낄 수 있습니다. 진정한 모습으로 존재하는 걸 스스로 허용하지 않기 때문에 그렇게 느끼는 겁니다. 그렇게 서로 반대되는 에너지가 여러분을 무너뜨리고 맙니다. 그러면 여러분은 비참해집니다. 몸이 망가지고 삶이 파괴됩니다. 여러분은 자신의 진정한 모습과 가까워지지 않습니다.

여러분이 숨이 넘어가면 당연히 모든 게 끝납니다. 숨이 넘어갈 때 (우리는 이러한 격식 없는 표현을 좋아합니다. 죽음이란 없기에 최대한 격식 없는 표현을 쓰려고 합니다), 즉 여러분이 죽음이라고 부르는 것을 경험할 때(숨이 넘어가는 경험) 물질화된 몸으로 하던 수많은 걱정을 멈추게 됩니다. 그때부터 여러분의 진정한 모습이 발산하는 진동이 지배적인 진동이 됩니다.

한순간에 여러분은 그간의 삶이 성장시킨 존재가 됩니다. 하지만 이러한 변화를 위해 숨이 넘어가는 경험을 할 필요가 없다는 사실을 알려주고 싶습니다. 여러분은 물리적인 몸을 지닌 채 이곳에 머물면서도 매 순간, 매일매일 자신이 어떤 감정을 느끼는지 살피면서 여러분 존재의 핵심에서 발산하는 진동과 조화를 이룰 수 있습니다. 그렇게 되면 인생이 얼마나 멋진지, 삶이 여러분을 얼마나 기분 좋게 해주는지 이해하기 시작할 겁니다. 삶은 마땅히 기분 좋아야 합니다.

우리는 지난여름에 멋진 경험을 했습니다. 급류타기 래프팅을 하러 갔지요. 강가에서 보트를 타고 물놀이를 즐겼습니다. 그곳에는 래프팅을 즐기는 사람이 많았습니다. 우리 일행이 여섯 명이었고 고등학교 레슬링 선수 십여 명이 다른 보트에 나누어 타고 있었습니다. 래프팅을 즐기다 보니 다른 보트를 탄 사람들에게 물이 튀겼습니다. 레슬링 선수들보다 우리가 더 신나게 보트를 탔습니다. 다들 흠뻑 젖었지요. 그러다가 보트가 강 하류에 도달했습니다. 그들 중 누구도 보트를 상류로 돌려 물살을 거슬러서 노를 저어 올라갈 생각은 하지 못했습니다. 강물이 빠르게 흐르고 있어 누구든 물살에 휩쓸려 갈 것이 분명했지요.

안내 요원이 사람들을 보자마자 말했습니다. "여러분, 기억하세요. 누구도 물의 흐름을 거스를 수 없어요." 그는 래프팅을 즐기는 사람들이 강의 힘을 이해하기를 원했습니다. 우리가 말하고 싶은 게 바로 그

겁니다. 강의 힘과 그 흐름을 거스를 수 없다는 사실을 여러분이 이해하기를 바랍니다. 여러분이 물질의 몸을 입고 이곳에 오기 오래전부터 여러분의 강은 흐르고 있었습니다. 그리고 여러분이 물질화된 이후 강은 매우 빠르게 움직이고 있습니다. 원하지 않는 것을 알게 될 때마다 자신이 원하는 것, 즉 소망의 로켓을 쏘아 올렸습니다. 그러면서 강물의 속도가 조금씩 더 빨라졌습니다.

강물의 속도가 점점 더 빨라지는 이유는 여러분이 어떻게 하면 인생이 더 나아지는지에 대한 선호나 소망을 알아냈기 때문입니다. 그럴 때마다 여러분의 비물리적 존재가 그 생각을 온전히 받아들이고 그 생각을 확실하게 지지해 그에 맞는 진동을 완벽하게 발산하기 때문이지요. 강력한 끌어당김의 법칙은 여러분의 상승된 진동에 반응합니다. 그러면 무언가 강력한 느낌이 여러분을 끌어당깁니다. (이해하고 있나요?)

여러분의 강이 얼마나 빠르게 움직이는지 그 흐름에 자신을 맡기는 게 얼마나 중요한지 이해해야 합니다. 그렇게 모습이 형성되는 방향으로 자신을 맡길 때 그 흐름을 타고 가며 편안함을 느낄 수 있습니다. 흐름에 자신을 맡기지 않고 흐름을 거슬러 가려고 하면 불편함을 느낄 것입니다. 여러분이 느끼는 모든 감정은 이처럼 간단합니다.

부정적인 감정은 더 나은 존재가 되고 싶다는 신호입니다. 그 감정을 일으킨 생각, 행동, 말이 허용하는 것 이상의 무언가가 되겠다는 의미입니다. 예를 들면 이런 식입니다. "그동안 살면서 돈이 없다는 것에 부정적인 감정이 생겼어. 그래서 더 많은 돈을 원한다는 걸 알게 되었지. 따라서 근원 에너지는 더욱 풍요로운 존재가 되어가."

우리의 진동에 얼마나 많은 풍요로움이 쌓여 있는지 상상할 수 있습니까? (당연히 우리는 알고 있습니다) 그곳에 있는 참된 부가 여러분을 부르고 있습니다. 여러분이 평생 요구한 풍요로움이 모두 거기에 있습니다. 그런데도 여러분은 자주 이렇게 말합니다. "나는 돈이 충분하지 않아. 그래서 정말 실망스러워."

"돈이 충분하지 않아. 돈이 없어. 저걸 사고 싶은데 그럴 여유가 안 돼. 그걸 살 수 있으면 좋겠어. 하지만 돈이 없어. 가질 수 없는 걸 바라는 건 이제 지긋지긋해. 돈이 충분하지 않은 삶에 질렸어. 내게는 돈이 충분하지 않아. 돈이 부족해. 돈이 없어. 내가 아는 사람 중 돈이 많은 사람은 거의 없어. 주변에 돈 많은 사람이 없지. 돈이 많은 사람을 본 적이 없어. 누구도 돈이 많지 않아. 모두가 돈이 부족하지. 누구나 근근이 살고 있어. 저기 부자 녀석은 돈이 많지. 저 부자 놈은 많은 돈을 가졌어. 자신이 마땅히 가져야 할 돈보다 훨씬 더 많은 돈을 가졌어. 그는 불필요한 것들을 사며 돈을 낭비하고 있어. 굶주리고 있는 사람이 있다는 걸 모르나? 나는 돈이 충분하지 않아. 돈이 없어. 그 부자 녀석은 아마 마약 거래를 할 거야. 하지만 나는 돈이 없어. 돈이 부족해. 돈이 충분하지 않아. 돈이 없어. 돈이 없다고."

여러분이 이런 식으로 느끼면 돈은 여러분의 삶으로 절대 흘러들어 오지 않습니다. 여러분의 진동 주파수가 풍요로움의 진동 주파수와 완전히 동떨어져 있기 때문입니다.

실망이라는 감정을 느낀다는 건 돈이 여러분의 삶으로 들어오지 못하고 있다는 신호입니다. 여러분의 삶으로 들어오는 돈이 없다는 것 또한 여러분이 그것을 막고 있다는 신호입니다. 다시 말해 여러분이 무엇을 하고 있는지 알려주는 감정적 신호가 있습니다. 그런 감정을 느낀 다음에는 그 감정이 내보내는 진동이 현실로 발현되어 자각할 수 있게 됩니다. 여러분이 어떻게 살고 있든 그 삶은 여러분이 진동으로 무엇을 하고 있는지 보여주는 신호라는 사실을 이해해야 합니다. 더욱 중요한 것으로, (오, 지금부터 잘 듣기를 바랍니다. 우리는 여러분이 이 점을 완벽하게 이해해야 이곳을 떠날 겁니다. (웃음) 단 몇 분이면 충분합니다) '여러분이 펼쳐가는 삶의 모습은 여러분이 진동을 어떻게 발산하고 있는지 보여주는 신호입니다.' 이 말이 어떻게 들립니까? 중요하게 들립니까? 이 말이 중요하게 들릴 수 있지만 그렇게 중요하게 여기지 말았으면 합니다. 그것 또한 진동의 신호일 뿐이기 때문입니다.

"내 은행 계좌의 잔금은 진동의 신호야. 계좌 잔금을 보면 정말 마음에 안 들어. 잔금이 거의 없잖아. 계좌의 잔금이 왜 늘어나지 않는 거지? 어째서 늘어나지 않는 거야? 대체 왜 잔금이 계속 줄어들지? 잔금이 늘어나지 않는 이유가 뭐란 말이야? 왜 잔금이 늘어나지 않아? 왜 잔금이 늘어나지 않냐고." 왜냐하면 그 계좌의 잔금은 잔금이 늘어나지 않는 이유를 보여주는 신호기 때문입니다.

"나는 몸이 아파. 기분이 몹시 나빠. 내 몸이 나아지면 좋겠어. 나는 질병을 진단받았지만 내 몸에 그런 증상이 생기는 게 싫어." '여러분의 몸과 삶의 모습은 여러분이 발산하는 진동의 신호입니다.' 이상입니다. "내 몸에 무슨 일이 생기는지 모르겠어. 내 몸을 통제할 수 없어. 어떻게 될지 모르겠어. 두려워. 무슨 일을 해야 할지 모르겠어." 여러분의 삶은 여러분이 내보내고 있는 진동의 신호입니다. 그게 전부입니다.

사람들은 자신의 현실이 대단히 중요한 것처럼 말합니다. 하지만 그 현실은 일시적인 신호에 불과하다는 사실을 이해하기 바랍니다. 여러분은 자동차 연료 계기판에 경고등이 켜진 걸 보면서 공포에 질립니까? (웃음) "어떻게 이런 일이 생겼지? (웃음) 도대체 왜 내게 이런 일이 생긴 거야?" 그리고 운전대에 머리를 박고 흐느낍니까? "오, 내게 일어난 일을 좀 봐. (웃음) 나는 이제 끝났어. 이 생명이 다했어. 내 처지 좀 봐." 이렇게 말합니까? 아니면 그저 연료를 채웁니까?

살다 보면 때때로 몸에 문제가 생길 수 있습니다. 마지못해 병원을 향해 가며 의사가 심각한 소식을 전할까 봐 두려움에 휩싸일 수 있지요. 의사는 의료 도구들을 가져와 여러분 몸의 깊숙한 곳을 자세히 살핍니다. 눈으로 보이지 않는 곳까지 자세하게 진찰합니다. 그리고 몸에 무언가 잘못된 게 보인다고 말할 수 있습니다. 그러면 여러분은 이렇게 말해야 합니다. "발견해서 다행입니다. 문제를 알게 되어 좋아요. 그런데 병명을 알려줄 필요는 없습니다. 알고 있으니까요. 무언가 부조화가 있다는 걸 느낄 수 있어요."

'여러분의 몸이 어떻든, 어떤 인간관계를 맺고 있든, 돈이 얼마나 있든 상관없이 여러분의 삶은 그 순간에 여러분이 어떤 진동을 발산하는지 보여주는 일시적인 신호에 불과합니다. 그게 전부입니다.'

유일한 문제는 그렇게 발산하는 진동이 일시적이라는 사실을 여러분이 모른다는 것입니다. 있는 그대로의 현실을 너무 오랫동안 말해온 나머지 그 진동에서 빠져나올 수 없는 것이지요. 여러분은 똑같은 이야기를 오랜 세월 말해왔습니다. 이제는 새로운 이야기에 대해 아무런 생각도 안 납니다. 왜 그런지 모르겠지만 여러분은 '있는 그대로' 말해야 한다고 믿고 있습니다.

현실을 있는 그대로 이야기해볼까요? 여러분의 어머니가 "사실을 있는 그대로 말해."라고 했다고 해봅시다. 그러면 여러분은 이렇게 말하겠지요. "나는 돈이 충분하지 않아요. 돈이 부족해요. 나는 사람들이 싫어요. 사람들이 미워요. 사람들이 마음에 안 들어요. 정말 싫어요. 사람들의 행동이 마음에 들지 않아요. 내 돈을 사람들이 쓰는 게 싫어요. 이 정부에서 사람들이 하는 행동이 싫어요. 사람들이 하는 일이 싫어요." 여기서 우리가 강조하고 싶은 게 있습니다. 물론 여러분이 점점 짜증이 생긴다는 건 우리도 알고 있습니다. (웃음) 하지만 여러분이 반드시 알아야 하는 건 바로 '여러분은 새로운 이야기를 말해야 한다는 사실입니다.'

우리는 진동의 두 가지 면에 대해 이미 설명했습니다. 여러분의 더 큰 존재가 발산하는 진동과 물리적인 존재가 발산하는 진동이 있습니다. 이를 이해하고 있습니까? 이를 믿습니까? 여러분이 근원 에너지라는 존재임을 이해합니까? 그렇다면 이제 잘 들어보고 진동의 차이를 확인해보세요. "나는 돈이 충분하지 않아. 돈이 부족해. 돈이 없어. 돈이 없어. 내게 돈이 많았던 적은 한 번도 없어. 돈이 매우 많아. 내게 돈이 있어. 모든 게 내 앞에 펼쳐져 있어. 모든 자원을 활용할 수 있어. 환경과 여건이 잘 준비되어 있어. 여기에 돈이 있어. 돈이 있어. 여기를 봐. 여기를 보라고. 여기에 돈이 있어."

돈이 부족하다는 진동을 내보내면 이러한 감정을 느낍니다. "내게는 충분한 돈이 없어. 돈이 부족해. 어째서 내게는 돈이 많지 않은 거지? 내게 돈이 없어서 대단히 실망스러워. 내가 무언가 잘못한 게 있나? 나는 더 많은 걸 알고 있었어야 했어. 그들도 더 많은 걸 알고 있었어야 했고."

'하지만 돈은 풍부하게 있습니다. 잘못된 건 전혀 없습니다. 여러분이 원하는 모든 게 여러분 앞에 펼쳐져 있습니다. 여러분이 준비되어 있다면 언제든 그것들을 활용할 수 있습니다. 여러분이 해야 할 일은 아무것도 없습니다. 여러분이 이미 해야 할 일을 했습니다. 그저 긴장을 풀고 원하는 것이 여러분의 경험으로 흘러들어오도록 허용하기만 하면 됩니다. 여러분은 내면의 근원이 발산하는 진동의 소리를 듣고 싶을 겁니다. 근원의 부름에 귀 기울이고 싶을 겁니다. 근원은 여러분이 원하는 방향으로 여러분을 부르고 있습니다. 여러분은 그 방향으로 움직이고 있다는 걸 압니다. 상황이 여러분에게 유리하게 펼쳐지

기 시작하기 때문입니다. 그리고 여러분의 기분이 정말로 점점 좋아집니다.'

여러분은 길을 준비해왔고 내면에 있는 근원이 그 길을 잘 돌보고 있습니다. 그 길은 여러분이 원하는 방향으로 오라고 여러분을 부릅니다. 그 길에 들어서면 여러분은 힘이 솟는 걸 느낍니다. 열정에 타오릅니다. 그런데 물리적인 세계가 여러분을 어떻게 훈련시켰습니까? "기분이 좋아도 조심할 건 조심해야 합니다."라는 말이 물리적인 세계에서 하는 말입니다.

친구들에게 "오, 이거 정말 재미있는데."라고 말하면 친구들은 이렇게 말합니다. "조심해. 조심하라고. 기분이 좋으면 아주 잘못된 일이 생길 수 있다는 뜻이야. (웃음) 나는 긍정적인 사람들을 알고 있는데 그들에게 나쁜 일이 생겼어. 너도 좀 안전하게 행동하는 게 좋을 거야. 내 생각에는 네가 지금 그 자리에 그냥 있는 게 좋겠어. 그 사람이 너를 이기고 있는 걸 알고 있어. 하지만 그는 지금 잘살고 있지."

여러분은 이 점을 이해해야 합니다. '여러분의 감정이 전부입니다. 여러분이 스스로 허용하는 모습과 여러분의 진정한 모습의 격차가 커지는지 아니면 줄어드는지 보여주는 신호가 여러분의 감정이기 때문입니다.'

여러분이 하는 말 하나하나가 흐름에 따르는지 아니면 흐름을 거스르는지 감정을 통해 느낄 수 있을 겁니다. 흐름에 따르는 말은 언제나 안도감을 느끼게 합니다. 그런 말이 항상 찬란하거나 달콤하거나 향기롭지는 않지만, 또 늘 최고의 기분을 안겨주지는 않지만 지금 서 있는 자리에서 흐름에 따르는 생각을 하면 흐름을 거스르는 생각을 할 때보다 언제나 기분이 더 좋습니다. 여러분은 기분이 조금 더 나빠지는 상황과 조금 더 좋아지는 상황의 차이를 바로 알 수 있습니다.

흔히 이런 모임에 참석하면 여러분은 기분 좋은 감정을 느껴야 한다고 생각하게 됩니다. 하지만 여러분이 오랫동안 긍정적인 사람을 보면서 속이 메스꺼웠다면 그런 사람 중 한 명이 된다는 건 생각만 해도 끔찍할지 모릅니다. 자신이 행복하지 않을 때 행복한 사람을 보는 것만큼 짜증 나는 일도 없으니까요. 또 자신이 갖지 못한 걸 가진 사람을 보는 것도 아주 짜증 나는 일입니다. 우쭐거리며 "내 인생이 얼마나 근사한지 알려줄게."라고 말하는 걸 보는 건 정말 최악이지요. 그러면 당신은 이렇게 말할 겁니다. "저 사람 근처에 가지 말자." (웃음)

'우리는 여러분이 자신을 다른 사람과 비교하는 걸 바라지 않습니다. 우리가 바라는 건 그저 지금 하는 여러분의 생각이 흐름에 따르는지 아니면 거스르는지 그 차이를 여러분이 자각하는 것입니다.' 그게 왜 중요할까요? 여러분이 지금 하는 생각이 끌어당김의 기준이기 때문입니다. 끌어당김의 기준은 여러분의 삶이 어떤 모습이 될지 보여주는 신호입니다. 이미 알고 있겠지만 한 가지 더 해줄 말이 있습니다. '여러분이 진동을 발산하고 그것이 현실에서 나타나는 데까지는 어느 정도 시간이 걸립니다. 모든 창조는 여러분이 발산하는 진동으로 99퍼센트 완성된 후에 그 증거가 눈에 보이기 시작합니다.' 따라서 창조의 증거를 보기 시작하려면 그 전에 얼마의 시간 동안 흐름에 따라 근원의 진동과 조화로워야 합니다. 이 과정을 알지 못하기 때문에 창조가 즉각적으로 눈앞에 나타나기를 원하는 거지요.

래프팅을 즐기러 강에 간 우리가 안내 요원에게 이렇게 말하는 걸 상상할 수 있을까요? "오, 우리는 즉각적인 달성을 원해요. 그래서 시간을 들여 보트를 타고 강을 따라 내려가고 싶지는 않군요. 보트를 버스에 실어주세요. 협곡 아래까지 버스로 갑시다. 그게 훨씬 더 빠를 거예요. 여기서 수십 미터 내려가서 보트를 강가에 놓으세요. 거기서 보트를 탈게요." 안내 요원은 이렇게 말할 겁니다. "나는 여러분이 강에서 래프팅을 즐기기 원한다고 생각했는데요." (웃음)

여러분이 이 점을 이해하면 좋겠습니다. '여러분은 강에서 흐름을 타고 내려오는 걸 원합니다. 그리고 흐름을 거슬러 올라가는 걸 알아차리기를 원합니다.' 여러분은 자신에게 선택권이 있었는지 생각합니다. (이곳에 올 때는 선택권이 있었습니다) 그리고 이 물질세계에서도 선택권을 가졌는지도 생각합니다. (이곳에서는 선택권이 없었습니다) '선택권을 가지고 이곳에 왔다면 나의 보금자리가 안락하고 거기에는 원하는 것이 가득하지 않았을까? 그리고 기분이 나빠지는 일에 조금도 신경 쓰지 않아도 되는 환경에 있지 않았을까?'라는 생각을 하는 것입니다.

부모가 된 여러분 중 많은 사람이 자녀를 위해 선택권을 행사하려고 합니다. 그래서 자녀들이 원래 의도했던 삶, 현실과는 대조적인 삶을 일시적으로 앗아갑니다. 사람들은 이곳에 오며 이렇게 말했습니다. "나는 현실과는 대조적인 삶으로 여행을 떠나겠어. 그곳에서 내가 무엇을 좋아하는지 알아낼 수 있을 거야. 매우 근사한 일이겠지. 내가 좋아하는 것을 알게 되면 거기에 나의 진동을 맞추겠어. 그러면 끌어당김의 법칙이 그것을 내게 가져다줄 거야. 나는 내가 좋아하는 것으로 환경을 새롭게 만들겠지. 그 환경과 진동의 조화를 이룰 거야. 끌어당김의 법칙이 그 환경을 내게 끌어당겨 줄 거야. 인생이라는 뷔페에서 나는 가장 좋아하는 것들을 고를 거야. 내 개인적 관점에서 완벽한 인생을 쟁취하겠어."

하지만 여러분이 이곳에 왔을 때 여러분 주변에는 이미 안내 시스템을 잊고 '기능을 상실한 채' 살아가는 사람이 많이 있었습니다. 그들은 이렇게 말했습니다. "나는 조건부로 사랑을 하며 살아가고 있어. 조건이 좋으면 기분이 좋아지고 조건이 나쁘면 기분이 나빠진다는 뜻이지. 이게 규칙이란다. 나는 너에게서 좋은 조건을 끌어낼 거야. 네가 내 삶에 들어왔으니 나는 너를 잘 관찰할 거야. (나는 너의 사장이니까. 나는 너의 엄마니까. 나는 너의 아빠니까. 나는 너의 선생님이니까. 그래서 나는 너를 관찰할 임무를 맡았어) 너를 볼 때 기분이 좋아지면 좋겠어. 이 말은 네가 내 기분을 좋게 만들어주는 방식으로 행동하라는 거지. 나는 네가 이기적인 사람이 되지 않기를 원해. 너는 내 기분을 좋게 해주는 행동을 해야 해. 나는 너의 이타적인 엄마니까. 만약 네가 내 기분을 나쁘게 하는 행동을 하면 너는 몹시 곤란해질 거야."

이렇게 말하는 사람이 여러분 주변에 단 한 명뿐이고 그 사람이 항상 자신의 말대로 해왔다면 문제가 없었을 것입니다. 하지만 그런 사람이 너무 많습니다. 또 그들은 매우 변덕스럽고 여러분에게 온갖 것들을 요구합니다. 다양한 방법을 시도해도 그들을 기분 좋게 해줄 수 없습니다. 머지않아 여러분은 아무리 노력해봤자 그들을 행복하게 만들어 줄 수 없다는 사실을 알게 됩니다. '여러분에게 해주고 싶은 말이 있습니다. 여러분 중 누구도 다른 사람의 말을 그대로 따를 의도를 가지고 이곳에 오지 않았습니다. 여러분 모두는 삶을 통해 여러분이 확장하리라는 걸 알았습니다. 그렇게 확장한 존재가 여러분을 부를 것이며 확장하는 방향으로 갈 때 기분이 좋아진다는 것도 알았습니다. 그래서 여러분은 그 과정에서 다른 사람을 배제하기로 계획했습니다. (그리고 실제로 그렇게 했습니다)'

여러분은 다른 사람의 말에 좌우되어 삶을 이끄는 일을 계획하지 않았습니다. 무엇보다 다른 사람들이 여러분에게 주의를 집중하는 시간은 길지 않습니다. (눈치챘습니까?) 여러분의 연인은 얼마나 오랫동안 여러분에게 집중했습니까? 누구도 쉽게 말하지 못하는군요. '그렇게 오래 집중하지 못합니다. 얼마 집중하지 못하지요.' (웃음) 여러분의 어머니는 얼마나 오랫동안 여러분에게 집중했습니까? 그렇게 오래 집중하지 못했습니다. 그 누구도 여러분에게 오래 집중할 수 없습니다. 여러분의 보호자로 태어난 사람은 아무도 없기 때문입니다. 모두는 자신의 경험의 창조자로 태어났습니다. 그리고 우리 생각에 가장 심각한 위선(여러분에게 가장 큰 문제를 일으키는 일)은 사람들이 여러분에게 이렇게 말하는 겁니다. "너는 나에게 매우 중요한 사람이야." 하지만 정작 그들에게 가장 중요한 건 자신의 감정입니다. 그래서 자신이 기분 좋은 방식으로 여러분과 여러분의 행동을 계속 조종하려고 합니다.

그러면 여러분은 분노로 가득 차게 됩니다. 그 사실을 깨닫는 순간 여러분의 삶이 근사해진다는 걸 알게 되기 때문입니다. '그렇게 하는 건 나쁜 일이 아닙니다. 모든 사람은 근원 에너지이며 모두가 소망이라는 로켓을 새로 발사하기 위해 이곳에 왔기 때문입니다. 그리고 누구에게나 자신의 내면에는 자신을 가장 유익한 방향으로 이끄는 근원이 존재합니다. 자신에게 가장 유익한 방향으로 갈 때 그 세상이 얼마나 멋질지 상상해보세요.'

모두가 자신의 내면에 있는 근원, 즉 안내 시스템을 가지고 있고, 더 나은 삶으로 부름을 받고 있습니다. 모든 사람이 아니, 대부분 혹은 일부라도 그 부름을 듣고 그 방향으로 움직인다면 이 세상이 얼마나 경이롭게 변할지 상상할 수 있겠습니까?

근원과 조화로운 상태에서는 누구도 폭력적이거나 부정적인 행동을 하지 않는다는 사실을 알고 있습니까? 여러분이 부정적인 행동이라 부르는 일은 100퍼센트 삶의 끝에 머무는 무지하고 지친 사람들이 일으키는 것입니다. 그들은 그런 행동으로 공허함을 채우면서 자신이 원하는 곳에 도달하려고 노력합니다. '하지만 그건 불가능합니다.'

당신의 이야기는 무엇인가요?

우리는 여러분에게 매우 강력한 요점을 알려주었다고 생각합니다. 우리가 알고 있는 모든 것을 여러분에게 말했습니다. (웃음) 우리는 또렷하게 말합니다. '여러분은 자신의 경험을 창조합니다. 따라서 여러분이 마땅히 누려야 할 즐거운 삶을 경험하려면 경험을 의도적으로 창조해야 합니다. 어느 순간에라도 근원의 눈으로 세상을 보지 않는다면 여러분이 되고자 했던 존재의 그림자로 살게 됩니다. 이 말은 곧 여러분이 무엇에 주의를 기울이든 사랑하지 않는 일을 하고 있다면 여러분은 태어날 때 되고자 한 존재가 되지 않았다는 뜻입니다. 부정적인 감정을 느낀다면 여러분은 자신의 진정한 존재와 어느 정도 멀어진 것입니다.'

그래서 우리는 강력하고 훌륭하며 긍정적인 감정들을 모두 이야기했습니다. 하지만 여러분은 적어도 한 가지 감정을 느끼며 살아야 합니다. 그 감정에 간단한 이름을 지어주면 '편안한 느낌'입니다. 여러분에게 해주고 싶은 말이 있습니다. 여러분이 어디에 있든 여러분은 지금 있는 곳에 존재한다는 사실입니다. '인간관계, 신체, 돈, 삶의 철학, 세계관, 가족 등과 상관없이 지금 있는 곳에 내가 있다. 지금 있는 곳에 내가 존재한다. 그 모든 것과 관련된 곳에 내가 있다. 이 모두는 내가 발산한 진동 때문이다. 상상한 모든 것을 내가 지속적으로 끌어당겼다는 뜻이다.'라고 인정해야 합니다.

다시 말해 여러분의 삶에서 그저 우연히 발생하는 일은 아무것도 없습니다. 모든 일은 여러분이 하는 생각과 사고 패턴에 반응해 일어납니다. 이 사실을 알고 있는 여러분에게는 일어나는 일 대부분이 환상적으로 좋을 겁니다. 그렇지 않나요? 그래서 진동을 조율하는 방법을 말하는 겁니다. 원하는 방향으로 생각의 초점을 의도적으로 맞추는 방법을 알려주고 싶어서요.

우리가 이렇게 열정적으로 가르치는 이유가 있습니다. 이 워크숍을 마칠 때쯤, 여러분이 끌어당김의 기준은 바로 자신이라는 걸 이해해야 하기 때문입니다. 그래야 여러분이 즐겁고 의도적인 창조자가 되어 이 땅에 오면서 생각했던 존재가 되리라는 걸 우리는 알고 있습니다. 여러분은 진동을 내보내고 있으며 끌어당김의 법칙이 그와 비슷한 것을 끌어당깁니다. 또 여러분이 되고자 한 모습으로 살고 있는지 그렇지 않은지는 여러분의 감정을 통해 알 수 있습니다. 여러분에게 가장 중요한 것은 오직 기분 좋은 삶입니다. 여러분은 생각, 말, 행동을 있는 그대로가 아니라 기분 좋은 방식으로 이끌어가기 시작해야 합니다. 다른 무엇보다 자신의 감정을 잘 살피기 시작해야 합니다. 그래야 유쾌한 창조자가 됩니다. 그렇지 않으면 여러분은 자신의 진정한 모습에서 멀어지게 됩니다.

'따라서 여러분은 편안한 느낌을 느껴야 합니다. 오늘 하루 동안 우리는 어떤 생각을 해야 편안한 느낌을 얻는지 그 방법을 알려줄 것입니다.'

어떤 워크숍이든 중요한 내용은 끝없이 이야기하는 경향이 있습니다. 우리도 그렇게 하려고 합니다. 여러분에게 중요한 문제라면 무엇이든 기꺼이 이야기할 겁니다. 다만 여러분이 꼭 기억해야 하는 건 지금도 여러분은 진동의 파장을 내보내고 있다는 겁니다. 아주 잠깐이라도 진동을 발산하면(진동을 발산하는 데는 오래 걸리지 않습니다) 그 진동은 파장을 이루기 시작합니다. 그러면 끌어당김이 시작되는 겁니다. 그래서 지금 당장 여러분의 삶의 이야기를 있는 그대로가 아니라 여러분이 원하는 방식으로 말하기 시작하면 큰 도움이 됩니다. 지금까지의 삶을 있는 그대로 이야기하면 끌어당김의 패턴이 달라지지 않기 때문입니다.

부정적인 끌어당김은 이미 활동하고 있는 긍정적인 끌어당김을 막고 있는 것입니다. 이를 느낄 수 있습니까? 여러분의 이해를 돕기 위해 우리가 찾아낸 게 바로 이겁니다. 어둠의 근원은 없습니다. 여러분은 방으로 들어가 어둠을 켜는 스위치를 찾지 않습니다. "오, 그래. 스위치를 켜서 칠흑 같은 암흑으로 이 방의 빛을 다 덮어버리자."라고 말하지 않습니다. 여러분은 그런 일이 일어나지 않는다는 걸 알고 있습니다. 마찬가지로 나쁨의 근원도, 악의 근원도, 질병의 근원도 없습니다. 그런 일이 생기는 건 오직 흐름을 거스르기 때문입니다. 삶이 여러분을 성장키는 방향으로 흘러가는 걸 막기 때문입니다. 그게 전부입니다.

'따라서 이 세상의 모든 일은 여러분이 생각한 것보다 훨씬 단순합니다. 자신의 모든 힘을 모을 수 있는 지금이야말로 진동을 발산할 수 있는 유일한 순간이기 때문입니다.' 오래전에 일어난 일에 대해서도 진동을 발산할 수 있습니다. 하지만 진동을 발산하는 일은 지금 하는 겁니다. 오래전에 일어난 일 또는 어제 일어난 일을 기억할 수 있지만 진동은 지금 발산하는 겁니다. 내일이나 10년 후에 일어날 일을 예상할 수는 있습니다. 하지만 진동을 발산하는 일은 지금 하는 겁니다.

따라서 무엇을 생각하든 그것을 통해 여러분은 지금 진동의 파장을 내보내고 있습니다. 그리고 그것이 끌어당김의 기준입니다. 여러분이 17초만 진동을 발산해도 끌어당김의 기준이 만들어지며 끌어당김의 법칙은 효력을 발휘하기 시작합니다. 다시 말해 여러분이 하는 생각과 비슷한 생각을 결합시키는 임계점이 17초입니다. 그 이후 17초 동안 또 그 생각을 하면 그와 비슷한 생각을 새로 결합시킵니다. 최소한 68초 동안 어떤 생각을 하며 그 생각과 진동의 조화를 이루면 상황이 변하기 시작하면서 그 생각이 현실로 구현되기 시작할 수 있습니다. '따라서 68초 동안 있는 그대로의 상황이 아니라 여러분이 바라는 상황을 이야기하세요. 여러분의 인생에서 바라는 방향으로 이루어지는 일이 있습니까? 그렇다면 그 이야기를 계속 말하세요. 여러분의 인생에서 바라지 않는 방향으로 이루어지는 일이 있습니까? 그렇다면 그 일은 말하지 마세요.'

"나는 매우 바쁩니다. 할 수 있는 일보다 더 많은 일을 해야 해요." 라고 말하며 부정적인 말을 하는 사람이 있습니다. 위안이 되는 소식은 여러분이 부정적인 진동을 내보내면서 그것을 알아채지 못할 리 없다는 것입니다. 이건 매우 다행스러운 일입니다. 자신이 무슨 생각을 선택하고 있는지 알기 전에는 기분 좋은 생각을 선택할 수 없기 때문입니다. 무엇보다 '편안한 느낌'을 먼저 추구하세요.

여러분은 어떤 이야기를 하고 싶나요?

돈이 내보내는 진동의 본질

질문: 대단히 감사합니다. 내가 오랫동안 쌓아온 이 진정한 풍요는….

대답: 그렇게 빈정거리는 말투는 사양하겠습니다. (웃음)

질문: 어떻게 하면 내가 부를 허용하는 방향으로 생각을 의도적으로 전환할 수 있을까요? 당신의 지혜를 좀 더 듣고 싶습니다.

대답: 이 자리에 앉아서 이야기에 귀를 기울이는 사람들은 당신이 이런 말을 하고 싶어 한다고 느낄 겁니다. "별것도 아닌 일에 잔소리가 너무 심해." 하지만 우리는 당신이 그 질문을 어떤 느낌으로 했는지 알려주고 싶습니다. 당신이 '진정한 풍요'라고 말할 때 우리는 다소 빈정거리는 분위기를 느꼈습니다. "만약 진정한 풍요라는 게 있다면 나의 풍요는 어디 있는 거죠? (웃음) 대체 어떻게 하면 진정한 풍요를

얻을 수 있죠?"라고 묻는 것 같았습니다.

그 말을 할 때 당신의 감정에서 어떤 진동이 지배적이었습니까? 잠시 느껴보기를 바랍니다. 돈의 부족하다는 생각에서 나온 진동이었습니까? 아니며 돈이 있다는 생각에서 나온 진동이었습니까? 아마 돈의 결핍에서 나온 진동이었을 것입니다.

아마 여러분은 이렇게 말할 겁니다. "물론 그가 그런 상태에서 진동을 발산했겠지요. 아직 진정한 풍요를 달성하지 못했으니까요. 아직 이루지 못한 상태에서 어떻게 풍요와 조화로운 진동을 발산하겠어요." 하지만 여러분은 아직 이루지 못한 일이라도 그 진동을 발산하는 방법을 배워야 합니다. 왜냐하면 이루고 싶은 상태의 진동을 발산하기 전에는 그 상태에 도달할 수 없기 때문입니다. '여러분이 원하는 것이 어떤 진동을 내보내는지 알아내야 합니다.'

처음에는 의문이 생기는 게 당연하다고 생각합니다. "그게 어디 있다는 거지? 내가 뭘 잘못하고 있나? 무엇을 다르게 해야 하지?" 등의 질문이 생길 겁니다. 하지만 그러한 말과 태도에는 함정이 있다는 것을 느껴야 합니다. 따라서 여러분이 해야 할 일은 다음과 같습니다. '돈이 없는 상태에서 다른 데로 주의를 돌려 돈이 충분하다는 느낌을 내면에서 활성화하는 방법을 찾아야 합니다.'

'번영한 삶에 대한 감사함, 그리고 앞으로 돈이 삶으로 더 많이 흘러들어올 가능성에 감사함을 느껴야 합니다.' 사실 여러분이 '희망의 태도'를 지니는 것만으로도 '의심의 진동'을 내보낼 때보다 번영을 허용하는 진동에 훨씬 더 가까워집니다.

그래서 우리가 '진정한 풍요'라는 말이 다소 비꼬는 것처럼 들린다고 농담한 겁니다. 하지만 여러분이 깨달았으면 하는 게 있습니다. '빈정거리고 싶거나 비관적인 느낌이 든다는 건 낙관적이고 희망적인 것과 상당히 멀어져 있다는 뜻입니다.' 따라서 "어떻게 하면 풍요로움이 내게 오게 할 수 있을까요? 또 내가 어떻게 풍요로운 삶을 살 수 있을까요?"라는 질문에 이렇게 답하겠습니다. 이미 풍요로움을 이룬 것처럼 행동하세요. 돈을 상상 속에서 소비해보세요. 그렇게 하는 게 얼마나 재미있는지 상상해보세요. 돈에 대해 편안하게 느끼세요. 아직 그럴 만한 이유가 없더라도 그렇게 해보세요. 여러분의 감정을 잘 살피고 현실을 초월해 생각을 확장해보세요. 그렇게 해서 풍요로움을 이룬 것처럼 행동하세요.

또 '비꼬는 말'(이 말로 농담을 조금만 더 할게요)을 하면 낙관적이거나 긍정적인 기대를 할 때보다 풍요를 허용하는 상태에서 더욱 멀어집니다. 이제 다음 말에 담긴 감정을 느껴보세요. "내게 돈은 정말 더디게 다가오고 있어. 내 진동에 돈이 있다는 걸 믿기 시작했어. 하지만 그 돈을 찾는 방법을 모르겠어." 여기서 어떤 느낌이 듭니까? 이제 다음 말에서 어떤 느낌이 드는지 보세요. "그 방법을 찾아내면 좋아질 거야. 그 방법을 알아내면 괜찮아지겠지." 여기서는 저항이 사라졌습니다. 그런데 "그 방법을 아직 찾지 못했어. 그렇게 오랜 시간 노력했는데 아직 모르겠어."라는 말은 완전히 흐름을 거스르며 저항을 일으킵니다. "그 방법을 알아내기를 기대해."라는 말이 저항을 밀어냅니다.

"그 방법을 알아내면 좋아질 거야. 나는 매일 그 방법을 조금씩 알아내고 있어. 매우 다양한 주제를 접하면서 그렇게 하고 있지. 그런 일에 나는 아주 능숙해. 내 몫으로 축적된 풍요가 있다는 걸 알게 되어 기뻐. 인생 경험을 통해 진동 채권에 풍요를 저금해놓았다는 걸 알게 되어 기분이 좋아. 나의 내면에 있는 근원이 풍요를 나보다 먼저 기대하고 있었다는 걸 알게 되어 행복해."

"부정적인 감정을 느낀다는 건 근원의 관점에서 벗어났다는 신호라는 걸 알게 되어 다행이야. 근원은 나를 번영한 존재로 보고 있지만 부정적인 감정을 느끼는 순간에 나는 그런 존재가 아니지. 부정적인 감정이 바로 그 신호야. 근원이 나를 더욱 긍정적인 감정으로 안내할 수 있다는 건 근사한 일이야. 부정적인 감정을 느낀다는 건 내가 근원의 생각과 다른 방향으로 가고 있다는 신호야. 이 모든 걸 알게 되어 기뻐."

"나는 이 일에 아주 능숙해. 내가 어떤 감정을 느끼는지 알고 있어. 내 감정이 달라질 때마다 그 차이를 알 수 있어. 내 생각과 감정이 현실에서 구현되는 일에 어떤 영향을 미치는지 알게 됐어. 현실은 나의 습관적인 감정과 어울리는 방향으로 움직인다는 걸 알고 있어. 기존의 생각과 다른 생각을 하려면 처음에는 노력이 필요하다는 걸 알아. 조금씩 조금씩 더 집중하면 집중하는 일이 점점 수월해져. 무언가에 대해 더 오래 말하면 그것을 말하는 게 더 쉽고, 더 많이 말하며 그것을 기대하기가 더 쉽지. 기대하면 새로운 감정이 생겨. 희망과 의심의 차이를 알고 있어. 기대와 낙담의 차이도 알고 있지. 나는 할 수 있어. 내가 할 수 있다는 걸 나는 알아." 이러한 말이 세상을 탈바꿈시킵니다. 세상은 그렇게 변합니다.

이러한 변화가 매우 더디게 느껴진다는 것을 압니다. 하지만 변화는 그렇게 생깁니다. 여러분의 습관적인 생각은 어느 한순간에 생긴 게 아닙니다. (습관적이라는 말이 언제나 부정적인 뜻은 아닙니다. 우리가 말하는 습관적인 생각은 어떤 주제에 대한 여러분이 생각하는 일반적인 생각입니다) 그런 생각은 점진적으로 생겼습니다. 그래서 단번에 그 생각에서 벗어날 수는 없을 겁니다. 점진적으로 벗어나야 합니다. 습관적인 생각을 한 번에 바꾸려고 하면 잘되지 않을 겁니다. 그러면 실망하게 됩니다. 하지만 그런 생각에서 점진적으로 벗어나려고 하면 벗어날 수 있습니다. 그리고 용기가 생깁니다. 따라서 한 번에 한 가지 이야기를 하세요. 여러분이 좋아하는 방식으로, 이루어지기를 바라는 방식으로 이야기를 말하세요.

이런 식으로 이야기를 말해보세요. "최근에 나는 진정한 풍요가 나를 기다리고 있다는 이야기를 들었어. 기분 좋은 소리야. 나의 인생 경험과 내 삶은 나를 매우 설레게 해. 나는 원하는 건 무엇이든 될 수 있고, 할 수 있고, 가질 수 있다는 생각이 들어. 이제 내가 바라는 삶의 이야기를 하기 시작할 거야. 나는 돈이 행복에 이르는 길이라고 생각하지 않아. 돈이 모든 악의 뿌리라고도 생각하지 않지. 돈은 자유로

가는 길이라고 생각해. 돈이 많을수록 선택지가 많고 선택지가 많을수록 더 많은 재미를 느낄 수 있다고 생각해. 어떤 결정을 내릴 때 그 일을 할 경제적 여유가 있는지가 아니라 그 일을 할 때 어떤 느낌이 드는지를 기준으로 결정하라는 생각이 마음에 들어."

"더 많은 돈을 벌 기회가 있다는 게 좋아. 진정한 풍요가 나를 기다리고 있다고 해서 기분이 좋은 건 아니야. 그게 내게, 내 가족에게, 내 주변 사람들에게, 내 인생관에, 내 삶의 경험에 어떤 의미인지 알기 때문에 흥분하는 거야. 그러한 변화를 생각하면 매우 흥분돼."

"나는 내 삶의 다양한 면을 사랑해. 내게 다가오는 돈이 어떻게 내 삶을 발전시키는지 볼 수 있어. 오늘 100달러가 더 생기면 이 일을 새로 할 수 있어. 오늘 1000달러가 추가로 생기면 저 일을 새로 할 수 있지. 올해 10만 달러가 내 삶에 허용되면 그 돈으로 이 일을 할 거야. 매년 50만 달러가 추가로 생기면 오! 저런 곳에서 살 수 있다는 뜻이지. 저 차를 운전할 수 있다는 뜻이고, 좋아하는 일만 하면 된다는 뜻이야. 저런 데서는 일을 하지 않아도 된다고." (웃음) 이런 이야기를 마음속에서 마음껏 상상해보세요.

우리는 많은 게임을 제시했습니다. 그런데 우리가 경험한 것 중 가장 유익한 게임은 상상 속에서 100달러를 소비하는 게임입니다. 많은 사람이 이 게임을 하는 걸 보았는데 이 게임은 강력하고도 강력한 게임입니다. 이렇게 하는 겁니다. '주머니에 100달러를 넣고 다니면서 날마다 상상으로 그 돈을 소비하는 겁니다. 그 돈을 쓰고, 또 쓰고, 반

복해서 쓰는 거지요. 100달러로 원하는 걸 얼마나 많이 살 수 있는지 생각하는 것입니다.'

이 간단한 게임으로 돈에 대한 감정을 어떻게 바꿀 수 있는지 알면 놀랍습니다. 이 게임을 통해 여러분은 자유로워집니다. "저걸 사고 싶지만 사면 안 돼"라고 습관적으로 말해왔다면 이제 이렇게 말하게 됩니다. "원하는 건 살 수 있어. 원하는 건 뭐든 살 수 있다고." 따라서 "저걸 살 여유가 안 돼"라는 말 대신, "원하면 살 수 있어. 원하는 건 뭐든 살 수 있어. 이것도 살 수 있고, 저것도 살 수 있어"라는 말을 반복적으로 하게 됩니다.

이렇게 말하는 사람도 있습니다. "당신은 최근의 물질세계를 경험해보지 못했군요. 100달러로 살 수 있는 게 그렇게 많지 않답니다." 그러면 우리는 말하지요. "하루에 100달러를 1000번 쓰면 당신은 10만 달러를 소비한 것과 마찬가지입니다. 그 일은 오래도록 당신의 진동을 변화시킵니다." 그러면 보통 이런 말이 돌아옵니다. "그래도 그건 현실이 아니잖아요." 하지만 '그렇지 않습니다. 그게 현실이 됩니다. 먼저 돈이 많다는 걸 느끼면 안정적인 진동이 형성됩니다. 그런 다음 그 상황이 현실이 됩니다.'

끌어당김의 법칙은 여러분이 진동으로 만든 길, 방법, 공동 창조자, 결과를 여러분에게 끌어당겨 줍니다. '여러분이 진동으로 번영을 만들면 틀림없이 현실에서 번영이 나타납니다. 그 번영은 매우 다양한 방식으로 여러분에게 옵니다. 여러분이 모퉁이를 돌 때마다 번영이 나

타날 겁니다. 여러분이 진동을 조금만 더 상승시키면 어디를 보든 번영의 엄청난 증거를 보게 될 것입니다.'

이건 여러분이 생각하는 것처럼 크게 어려운 문제는 아닙니다. 그게 왜 어려운 일처럼 느껴질까요? 여러분이 있는 그대로의 현실만 바라보며, 있는 그대로의 진동만 발산해왔기 때문입니다. 그래서 오랫동안 지금 현실과 비슷한 것만 더 많이 끌어당겼습니다. 이렇게 말하는 사람이 있습니다. "나는 노력을 많이 해왔어. 그 일을 모두 했다고. 여러 해 동안 열심히 일했지. 그랬는데 고작 지금 이 자리에 온 거야. 그렇게 노력하고도 겨우 여기까지 왔는데 그런 사소한 노력이 내게 무엇을 가져다주겠어?" 이 말에 우리는 이렇게 대답합니다. 지금까지 행동을 통한 노력을 해왔다면 이제부터는 진동을 통한 노력을 해보세요. '진동을 통한 노력을 하면 세상을 창조한 힘과 에너지를 활용할 수 있게 됩니다.'

진동이 달라지고 여러분이 그 진동과 조화를 이루면 현실은 완전히 새로운 모습으로 변합니다. 그런데 만약 당신이 "나는 그걸 원해. 하지만 나는 그렇게 하고 싶어. 하지만 나는 저걸 원해. 하지만, 하지만, 하지만." 이렇게 말하면 조금도 전진할 수 없습니다. "내가 그걸 원하는 이유는, 내가 그렇게 하고 싶은 이유는, 내가 저걸 원하는 이유는" 이라고 말해야 여러분은 앞으로 나아갈 수 있습니다.

이렇게 말하는 사람도 있습니다. "나는 내가 그걸 할 수 있다고 믿어요. 할 수 있다고 생각해요. 그런데 할 수 있을지 의문이 생겨요. 그

걸 제대로 하지 못해요. 나는 그걸 할 수 있다고 믿고 싶어요. 그런데 과연 할 수 있을까요? 그걸 잘할 줄 몰라요. 하지만 하고 싶어요. 정말 하고 싶어요. 하지만 해본 적이 없어서 할 수 없어요. 하지만 하고 싶어요. 정말 그 일을 하고 싶어요. 하지만 안 하고 있어요. 그걸 하는 사람은 거의 없어요. 그걸 하고 싶지만 하기 어려워요. 그 일을 잘하지 못해요. 그걸 하고 싶지만 어떻게 해야 하는지 모르겠어요." 이렇게 갈팡질팡 말하면 아무것도 변하지 않습니다. 이러한 말은 '자신의 감정'이 낡고 재미없고 습관적인 방식으로 진동하는 겁니다. '의지력을 발휘해 새로운 이야기에 초점을 맞춰야 합니다. 자, 이제 여러분이 원하는 재정 상황에 대한 이야기를 말해보세요.'

재정적 성공에 관한 나의 이야기

질문: 지금까지 나눈 대화를 통해 생각나는 건 '모든 게 잘 될 거야'라는 말입니다. 내면에서 그걸 느낄 수 있었습니다. 어떤 면에서는 매우 멋지고 자연스러운 말입니다. 개인적인 질문인데요, 이런 느낌이 창조 과정의 일부인가요?

대답: '그게 창조 과정의 전부입니다.' 모든 창조의 99퍼센트는 그 증거가 나타나기 전에 진동으로 완성되기 때문입니다. 대륙 끝에서 다른 끝으로 여행하는 것과 비슷합니다. 그것은 긴 여정이지요. 그런

데 길을 가는 내내 아직 목적지에 도착하지 못했다고 불평을 일삼으면 어떨까요? 진동의 관점에서 그것은 가던 길을 되돌아가 출발점으로 향하는 것과 같습니다. 그러면 결코 목적지에 도달하지 못하지요.

여행할 때 우리는 어떤 말을 하나요? 이 장소에서 저 장소로 가면서 이렇게 말하지 않나요? "그래, 이 여정을 잘 알고 있으니까 잘 갈 수 있어. 가는 길을 확인할 수 있어. 목적지에 집중할 수 있어. 내가 떠나고자 한 곳에서 점점 멀어지고 있고 내가 가고자 하는 곳에 점점 가까워지고 있어."

그러니 신념을 끝까지 지키세요. 여러분이 원하는 곳에 점점 더 가까워지는 것을 보여주는 증거가 있기 때문입니다. 그 증거를 확인하면서 길을 계속 간다면 그 여정에서 낙담하지 않을 겁니다. 신념이 있고 믿음이 있기에 "대륙의 다른 끝에 도달하는 건 불가능한 꿈이야." 라고 말하지 않습니다. "그곳은 도달할 수 없는 곳이야. 아무리 애써봤자 닿을 수 없어." 이렇게 말하지도 않습니다. 그곳에 갈 수 있다는 사실을 알고 있기 때문입니다.

감정은 여러분이 어느 방향으로 움직이고 있는지 알려주는 신호라는 사실을 알아야 합니다. 그래야 스스로에게 정직하게 말할 수 있습니다. "나는 낙관적이야. 모든 게 잘 될 거야. 잘 될 거라고 느껴." 그러면 원하는 곳에 도달하지 않을 수 없습니다. 그렇게 계속 기대하고 낙관적인 태도를 유지하며 진동의 파장을 내보낸다면 원하는 게 이루어집니다. 더구나 빨리 이루어질 겁니다.

그래서 이렇게 말하는 사람이 있습니다. "좋아. 나는 잘 가고 있어. 나는 대답에게 이야기했고 대답은 68초 이상 생각하라고 했어. 나는 그 생각의 진동을 느껴. 모든 게 잘 될 거라고 말하면 그렇게 되는 걸 느껴. 그런데 내 현실을 돌아보면 나는 아직 목적지에 도착하지 않았어. 내가 바라는 걸 생각하지만 부정적인 면도 느껴져. 내가 가고 싶은 곳에 아직 가지 못했고, 하고 싶은 게 있는데 그걸 할 돈이 없으니 말이야. 그러면 실망스러워."

괜찮습니다. 실망감은 현실에 대한 기대를 잃었고 새로운 데 초점을 맞추기 시작했다는 신호입니다. 다시 기대감을 품으려면 어떻게 해야 할까요?

실망을 느끼는 상태에서 기분이 좋아지려고 노력하면 진동을 깨끗하게 청소할 수 있습니다. 그러면 두 번 다시 부정적인 감정으로 되돌아가지 않습니다. 부정적인 감정이 일어나면 편안한 느낌이 들 때까지 시간을 내어 편안한 생각만 하세요. 대개 68초나 그보다 조금 더 많은 시간이 들 겁니다. '그래서 실제로 편안한 느낌이 마음 깊은 속에서 생긴다면 앞으로는 같은 문제로 진동을 청소할 필요가 없을 겁니다. 여러분이 우주로 진입했기 때문입니다. 새로운 진동 세계로 이동한 것입니다.'

가장 중요한 점이 있습니다. 잘 들어보세요. '여러분이 새로운 진동 세계로 이동했기 때문에 현실로 나타나는 것도 당연히 달라집니다. 진동을 상승시키기 위해 노력하는 그 순간에 그것과 관련된 우주의

모든 에너지가 여러분이 발산하는 새로운 진동에 반응합니다.'

따라서 이때 여러분은 도움이 되는 아이디어를 얻게 됩니다. 그날은 여러분에게 무언가 제공하는 사람을 만나는 날이며, 여러분이 사람들에게 무언가 줄 게 있는 날입니다. 그래서 무언가를 교환하면서 재정적 결과를 얻는 날입니다. 약간의 노력으로는 원하는 것에 가까워지는 걸 알 수 없었습니다. 자동차를 타고 목적지로 향하는 것과는 다르기 때문입니다. 하지만 여러분은 느낄 수 있었습니다. 그래서 목적지에 가까워지는 걸 알게 되었습니다. 그것을 느꼈기 때문에, 그리고 느낌의 중요성을 이해했기 때문에 여러분은 계속 전진하며 앞으로 나아갔습니다. 멈추지 않고 계속 갔습니다. 그리고 머지않아 풍요로움을 얻을 것을 단순히 바라거나 믿는 데서 그치지 않고 그렇게 되리라는 걸 알게 됩니다. 여러분 주변에 그 증거가 가득하기 때문입니다.

여러분은 생각으로 진동을 청소합니다. 또 생각으로 진동을 청소하고, 청소하고 또 청소합니다. 진동을 청소하는 게 무슨 의미일까요? '이루어지기를 바라는 방식으로 말하고 원하지 않는 방식으로는 말하지 않는 겁니다. 현실을 그대로 바라보는 것을 중단하고 현실을 창조하기 시작하는 겁니다.'

여러분의 친구들이 이렇게 물을 겁니다. "뭐 하고 있어?"

그러면 여러분은 "좋은 건 다 하고 있어."라고 말할 겁니다.

친구들은 다시 묻습니다. "사고 싶은 걸 샀어? 아니면 원하는 직장을 구했어?"

"그걸 얻는 길로 들어선 거지."

"아니, 내 질문을 이해 못 했네. (웃음) 원하는 걸 얻었냐고?"

"네가 내 대답을 이해 못 한 거지. 원하는 걸 얻는 길로 들어섰다니까."

"원하는 걸 아직 얻지 못했으면 얻지 못한 거지."

"전혀 그렇지 않아. 나는 원하는 걸 진동으로 얻었어. 진동으로 얻었으니 반드시 내게 올 거야. 그게 법칙이야. 나는 이미 진동으로 원하는 걸 얻었어."

"그러면 그게 너에게 오는지 어떻게 알지?"

"기분이 아주 좋으니까. 그게 증거야."

"그걸 얻기 전에 기분이 좋아지는구나. (웃음) 너 뭐 잘못된 거 아니야?"

"나는 그 과정을 잘 알고 있어. 내 소망과 진동의 조화를 이루었어. 그러면 내가 바라는 게 반드시 나타나지. 그게 법칙이야."

"진동의 조화를 이루었다는 걸 어떻게 알아?" 친구는 계속 부정적으로 말합니다. "네가 바라는 것과 진동의 조화를 이루었다는 걸 어떻게 아느냐고?"

"그걸 생각할 때마다 기분이 좋으니까. 풍요로움을 생각하면 기분이 좋아. 빈정거리고 싶은 마음이 사라지고 실망하지 않아. 낙담하지도 않고. 풍요로움이 내게 온다는 걸 아니까 나는 낙천적이야. 사실 나는 무척 낙천적이야. 풍요로움이 오면 내가 무엇을 하려고 하는지

이 목록을 봐. 이게 그 목록이야."

우리가 제안하는 게임이 하나 더 있습니다. 수표책 게임인데 여러분의 수표책에 1000달러를 써넣는 겁니다. 물론 실제 돈이 아니라 상상의 돈입니다. 그리고 그 1000달러를 소비하는 겁니다. 둘째 날에는 2000달러를 적어넣고 그 돈을 씁니다. 셋째 날에는 3000달러를 써넣고 그 돈을 씁니다. 그렇게 계속하다가 365일째 되는 날에 36만 5000달러를 써넣고 그 돈을 다 씁니다.

여러분이 진동으로, 즉 상상으로 그 돈을 쓸 때 무슨 일이 일어날까요? 그때 여러분은 그 돈이 다닐 수 있는 문을 창조하고 있는 겁니다. 진동의 문을 창조하면 그 문은 돈이 당신에게 올 수 있게 하는 모든 요소를 끌어당깁니다. 그렇게 끌어당겨지는 게 바로 열정입니다. 여러분이 느끼는 열의가 바로 그렇게 끌어당겨지는 겁니다.

다시 말해 여러분이 이 시공간에서 소망을 진동으로 만들어내면 모든 게 움직이기 시작하며 여러분은 스스로를 그 움직임에 맡기게 됩니다. 그리고 기분이 아주 좋아집니다. 그 움직임에 자신을 맡기지 않으면 기분이 지독하게 나빠집니다. 무언가로 인해 기분이 몹시 나빠진다면 그건 이런 의미입니다. 여러분이 그 무언가를 요청했고 여러분의 더 큰 존재가 그것과 조화를 이루고 있는데 여러분의 물리적인 존재가 그것을 허용하지 않고 있다는 뜻입니다.

여러분이 깨달아야 하는 게 있습니다. 여러분의 흐름이 빨라지는 이유는 바로 여러분 자신 때문입니다. 흐름과 함께 가거나 흐름에 거스르는 원인도 여러분입니다. 여러분의 감정 때문에 그런 일이 생깁니다.

'여러분이 무언가를 원하는 이유는 그것을 얻으면 기분이 좋아진다고 생각하기 때문입니다.' 돈, 물질, 인간관계, 경험, 환경, 사건 등 여러분이 원하는 게 무엇이든 '그것을 원하는 이유는 그것을 얻으면 기분이 좋아질 거라고 생각하기 때문입니다. 그리고 그것을 생각만 해도 기분이 좋아진다는 사실을 알게 된다면 그것이 발산하는 진동의 본질과 조화를 이룬 것입니다. 그러면 끌어당김의 법칙은 여러분이 살면서 스스로 노력해 만든 그 모든 것을 여러분에게 가져다줍니다. 반드시 그렇게 되며 실제로 그렇게 되고 있습니다.'

현재 환경 속에서(여러분이 살고 있는 순간이 지금이기 때문입니다) 여러분은 더 나은 인생 경험을 미래로 투사하고 있습니다. 그러면 새로운 에너지가 저항이 없는 갓난아기의 몸으로 태어납니다. 새로 태어나고 저항이 없는 상태이기 때문에 아기들은 여러분이 집단의식의 진동에 저장해둔 소망의 혜택을 누립니다. 앞 세대가 진동에 저장해둔 소망을 여러분이 현재 시공간에서 누리는 것처럼 말입니다. 더 나은 삶을 요구하지 않고서는 인간으로서의 삶을 살 수 없기에 모든 세대는 소망을 진동에 저장해둡니다. 여러분에게 제안하고 싶은 게 있습니다. 세대 간의 간격을 줄이겠다고 빨리 숨을 거둘 필요는 없습니다. 또 여러분이 저장해둔 소망의 혜택을 누리기 위해 다시 태어날 필요도 없습니다. 지금 이곳에서 여러분의 생애에 그 혜택을 모두 누릴 수 있습니다. 사실 여러분이 이곳에 오면서 계획한 것이 바로 그것이었습니다.

이곳에 올 때 여러분은 이렇게 말했습니다. "이제 시작하겠어. 다양한 일들이 내게 영감을 주겠지. 내 안에 아이디어가 떠오르면 거기에 레이저 같은 초점을 맞추겠어." 우리가 여러분에게 말한 게 바로 그거 아닙니까? '새롭게 떠오른 소망에 레이저 같은 초점을 맞추세요. 현실은 신경 쓰지 마세요. 현실은 그 소망을 품게 해준 토대일 뿐입니다.'

존재함보다 의식함이 먼저입니다. 이것이 이번 워크숍을 통해 여러분에게 가장 알려주고 싶은 점입니다. 존재함은 중요하지 않습니다. 여러분이 있는 자리는 일시적이기 때문입니다. '여기가 내가 있는 곳이야.'라고 말하는 건 연료 계기판에 나타나는 신호와 마찬가지입니다. 계기판의 바늘이 얼마나 빠르게 움직이는지 보았나요? (웃음) 특히 최근에 본 적이 있나요? 다시 말해 존재함은 신호에 불과합니다. 그게 전부입니다. 그저 신호입니다.

따라서 현실에서 구현되는 건 일시적인 진동에 의한 일시적인 신호에 불과합니다. 여러분은 "일시적이라는 느낌이 들지 않았습니다. 오랫동안 그렇게 살아왔으니까요."라고 말할지 모릅니다. 그렇게 생각하는 이유는 여러분이 같은 반응을 보이며 같은 진동을 발산해 언제나 같은 일만 생겼기 때문입니다. 하지만 '삶은 새로운 것입니다. 여러분은 같은 삶을 살지 않습니다. 삶은 언제나 새로운 진동이 발산하는 새로운 삶입니다. 하지만 습관적인 생각이 바뀌지 않으면 어제 발산한 진동을 오늘도 그대로 발산하게 됩니다.'

여러분이 성장한 고향을 떠나거나 그곳 사람들과 헤어졌다고 해보겠습니다. 고향과 사람들은 그대로 있습니다. 그곳으로 돌아가 여러분이 그 환경과 얼마나 잘 어울리는지 살펴보세요. 살면서 많은 일을 경험한 여러분은 자신이 그곳에 살던 때와는 많이 달라졌다는 것을 알게 될 겁니다. 매일 매 순간 그러한 확장이 여러분 내면에서 일어나고 있는 걸 깨달으세요.

어떤 질문이든 괜찮습니다. 지금 있는 곳에서 원하는 곳까지 어떻게 도달하느냐고요? 좋은 질문입니다. 가고 싶은 방향만 보세요. 그리고 가고 싶은 방향만 말하세요. 출발한 곳을 돌아보지 마세요. 그렇게 한다면 내일이라도 당장 '진정한 풍요'의 증거를 보게 될 것입니다.

질문자: 정말 놀랍군요. 감사합니다.

워크숍을 마치며

여러분과 대화를 나눌 수 있어서 즐거웠습니다. 오늘 이곳에 오신 모든 분과 함께해서 기쁩니다. 여기에 앉아서 우리의 말을 주의 깊게 들어주신 여러분에게서 어딘가에 묻혀 있는 금덩어리를 끈질기게 찾으려고 하는 의지를 느꼈습니다.

오늘 이야기는 여러분이 원하는 것을 그저 얻게 도우려고 한 말이 아닙니다. 편안한 감정을 확실하게 느끼도록 돕기 위해, 그리고 언제라도 그런 감정을 되찾을 수 있다는 걸 알려주려고 한 이야기입니다.

우리는 여러분에게 소망이 현실이 되는 것만 보여줄 생각은 없었습니다. 그건 여러분이 당연히 경험하게 되니까요. 그래서 현실을 성공적으로 창조하는 방향으로 여러분을 안내했습니다. 여러분이 자신의 진동을 이해하기를 바라는 마음에서입니다. 여러분이 발산하는 진동이 곧 지금의 삶이기 때문입니다.

여러분이 지금 느끼는 감정은 여러분이 이미 된 모습과 되려고 하는 모습이 혼합되어 생기는 감정입니다. 오직 이것만이 영원한 진실입니다. 자신의 진정한 모습으로 향하도록 돕는 도구들을 인식하세요. 이제 도구함에 있는 도구를 활용해 여러분이 되고자 한 유쾌한 존재가 될 수 있습니다.

여러분은 부자가 될 겁니다. 하지만 우리는 여러분이 수백만 달러를 성공적으로 움켜쥐고 있는 사람이 되는 걸 바라지 않습니다. 우리가 바라는 건 여러분이 기분 좋은 삶을 사는 방법을 알아내어 그 삶을 즐기는 유쾌한 존재가 되는 것입니다. 이곳에 오면서 결심한 대로 강물의 흐름을 타고 즐기는 것을 삶의 중요한 경험으로 삼기를 바랍니다.

여러분이 무엇을 원하지 않는지 알기를 바랍니다. 그래야 무엇을 원하는지 알아낼 수 있습니다. 그 둘의 차이를 느낄 수 있어야 합니다. 여러분이 원하는 방향으로 가면서 편안함을 느끼면 좋겠습니다. 스스로의 상승된 진동을 느끼기를 바랍니다. 여러분은 실제로 그 일을 해냈습니다. 우주의 힘은 여러분에게 집중해 여러분의 소망을 현실로 만들기 위해 만반의 준비를 해두었습니다. 그 증거를 목격하며 짜릿함을 느끼기를 바랍니다. 앞으로는 새로운 토대 위에 서서 또 다른 소망을 불러일으킬 낯선 상황도 느껴보기를 바랍니다.

새로운 소망의 힘이 얼마나 강한지, 그 소망이 발산하는 진동과 조화를 이루는 상태가 어떤지 느껴보세요. 그리고 다시 한번 말하는데, 여러분이 되어야 하는 존재와 발맞추지 못하고 있다면 그 상황을 인식해야 합니다. 하지만 이제 여러분은 무엇을 해야 하는지 알고 있습니다. 여러 번 해보았기 때문입니다. 그 앎의 기쁨을 만끽하기를 바랍니다. 또 여러분은 기분 좋아지는 생각을 하려고 의도적으로 노력해야 합니다. '기분 좋은 생각을 추구하고 원하는 방향으로 움직이면 새로운 현실이 창조됨을 느낄 것입니다.'

인생이라는 점토가 여러분의 손안에 있습니다. 그 점토로 삶을 빚어내는 일을 여러분이 좋아하길 바랍니다. 여러분이 결과보다 창조 과정을 좋아했으면 좋겠습니다. 그 과정을 통해 내면의 에너지를 발휘하고 기분이 좋아지기를 바랍니다. 기분이 좋아지면 소망이 현실로 나타납니다. 그 증거를 인식하기를 바랍니다.

우리는 여러분이 과거에 느꼈던 감정을 사랑합니다. 지금의 감정도 사랑합니다. 여러분이 과거의 감정을 느낄 수 없었다면 지금의 감정도 느낄 수 없다는 사실을 우리는 기꺼이 받아들였습니다. 진동을 주고받는 것이 삶입니다. 여기에는 어떤 문제도 없습니다. 진동을 발산하고 비슷한 진동을 받는 것은 점토를 빚어내는 일과 같습니다.

우리는 이루 말할 수 없을 정도로 이 시간이 즐거웠습니다. 우리의 관점에서 보면 삶은 좋은 것입니다. 여러분이 우리의 시각으로 세상을 보기를 바랍니다. 우리의 눈으로 보면 세상이 정말로 아름답기 때문입니다. 이 자리에 참석한 여러분 앞에는 멋진 시간이 펼쳐져 있습니다.

여러분에게 큰 사랑을 전합니다. 언제나처럼 우리는 여러분이 부르면 기쁘게 다시 마주할 것입니다.

MONEY
RULE